श्रीमद्‌भगवत्‌ सुधा

श्रीमद्भगवत् सुधा

शेर सिंह डागर

KALPAZ

भारत में सन् 2023 में प्रकाशित

कल्पाज पब्लिकेशन

सी-30, सत्यवती नगर,

दिल्ली-110052

वेब साइट: www.kalpazpublications.com

ई-मेल: kalpaz@hotmail.com

Distribution Network

gyanbooks.com

India, USA, Canada, UK, Australia, France

श्रीमद्भगवत् सुधा

ISBN: 978-93-5324-960-1 (PB)

मुद्रित: ज्ञान प्रेस, दिल्ली

प्राक्कथन

अनमोल वचन पाठकगण–

ग्रंथ के नाम से ग्रंथ का विषय व संबंध स्पष्ट हो जाता है, परंतु मेरा इस प्रयास के विषय में शिष्टाचार के नाते यह मत है कि, आप (पाठकगण) अपने दैनिक जीवन में अत्यधिक व्यस्त होने के नाते, हमारे मूल्यवान ग्रंथ, जैसे कि, वेद, रामायण, महाभारत व गीता पवित्र ग्रंथ हम सब के लिए उपलब्ध हैं, परंतु हम (जीव) अपने-अपने कार्यों व गृहस्थ के दैनिक पराक्रम में अत्यधिक संलिप्त रहने के कारण मोटे-मोटे ग्रंथों का अध्ययन करने का प्रयास व हिम्मत नहीं जुटा पाते हैं।

अत: इन्हीं विषयों को ध्यान में रखते हुए, मैंने एक छोटा-सा प्रयास किया है कि भिन्न-भिन्न ग्रंथों के मुख्य-मुख्य अंश निकालकर आप तक इस पुस्तक के माध्यम से पहुँचाने का प्रयास करूँ जिससे कि आप आसानी से गृहण कर सकें व कम-से-कम समय में प्रभु की महिमा जान सकें इसी में ही जीव की भलाई है। मुख्य रूप से श्रीमद्‌भागवत, पवित्र गीता व महारामायण के प्रमुख अंश लेकर आप तक पहुँचाने का मेरा पिछले तीन वर्षों से प्रयास चल रहा था जो अब जाकर साकार हुआ है।

प्रिय पाठकगण हम (जीव) अपने-आप को शरीर मान लेते हैं जो कि जीवन की बहुत बड़ी भूल है, हमें यह जानना आवश्यक है कि हम भगवान् के अंशी हैं और हम आत्मा है न कि शरीर तथा भगवान् के अंशी को आनंद की (भगवान् के) मिलन की इच्छा होती है और ये वही जान सकता है जब जीव कुछ ज्ञान गृहण करे, फिर प्रभु की (कृष्ण भगवान्

की) भक्ति का रस गृहण करे, नहीं तो जीव विभिन्न योनियों में भटकता ही रहेगा तथा अंत तक मायाजाल में ही फँसा रहेगा।

अत: आप संक्षेप में ही सही इसे गृहण करने का कष्ट करें, भगवान् कृष्ण आपको आशीर्वाद प्रदान करेंगे। संसार में पशुओं को छोड़कर अपने पुरुषार्थ का सार जानने वाला ऐसा कौन पुरुष होगा, जो आवागमन से छुड़ा देने वाली भगवान् की प्राचीन कथाओं में से किसी भी अमृतमयी कथा का अपने कर्णपुटों से एक बार पान करके फिर उनकी ओर से मन हटा लेगा।।

शेर सिंह डागर

–संपादक

शेर सिंह डागर

शिक्षाविद एवं संस्थापक अध्यक्ष एस. एस. आर. एस. मेमोरियल एजुकेशन सोसाइटी व पिछले 30 वर्षों से शिक्षा क्षेत्र में कार्यरत

जन्म	-	2-2-1950, शाहपुर जट गाँव पंचशील नई दिल्ली
अध्यात्म	-	पूर्णरूपेण राधा-कृष्ण भक्त व शास्त्रों का अध्ययन
पिता-माता	-	पिता-चौ. रिसाल सिंह प्रसिद्ध समाजसेवी व **उच्च कोटि के कृषक**। माता-श्रीमती सरवती देवी। दोनो अब प्रभु शरण में
सम्पादन	-	Delhi Now & Before & Hume to Sonia Gandhi.
छात्र जीवन	-	अध्यक्ष, छात्र संघ शहीद भगत सिंह कॉलेज 1970-71, दिल्ली विश्वविद्यालय महासचिव, दिल्ली विश्वविद्यालय छात्र संघ (DUSU) 1972-73
शिक्षा	-	एम. ए. राजनीतिक शास्त्र (Political Science)
सामाजिक	-	प्रसिद्ध समाजसेवी व निम्न स्तर के छात्रों की शिक्षा स्तर सुधारने के अनेक कार्य।

शास्त्रों पर आधारित अनमोल वचन

बाल्यावस्था के दोष (सर्ग 19)

मुनीश्वर! असमर्थता, आपत्तियां, तृष्णा, मूकता, मूढ़, बुद्धिता, खिलौने आदि की अभिलाषा, चंचलता, और दीनता आदि सारे दोष बाल्यावस्था में ही प्रकट होते हैं। बाल्यावस्था में पशु-पक्षियों जैसी चेष्टाएँ होती हैं।

बालक सभी लोगों द्वारा तिरस्कृत होता है। बाल्यावस्था में अज्ञान-वश, जल, अग्नि और वायु से निरंतर उत्पन्न होने वाले भय के कारण पग-पग पर जो दु:ख प्राप्त होता है वह आपत्ति काल में भी किसको कभी होता होगा? बाल्यकाल में बालक जिस किसी के भी कहने से निष्फल कार्य में प्रवृत्त हो जाते हैं। किसी प्रकार की प्रतिष्ठा की प्राप्ति उनके लिए दुर्लभ है। इस तरह मनुष्य का शैशव केवल गुरुजनों का शासन स्वीकार करने के लिए ही है, सुख और शांति प्रदान करने के लिए नहीं। जो लोग बाल्यावस्था बड़ी रमणीय है, ऐसी कल्पना करते हैं, उन सब की बुद्धि व्यर्थ है। उन हत्चित्त मूढ़ बुद्धि लोगों को बारम्बार धिक्कार है। मन स्वभाव से ही चंचल है और बाल्यावस्था सम्पूर्ण चंचल पदार्थों में सबसे बढ़कर है। बालक कुत्ते के समान थोड़ा सा ही घुड़कने पर या छड़ी आदि दिखाने से बिगड़ जाता है या डर जाता है। वह सदा अपवित्र स्थान में रमता या खेलता है। वह सदा दीन रहता है और देखी और बिना देखी सभी वस्तुओं की इच्छा करता है। ऐसी बाल्यावस्था को मनुष्य केवल दु:ख भोगने के लिए ही धारण करता है। जब तक बाल्यावस्था रहती है, तब तक असत्य पदार्थों में ही सत्यता की बुद्धि बनी रहती है। बाल्यकाल

अत्यंत दिर्घ दुःख प्रदान करने के लिए ही होता है, सुख देने के लिए नहीं। बाल्यकाल में गुरु से, माता-पिता से, अन्य लोगों से तथा अपनी अपेक्षा बड़े बालकों से भी होता है। अतः बाल्यावस्था भय का मंदिर ही है। इसलिए यह किसी के लिए भी संतोषदायक नहीं है।

युवावस्था के दोष (सर्ग 20)

महर्षे! मनुष्य बाल्यावस्था के बाद भोग भोगने के उत्साह भ्रांति अथवा पिशाच से दूषित चित्त होकर नर्क में गिरने के लिए ही भावनारूढ़ होता है। युवावस्था में स्त्री, द्यूत और कलह आदि दुर्व्यसनों को उत्पन्न करने वाली, वे राग, दोष, लोभ आदि दुष्ट दोष, वैसे अन्तकरण वाले पुरुष को जो काम आदि से तन्मय हो रहा है। जो महान् नरक का बीज है और सदा भ्रांति पैदा करने वाला है, उस यौवन के द्वारा जिनका नाश नहीं हुआ, वे दूसरे किसी से नष्ट नहीं हो सकते। इस यौवनरूपा भूमि को जिसने पार कर लिया वही पुरुष धीर कहलाता है, जो क्षण भर के लिए प्रकाशमान ,चंचल मेघों की गंभीर गर्जना से व्याप्त और बिजली की तरह चमक कर लुप्त हो जाने वाला है। वह अमंगलमय यौवन मुझे अच्छा नहीं लगता। जो भोग के समय मधुर व स्वादिष्ट और अंत में दुःखदायी होने के कारण तिक्त प्रतीत होता है, जिसमें दोष ही दोष भरे हैं तथा मदिरा के मद विलास के समान मोहक है, वह यौवन मुझे कदापि अच्छा नहीं लगता। जो महामुग्ध पुरुष मोहवश क्षणभंगुर यौवन से हर्ष को प्राप्त होता है वह मनुष्य होता हुआ भी निरा पशु ही माना गया है। जो मनुष्य अभिमान या अज्ञान के कारण मदोन्मत्त यौवनावस्था की अभिलाषा करता है, उस दुर्बुद्धि को शीघ्र ही पश्चात्‌ाप का भागी होना पड़ता है। साधों! इस भूतल पर वही लोग पूजनीय और महात्मा हैं, जो यौवन रूपी संकट से सुख पूर्वक पार हो गये हैं। बड़े-बड़े मगरों से भरे हुए महासागर को सुख पूर्वक पार किया जा सकता है, किंतु विषय चिंतन आदि महातरंगों के कारण उमड़े हुए और दुर्गुण, दुराचार रूप अनेक दोषों से भरे हुए इस निंदनीय यौवन के पार जाना बहुत ही कठिन है। यौवन के सहारे नष्ट कर डालते है।

राम का वैराग्य (2)
(सर्ग 21-22)

स्त्री शरीर निंदा (सर्ग 21)

मुनीश्वर! इधर केश हैं, उधर रक्त और माँस है, यही तो युवती का शरीर है। जिसका हृदय विवेक से विषाल हो गया है, उस ज्ञानी पुरुष को इस निन्दित नारी शरीर से क्या काम? जैसे वन में चरने वाले गधे या ऊँट के अंग रक्त, माँस और हड्डियों से संपन्न हैं। उसी प्रकार कामिनियों के अंग भी उन्हीं उपकरणों से युक्त हैं। फिर नारी के प्रति ही लोगों का इतना आगृह या आकर्षण क्यों है? इसमें तो रमणीयता की प्रतीति होती है। उसमें एक मात्र कारण मोह ही है। मन में विकार उत्पन्न करने वाली मदिरा में और स्त्री में क्या अंतर है? एक जहाँ मद के द्वारा मनुष्य को उल्लास प्रदान करती है, वहाँ दूसरी काम का भाव जगा कर पुरुष के लिए आनन्ददायिनी बनती है। केश और काजल धारण करने वाली तथा नेत्रों को प्रिय लगने वाली नारियां जिनका स्पर्श परिणाम में दुःख देने वाला है। पुरुष को वासना की आग से जलाती रहती हैं। काम रूपी किरात ने मूढ़ चित्त मानव रूपी पक्षियों को फँसाने के लिए स्त्री जाल को फैला रखा है। पुरुष रूपी मत्सयों को फँसाने के लिए नारी बंशी के कांटे में हुई आटे की गोली के समान है और दुर्वासना ही उस बंशी की डोर है। जैसे– हथिनी के लिए चंचल हुआ हाथी विंध्याचल पर्वत पर उसे फंसाने के लिए बनाए हुए गड्ढे में गिर कर बंध जाता है। वही दशा तरुणी स्त्री के मोह में फंसे हुए तरुण पुरुष की होती है।

वृद्धावस्था के दुःख (सर्ग 22)

महर्षे! जैसे हिमरूपी वज्र कमल को, आंधी ओस कण को, और नदी तटवर्ती वृक्ष को नष्ट कर देती है ,उसी प्रकार वृद्धावस्था शरीर को नष्ट कर डालती है। जैसे लेशमात्र विष का भक्षण शरीर को नष्ट कर डालता है व कुरूप बना देता है। उसी प्रकार जरावस्था मनुष्य के सारे अंगों को

शीघ्र ही जर्जर करके कुरूप कर देती है। जिनके सारे अंग शिथिल होकर झुर्रियों से भर गए हैं और जरावस्था ने जिनके सारे अंगों को जर्जर बना दिया है, उन समस्त पुरुषों को कामिनीयाँ ऊँट के समान समझती हैं। वृद्धावस्था के कारण जिसके अंग कांपते रहते हैं, ऐसे मनुष्य को नौकर-चाकर स्त्री-पुरुष, बंधु-बांधव तथा अन्य सुहृदगण भी उन्मत्त के समान समझकर उसकी हंसी उड़ाते हैं। वृद्धावस्था में मनुष्य अपनी शक्ति का संतुलन खो बैठता है। इस प्रकार अपनी शक्ति ह्रास्य के कारण भोग की इच्छा तो बड़ी प्रबल हो उठती है, किंतु उपभोग किया नहीं जा सकता। उस दशा में निश्चय ही हृदय जलता रहता है, जैसे सायंकाल की संध्या के प्रकट होते ही अंधकार दौड़ पड़ता है। उसी प्रकार शरीर में जरावस्था को देखते ही मृत्यु दौड़ी चली आती है। जरा से जर्जर हुए शरीर की तनिक भी शोभा नहीं होती। वृद्धावस्था वातरोग और खांसी को विकसित कर देती है। मनुष्य का यह दुबला-पतला शरीर टेढ़ा हो जाता है। वह कमान की तरह झुक जाता है यह जरावस्था किसी भी इच्छा को सफल नहीं होने देती।

काल का स्वरुप (सर्ग 23-25)

मुनीश्वर! जैसे बडवाग्नि उमड़े हुए समुद्र को सोखती है, उसी प्रकार यह सर्वभक्षी काल भी उत्पन्न हुए जगत् को अपना ग्रास बना लेता है। युग, वर्ष और कल्प के रूप में काल ही प्रकट है। इसका वास्तविक रूप कोई देख नहीं सकता। यह सब संसार को अपने वश में करके बैठा है। संसार में अब तक ऐसी वस्तु नहीं हुई जिसे यह काल उदरस्थ न कर ले। यह काल द्यूर्तों का शिरोमणि है। इसे कितना ही तोड़ा जाए टूटता नहीं, जलाने पर भी नहीं जलता और दृश्य होने पर भी दिखता नहीं। यह जगनमंडल उस काल की नृत्यशाला है। जैसे सर्प वायु को पीता है, उसी प्रकार यह क्रूर आचरण करने वाला काल तरुण शरीर को बुढ़ापे में पहुँचाकर अपना ग्रास बनाता रहता है। काल निर्दयों का राजा है। वह किसी भी प्राणी के ऊपर दया नहीं करता।

जीवन की अनित्यता (सर्ग 26)

मुने! जगत् में जितनी भी प्राणियों की जातियां हैं, उन सब का वैभव अल्प एवं तुच्छ है तथा जितने भी भोग के स्थान हैं वे सभी भयंकर और परिणाम में दुरन्त दुःख की ही प्राप्ति कराने वाले हैं। प्राणियों की आयु अत्यंत अस्थिर है, मृत्यु बहुत ही निर्दय है तथा जवानी भी अधिक चंचल होती है और बाल्यावस्था मोह में ही बीत जाती है। भोग इस जगत् में महान रोग है तथा सुख आदि की तृष्णाएँ मृगतृष्णा के समान हैं। बिना जीती हुई इंद्रियां ही शत्रु हैं। सत्य-स्वरूप आत्मा-असत्य-सा हो गया है, जीवात्मा अज्ञान के कारण देह को ही अपना स्वरूप मानने लग गया है। बिना जीता मन बंधन का हेतु होने से आत्मा का शत्रु है। अहंकार ही कलंक का कारण है। बुद्धियाँ आत्म निष्ठा से रहित हैं। क्रियाएँ शास्त्र-विरुद्ध होने से दुःख रूप फल देने वाली हैं। शरीर और मन की चेष्टाएँ स्त्री की प्राप्ति में ही केंद्रित है। इच्छाएँ भोगों की ओर ही दौड़ती हैं। राग रूपी रोग दिनों-दिन बढ़ रहा है और मन की चेष्टाएँ व वैराग्य दुर्लभ हो गया है। केवल तमोगुण बढ़ रहा है। इसलिए तत्त्व अत्यंत दूर है। जीव अस्थिर हो गया है तथा धैर्य शिथिल हो गया है और तुच्छ विषय भोगों के प्रति लोगों की आसक्ति बढ़ रही है। बुद्धि मूढ़ता से मलिन हो गई है। जवानी यत्न पूर्वक भागी जा रही है। सत्संग दुर्लभ हो गया है। दुष्टों का संग पग-पग पर सुलभ है। परंतु संत पुरुषों का संग दुर्लभ हो गया है। कालवश समुद्र भी सूख जाते हैं, तारे भी टूट कर बिखर जाते हैं, सिद्ध भी नष्ट हो जाते हैं। फिर मेरे जैसे मनुष्य की स्थिरता पर क्या आस्था हो सकती है?।

जगत् की क्षण भंगुरता (सर्ग 27)

मुनीश्वर! इस जगत् का स्वरूप अत्यंत अरमणीय है, तो भी यह ऊपर से मनोरम प्रतीत होता है। बाल्यावस्था क्रीडा कौतुक में ही व्यतीत हो जाती है। युवावस्था आने पर मनरूपी मृग स्त्री रूपिणी गुफाओं में ही रमता हुआ जीर्ण हो जाता है। फिर वृद्धावस्था प्राप्त होने पर यह शरीर जर्जर हो जाता है। उस समय जन-समुदाय दुःख ही दुःख भोगता रहता

है। जब देह नष्ट हो जाती है तो प्राण उसे छोड़कर बहुत दूर चला जाता है। इस संसार में तृष्णा नाम की नदी निरंतर बहती रहती है। यह संतोष रूपी वृक्ष की जड़ खोदने में बड़ी दक्ष है।

जहाँ दैववश बारम्बार जन्म लेकर अपने शरीर को धारण करके छाया, पत्र और पुष्प आदि के द्वारा निरंतर प्राणियों का उपकार करने वाला वृक्ष भी कुल्हाड़ी से काट दिया जाता है, उस संसार में मनुष्य जैसा अपराधी और उपकार-शून्य प्राणी सदा जीवित ही रहेगा, ऐसा विश्वास करने के लिए कौन-सा कारण है? विष का वृक्ष और विषयासक्त मनुष्य दोनों ऊपर से मनोहर लगते हैं, किंतु उनके भीतर बड़ा भारी दोष भरा रहता है। इनके संग से मूर्छा या मूढ़ता ही प्राप्त होती है। संसार में ऐसी कौन-सी दृष्टियाँ हैं, जिनमें दोष नहीं है? वे कौन सी दिशाएँ हैं, जहाँ दुख और दाह नहीं है? वह कौन से जीव शरीर हैं, कि क्षणभंगुर नहीं हैं। वे कौन-सी लौकिक क्रियाएँ हैं जिनमें छल-कपट नहीं है।

जगत् की परिवर्तन शीलता (सर्ग 28)

ब्रह्मन्! यह जो कुछ भी स्थावर जंगम रूप दृश्य जगत् दिखाई दे रहा है, वह सब सपने में लगे हुए मेले के समान स्थिर है। आज जिस शरीर को रेशमी वस्त्र व फूलों के हार और भाँति-भाँति के अनुलेपनों से सजाया गया है। वह कल नंगा होकर ग्राम या नगर से बहुत दूर किसी गड्ढे में पड़ा-पड़ा सड़ जायेगा। जिस स्थान में आज चहल-पहल से भरा नगर देखा गया है, वहीं कुछ ही दिनों में सूने वनों का उदय हो जायेगा। जो पुरुष आज तेजस्वी है और अनेक मंडलों पर शासन करता है, वही कुछ दिनों के अनंतर राख का ढेर बन जाता है। जहाँ-जहाँ आज वन है, वहाँ विषाल नगर बन जाते हैं। तथा कहीं पर मरुभूमि का स्थान बन जाते हैं। जल स्थल हो जाता है और स्थल जल। धन संगृह-जवानी-बचपन सब अनित्य और तरंग की भाँति निरंतर एक भाव से दूसरे भाव को प्राप्त होते रहते हैं। मुनीश्वर! जगत् में मनुष्य क्षण-भर में ऐश्वर्य प्राप्त कर लेता है और क्षण भर में दरिद्र हो जाता है। क्षण में ही जन्म लेता है और क्षण

में ही मृत्यु। जगत् में सब क्षणिक है। यहाँ कायर के द्वारा शुरवीर मारा जाता है। साधारण लोग भी राजा बन बैठते हैं। यह जगत् विपरीत अवस्था में परिवर्तित होता रहता है। यह काल सब लोगों को आपत्ति में ढकेल कर क्रीड़ा करता है।

राम का दुःख निवृत्ति हेतु जिज्ञासा करना (सर्ग 29-33)

राम की जिज्ञासा

अपनी वैराग्य की स्थिति का वर्णन करके श्रीरामचंद्र जी अपने दुःखों की निवृत्ति हेतु जिज्ञासा करते हुए कहते हैं– मुनीश्वर! विषय भोग दुःख रूप और अनित्य है। इस प्रकार विषयों में दोष-दर्शन रूपी दानव बल के द्वारा मेरा चित्त दग्ध हो निर्मल एवं महान हो गया है। जैसे जलाशयों में मृगतृष्णा का उदय नहीं होता। उसी प्रकार मेरे उस चित्त में लोगों की आशा अंकुरित नहीं होती। मुनीश्वर! विविध चिंताओं से परिपूर्ण भोग-समूहों एवं राज्यों की अपेक्षा चिंता रहित महात्मा पुरुषों द्वारा स्वीकृत एकांत सेवन ही मुझे अच्छा लगता है। सुंदर उद्यान मुझे आनंद नहीं देता, स्त्रियों से मुझे सुख नहीं मिलता और धन की आशा पूर्ति से मुझे हर्ष नहीं होता। मैं न तो मृत्यु का अभिनंदन और न जीवन का ही स्वागत करता हूँ। मुझे राज्य से- भोगों से, धन से और नाना प्रकार की चिताओं से भी क्या प्रयोजन है?

अहंकार वश ही मनुष्य इन राज्य आदि से संबंध रखता है, किंतु मेरा अहंकार ही गल गया है अतः मेरे लिए इनकी आवश्यकता नहीं रह गई है। यदि अभी निर्मल बुद्धि के द्वारा इस चित्त की चिकित्सा नहीं की जाती तो फिर इसकी चिकित्सा का अवसर ही कहाँ रह जायेगा? विष तो एक ही शरीर का नाश करता है, परंतु विषयों का विष जन्म-जन्मान्तरों तक जीव को मौत के मुंह में डालता रहता है। सुख-दुख मित्र, भाई-बन्धु जीवन और मरण ये सब ज्ञानी के चित्त को नहीं बाँधते। अज्ञानी का ही मन इससे बँधता है। ब्रह्मन्! आप महात्माओं में श्रेष्ठ हैं। इसलिए जिस प्रकार मैं शोक और खेद से मुक्त हो यथार्थ ज्ञान से संपन्न हो जाऊँ, वैसा

संदेश–उपदेश मुझे शीघ्र प्रदान करने का कष्ट करिये। अज्ञान एक भयंकर वन के समान है। जैसे वन में मृगों को फँसाने के जाल बिछे रहते हैं। उसी प्रकार अज्ञान रूपी वन भी विषयवासना के जाल से आवेष्टित दुःखी रूपी कंटकों से व्याप्त तथा संपत्ति रूपी ऊंचे–नीचे स्थानों से युक्त है। महात्मन्! संसार में ऐसी दुश्चिन्ताएँ नहीं हैं जो उत्तम अन्तः करण वाले महात्मा पुरुषों के संग से क्षीण न हो जायं। आयु क्षण भंगुर है तथा चंचल है। ऐसा विचार कर मैंने इसका त्याग कर दिया है तथा शांति को प्रतिष्ठित किया है। जैसे मृग तुच्छ तृष्णों के लोभ से ठगे जाकर गड्ढे में गिर पड़ते हैं, उसी प्रकार अंतःकरण की वृत्तियां निस्सार विषयों द्वारा ठगी जाती हैं।

इस संसार में समस्त व्यवहारों का निर्वाह करता हुआ भी मनुष्य बंधन में न पड़े इसका क्या उपाय है? प्रभो, मुझे तत्त्वज्ञान का कुछ उपदेश दीजिए, जिसमें मैं ब्रह्माजी द्वारा रचित इस अव्यवस्थित जगत् का आदि अंत समझ सकूं। इस संसार में गृहण करने योग्य वस्तु क्या है? त्याज्य वस्तु क्या है? अग्राह और अत्याज्य वस्तु क्या है? मनुष्यों का चंचल यह चित्त किस प्रकार स्थिरता एवं शांति को प्राप्त करे? ऐसा कौन सा उपाय, क्या गति है, कौन सा चिंतन व क्या आश्रय तथा कौन–सा साधन है, जिसका अवलंबन करने से यह जीवन रूपी वन भविष्य में कल्याणकारी हो न कि अमंगलकारी हो? यह नीरसता से परिपूर्ण व दुःखों में डूबा है। मोह की निवृत्ति के लिए आप जैसा, जो कुछ भी जानते हैं, उसका उसी रूप में मुझे उपदेश कीजिए।

वाल्मीकि जी कहते हैं– भरद्वाज! इस प्रकार श्रीरामचंद्र जी वशिष्ठ आदि महान् गुरुजनों के समक्ष उपयुक्त बातें कह कर चुप हो गए। (पूर्ण वैराग्य प्रकरण)

विश्वामित्र जी का उपदेश (सर्ग 1–2)

शुकदेव जी की कथा (सर्ग 1–2)

वाल्मीकि जी कहते हैं– भरद्वाज! इस प्रकार श्रीराम के इस कथन के बाद विश्वामित्र जी ने उन्हें प्रेम पूर्वक कहा– 'ज्ञानियों' में श्रेष्ठ रघुनंदन!

तुम्हारे लिए और कुछ जानना शेष नहीं है। तुम अपनी ही सूक्ष्म बुद्धि से सब कुछ जान गए हो। तुम परमात्मा को तत्त्व से जानते हो, तुम्हारी बुद्धि भगवान व्यास के पुत्र शुकदेव की सी है। श्रीराम जी! मैं तुम्हें व्यास पुत्र शुकदेव परम्हंस जी का वृत्तांत कह रहा हूँ। इसे गृहण करो। यह सुनने वाले मनुष्यों के मोक्ष का कारण है।

भगवान व्यास के महाज्ञानी पुत्र शुकदेव जी सम्पूर्ण शास्त्रों के ज्ञाता थे किंतु उन्हें यह विश्वास नहीं हुआ कि यही परम्ार्थ वस्तु है। एक दिन उन्होंने मेरूगिरी पर एकांत में स्थान पर बैठे हुए अपने पिता से पूछा– 'यह संसार रूपी आडंबर कैसे पैदा हुआ है? कैसे इसका नाश होता है? यह कितना बड़ा है? किसका है? और कब तक रहेगा? पुत्र के ऐसा प्रश्न करने पर व्यासजी ने उन्हें सब कुछ बता दिया, किंतु वे इससे संतुष्ट नहीं हुए। तब व्यासजी उनके मन का भाव जानकर उनसे बोले– बेटा! भूतल पर जनक नाम से प्रसिद्ध एक राजा हैं, जो जानने योग्य तत्त्व को यथार्थ रूप से जानते हैं। उनसे तुम्हें सम्पूर्ण तत्त्व ज्ञान प्राप्त हो जायेगा।

पिता जी के ऐसा कहने पर शुकदेव जी विदेहपुरी में जा पहुँचे, वहाँ द्वारपाल ने उनके आगमन की सूचना जनक जी को दी तो जनक ने शुकदेव जी की परीक्षा लेने हेतु द्वारपाल से कहा– 'शुकदेव जी आये हैं तो वही ठहरें'। ऐसा कहकर राजा सात दिनों तक चुपचाप बैठे रहे। उनकी कोई खोज-खबर नहीं ली, इसके बाद उनको राजमहल में बुलाया। वहाँ आकर भी वे सात दिन तक उपरत बैठे रहे। इसके बाद जनक ने उन्हें अन्तः पुर में ले आने की आज्ञा दी, किंतु वहाँ भी राजा ने सात दिनों तक उनको दर्शन नहीं दिया। वहाँ भी वे हर्ष-विषाद से रहित, स्वस्थ चित्त एवं मौन बने रहे।

इस परीक्षा द्वारा जनक जी ने शुकदेव जी के स्वभाव को जानकर उन्हें सादर अपने पास बुलाया और कहा "ब्रह्मन्"! परम् पुरुषार्थ सिद्धि के लिए जो-जो आवश्यक कर्तव्य हैं, वे सब आपने पूर्ण कर लिए हैं। अब आपको किस वस्तु की इच्छा है।" इस पर शुकदेव जी ने वे प्रश्न दोहराए जो उन्होंने अपने पिताजी से किये थे।

राजा जनक् का उपदेश

इस पर राजा जनक ने कहा– मुने! इस ब्रम्हाण्ड में एक अखंड चिन्मय परम् पुरुष परमात्मा के अतिरिक्त और कुछ नहीं है। आपने अपने विवेक से इसे जाना है तथा अपने पिता से भी इसको सुना है। इससे बढ़कर दूसरा कोई जानने योग्य तत्त्व नहीं है। जो प्राप्त करने योग्य वस्तु है। उसे आप ने पा लिया है। आपका चित्त पूर्ण काम हो गया है। आप बाह्य विषय की ओर दृष्टिपात नहीं करते, अतः मुक्त हैं। अभी कुछ पाना या जानना शेष रह गया है, इस भ्रम को त्याग दीजिए।

राजा जनक के यह वचन सुनकर शुकदेव जी के शोक, भय और श्रम सभी नष्ट हो गये। वे सदा संशय रहित हो गये। वहाँ दस हजार वर्षों तक निर्विकल्प समाधि में स्थित रहे तथा प्रारब्ध क्षीण हो जाने पर परमात्मा में लीन हो गये।

विश्वामित्र जी का वशिष्ठ जी से अनुरोध (सर्ग 2)

विश्वामित्र जी श्रीराम को यह कथा सुनाकर मुनि वशिष्ठ जी से कहने लगे कि श्रीराम ने ज्ञातव्य वस्तु को जान लिया है। इसलिए सारे भोग समूह उन्हें रुचिकर नहीं ज्ञात हो रहे हैं। भोगों के चिंतन से ही अज्ञान जनित बंधन दृढ़ होता है और भोग वासना के क्षय को ही मोक्ष कहते हैं। विषयों में होने वाली दृढ़ वासना को ही बंधन बताते हैं। जिसकी दृष्टि राग आदि दोषों से रहित है। वही तत्त्वज्ञ है और वही विद्वान है। जब तक जानने योग्य वस्तु का ज्ञान नहीं होता। तब तक मनुष्य के हृदय में विषयों की ओर से वैराग्य नहीं होता।

जब श्रीराम सद्गुरु के मुख से यह सुन लेंगे कि 'यही परमा्र्थ वस्तु है' तब इनके चित्त को अवश्य विश्राम प्राप्त होगा। इनके चित्त के विश्राम के लिए समस्त इक्ष्वाकुवंशियों के शिक्षक और कुल गुरु वशिष्ठ जी यहाँ युक्ति का प्रतिपादन करें। महात्मन्! वही ज्ञान, वही शास्त्रार्थ, व पांडित्य सार्थक एवं प्रशंसित है, जिसका वैराग्य युक्त उत्तम शिष्य भाव से रहित है, उसे जो कुछ भी उपदेश दिया जाता है, वह कुत्ते के चमड़े से

बने हुए कुप्पे में रखे हुए गाय के दूध की भाँति पवित्रता को प्राप्त हो जाता है।

वशिष्ठ जी बोले– मुने! आप जिस कार्य के लिए मुझे आज्ञा दे रहे हैं उसे मैं बिना विघ्न बाधा के आरंभ कर रहा हूँ। शक्तिशाली होकर भी संतों की आज्ञा का उल्लंघन करने में कौन समर्थ हो सकता है? पूर्व काल में निषद पर्वत पर पूजनीय पद्मियोनी ब्रह्माजी ने संसार रूपी भ्रम को दूर करने के लिए जिस ज्ञान का उपदेश किया था, वह अविकल रूप से मुझे याद है।

महर्षि वशिष्ठ का उपदेश (सर्ग 3-9)

वशिष्ट जी ने कहा– पूर्व काल में सृष्टि के प्रारंभ के समय भगवान ब्रह्म ने संसार रूपी ब्रह्म के निवारण के लिए ज्ञान का उपदेश दिया था, उसी का मैं यहाँ वर्णन करता हूँ।

यह जगत् स्वप्न में देखे गये नगर के समान भ्रम द्वारा निर्मित हुआ है। मृत्यु काल में पुरुष स्वयं अपने हृदय में इसका अनुभव करता है। इस प्रकार जगत् मिथ्या होने पर भी चिरकाल तक अत्यंत परिचय में आने के कारण दृढ़ता को प्राप्त होकर जीव के हृदयाकाश में प्रकाशित हो बढ़ने लगता है। यही 'ईहलोक' कहलाता है। वासना के भीतर अन्य अनेक शरीर और उनके भीतर भी दूसरे-दूसरे शरीर- ये इस संसार के केले के वृक्ष की त्वचा के समान एक के पीछे एक प्रतीत होते हैं। वस्तुतः इस संसार में कोई सार नहीं है। न तो पृथ्वी आदि पंच महाभूतों के समुदाय हैं और न जगत् की सृष्टि का कोई क्रम ही है। यह सब के सब मिथ्या हैं। तथापि मृत और जीवित जीवों को इनमें संसार का भ्रम होता है यह अविद्या रूपिणी नदी है जिसका कहीं अंत नहीं है। मूढ़ पुरुषों के लिए यह इतनी विषाल है कि वे इसे पार नहीं कर सकते।

श्रीराम! परमार्थ सत्य रूपी विषाल महासागर में सृष्टि रूपी असंख्य तरंगे उठती हैं। इस समय ब्रह्म कल्प का बहत्तरवां त्रेतायुग चल रहा है। यह पहले भी अनेक बार हो चुका है और आगे भी होता रहेगा। यह वही

पहले वाला त्रेतायुग है और उससे विलक्षण भी है। यह जितने लोक हैं पूर्व में भी हुए हैं। श्रीराम तुम अनेक बार अवतार त्रेतायुग में ले चुके हो और भविष्य में भी लोगे। मैं कितनी बार वशिष्ठ रूप में उत्पन्न हो चुका हूँ और आगे भी होऊँगा। सभी प्राणी पूर्व कल्पों के समान होते हैं।

पुरुषार्थ की महत्ता और दैववाद (सर्ग 4-9)

सौम्य श्रीराम! समुद्र की जलराशि हो या तरंग युक्त, दोनों दशाओं में उसकी जलरुपता समान ही है, उसी तरह देह के रहते हुए और उसके ना रहते हुए भी मुक्त महात्मा मुनि की स्थिति एक-सी होती है। उसमें कोई भेद नहीं होता। सदेह मुक्ति हो या विदेह मुक्ति उसका विषयों से कोई संबंध नहीं है। जीवन मुक्त और विदेह मुक्त दोनों ही प्रकार के महात्मा बोध-स्वरूप हैं। उनमें क्या भेद है?

रघुनन्दन! इस संसार में सदा अच्छी तरह पुरुषार्थ करने से सब को सब कुछ मिल जाता है। जहाँ कहीं किसी को असफल देखा जाता है, वह उसके सम्यक् प्रयत्न का अभाव ही कारण है। परमात्मा प्राप्ति रूप आत्यंतिक आनंद पुरुष के प्रयत्न से ही प्राप्त हो सकता है। अन्य प्रारब्भ (हेतु) से नहीं। इसलिए, पुरुष को प्रयत्न पर ही निर्भर रहना चाहिए। सत्पुरुषों व शास्त्रज्ञ के बताये हुए मार्ग से चलकर कल्याण के लिए जो मानसिक, वाचिक चेष्टा की जाती है। वही पुरुषार्थ है वही सफल चेष्टा है। शास्त्र के विपरीत किया हुआ प्रयत्न अनर्थ की प्राप्ति कराने वाला होता है।

रघुनन्दन! जो मनुष्य जैसा प्रयत्न (कर्म) करता है, वैसा ही फल भोगता है। दैव वश फल में विपरीत आ जाती है, उसका कथन ठीक नहीं है। पुरुषार्थ दो प्रकार का है- एक शास्त्रानुमोदित (पुण्य कर्म) और दूसरा शास्त्र विरुद्ध (पाप कर्म) पुरुषार्थ अनर्थ का कारण होता है। शास्त्रानुमोदित पुरुषार्थ परमा्र्थ वस्तु की प्राप्ति के कारण है। अतः इस प्रकार का उद्योग करना चाहिए कि इस जन्म (वर्तमान) का पौरूष पूर्व जन्म के शुभ पौरूष को शीघ्र जीत ले।

इस जन्म के शुभ पौरूष से पूर्व जन्म का दोष अवश्य नष्ट हो जाता है। इसमें कोई संशय (शक) नहीं है। उद्योग शून्य आलसी मनुष्य गदहों के समान गये बीते हैं। अतः स्वयं ही उद्योग छोड़कर उनके रास्ते या श्रेणी व तुलना में नहीं जाना चाहिए। वशिष्ठ जी कहते हैं- श्रीराम पूर्व जन्म के पौरूष से भिन्न दैव कोई वस्तु नहीं है (पूर्व जन्म का पुरुषार्थ ही दैव है) पूर्व जन्म के पौरूष को कोई दैव की संज्ञा देना चाहे तो दे सकता है। जो दैव भरोसे बैठे रहते हैं वे दीन और मूढ़ हैं। पूर्व जन्म के तथा इस जन्म के पुरुषार्थ दो मेढ़ों की तरह आपस में लड़ते हैं। उनमें जो भी बलवान होता है, दूसरे को पछाड़ देता है।

पूर्वकृत कर्मों के फलस्वरुप प्रारब्ध और वर्तमान जन्म के पुरुषार्थ इन दोनों में वर्तमान जन्म का पुरुषार्थ ही प्रत्यक्षतः बलवान है। इसलिए मनुष्य को संसार सागर में पुरुषार्थ कर अपना उद्धार कर लेना चाहिए। शास्त्रों के अभ्यास, गुरु के उपदेश और अपने प्रयत्न– इन तीनों से ही सर्वत्र पुरुषार्थ की सिद्धि देखी जाती है।

श्रीराम बताओ तो सही, इस लोक में जो शूरवीर, पराक्रमी, बुद्धिमान और पंडित हैं वे किस दैव की प्रतीक्षा करते हैं?

महामुनि विश्वामित्र ने दैव को दूर से त्याग कर पौरूष से ही ब्राह्मणत्व प्राप्त किया है और किसी साधन से नहीं।

अपने पौरूष से ही आकाश में विचरण करने की शक्ति प्राप्त की है। रघुनन्दन! पौरूष द्वारा इष्ट और अनिष्ट कर्म का जो प्रिय और अप्रिय रूप फल प्राप्त होता है, उसी को 'दैव' नाम दिया गया है। जीव में जिस प्रकार की वासना होती है, वह शीघ्र वैसा ही कर्म करता है। जो गांव में जाना जाता है वह गांव में और जो नगर शहर में जाना जाता है वहाँ वह पहुँचता है। जो मनुष्य जिस वासना से युक्त होता है वह उसी के लिए सदा प्रयत्न करता है।

पूर्व जन्म में किया गया प्रयत्न ही इस जन्म में 'दैव' कहलाता है। वासना मन से भिन्न नहीं है और मन ही पुरुष है। मन, चित्त-वासना कर्म दैव और निश्चय- ये मन की ही संज्ञाएँ हैं।

श्रीराम! तुम परम् कल्याण की प्राप्ति के लिए उत्तम पुरुषार्थ को लेकर पाँचों इंद्रियों को जीत कर यहाँ शुभ वासना से युक्त हो जाओ। पश्चात् उस शुभ वासना का भी परित्याग करके परब्रह्म प्राप्त परमात्मा में भली-भाँति स्थित हो जाओ।

वशिष्ठ का जन्म एवं मोक्ष के चार द्वारपाल सर्ग (10-11)

महर्षि वशिष्ठ का जन्म (सर्ग 10)

श्रीराम! जो सर्वत्र नित्य समता रूप से स्थित सच्चिदानंदमय में ब्रह्म तत्त्व है, उससे संबंध रखने वाली सत्ता को 'नियति' कहते हैं। वहीं नियन्ता की नियंत्रण शक्ति है तथा नियंत्रण में रहने वाले पदार्थों में जो नियंत्रित होने की योग्यता है, वह भी सत्ता ही है।

अब मैं सारगर्भित संहिता का वर्णन करूंगा जो इहलोक तथा परलोक की सिद्धि के लिए परम् पुरुषार्थ रूप फल प्रदान करने वाली और-मोक्ष के उपाय भूत साधनों से संपन्न है। सृष्टि के आदि में परमे्ष्ठी ब्रह्म ने इस मोक्ष कथा का वर्णन किया था। यह सम्पूर्ण दु:खो का विनाश करने वाली है और बुद्धि को परम् शांति प्रदान करती है।

ब्रह्माजी सारे जन समुदाय को नाना प्रकार के व्यसन जन्य कष्टों से पीड़ित देखकर विचार करने लगे कि इन दु:खों का अंत किस प्रकार होगा। इनके लिए तप-धर्म, दान, सत्य और तीर्थ सेवन आदि साधनों से सांसारिक दु:खों का समूल नाश नहीं हो सकता, बल्कि परम् निर्वाण रूप मोक्ष ही परम्सुख है जिससे जीव मृत्यु के चक्र से छूट जाता है। उसे मोक्ष की प्राप्ति ज्ञान से ही होती है। दान और तीर्थ सेवन आदि इसके उपाय नहीं है। ऐसा विचार कर उन्होंने अपने संकल्प द्वारा एक मानस पुत्र उत्पन्न किया। वह मानस मैं ही वशिष्ठ हूँ। किंतु मैं सर्वज्ञ होने से मुझे अज्ञ जनों के प्रति करुणा कैसे हो सकती थी, इसलिए उन्होंने मुझे शाप कि मैं कुछ समय के लिए अज्ञ हो जाऊं। तो मैं अज्ञ (अज्ञानी) हो गया। फिर मैंने इस दु:ख रूपी संसार से पार होने के लिए युक्ति पूछी तो ब्रह्म

ने मुझे विस्तार के साथ इसका उपदेश दिया। थोड़े समय में मुझे तत्त्वज्ञान हो गया। जब ब्रह्माजी ने मुझे जंबूद्वीप के भारतवर्ष नामक देश में जाकर वास करने और तत्त्व ज्ञान का प्रचार करने का आदेश दिया। मैंने कर्म परायण लोगों को कर्मकांड का उपदेश दिया और विरक्त लोगों को जो निर्वाण पद प्राप्त करना चाहते हैं उन्हें ज्ञान का उपदेश दिया जिससे वे जीवन मुक्त हो सकें। रघुकुल भूषण! इस प्रकार मैं अपने पिता जी ब्रह्माजी द्वारा नियुक्त होकर इस लोक में निवास कर रहा हूँ और जब तक सृष्टि परंपरा रहेगी, तब तक यहाँ रहूँगा। श्रीराम! तुम्हारा यह वैराग्य विवेक से उत्पन्न हुआ है जो सात्विक है। तुम ज्ञान के उत्तम अधिकारी हो। इसलिए जो ज्ञान मेरे पिता ने मुझे दिया था, तुम्हें दूंगा इस प्रकार तुम परमानंद को प्राप्त हो संसार में विचरोगे।

मोक्ष के चार द्वारपाल (सर्ग 11)

श्रीराम! यह विवेक एक वृक्ष के समान है और भोग तथा मोक्ष उसके फल कहे गये हैं। इस मोक्ष के द्वार पर निवास करने वाले चार द्वारपाल बतलाए जाते हैं। जिनके नाम हैं– शम, विचार, संतोष और साधु संगम। मनुष्य को इन चारों का भी यत्न पूर्वक सेवन करना चाहिए। इनके भली-भाँति सेवन से ये मोक्ष रूपी राज महल के द्वार को खोल देते हैं। यदि चारों का सेवन न हो सके तो तीन या दो का सेवन अवश्य करना चाहिए। जब एक वश में आ जाता है, तब शेष तीनों भी अधीन हो जाते हैं। विवेकी पुरुष तप ज्ञान और शास्त्र के श्रवण मनन आदि का उत्तम पात्र होता है। अतः सत्संगति पूर्वक तपस्या एवं इंद्रिय निगृह द्वारा अपनी बुद्धि का ही संवर्धन करे। यह संसार विष वृक्ष के समान है। यह विपत्तियों का एक मात्र स्थान है, जो अज्ञानियों को सदा मोहित करता है। इसलिए यत्न के द्वारा अज्ञान का विनाश कर डालना ही उचित है।

श्रीराम! तुम्हारा हृदय अज्ञान से रहित एवं विषुद्ध हो गया है। जिससे तुम इस ज्ञान के उत्तम अधिकारी हो।

ज्ञान की भूमिका (सर्ग 12-16)

ज्ञान का माहात्म्य

वशिष्ठ जी कहते हैं– राघव! तुम्हारा मन उत्तम गुणों से परिपूर्ण है। तुम हमारे योग्य से शिष्य हो, अतः मैं आदर पूर्वक तुम्हें उपदेश देने को उद्यत हुआ हूँ। तुम ज्ञान के संसर्ग से वैराग्य को प्राप्त हुए हो। तुम तो सदा शुद्ध हो इसलिए तुम इस कथा को प्राप्त हुए हो व सुनने के योग्य अधिकारी हो। अब मैं इस मोक्ष कथा का वर्णन करूंगा, तुम सावधान होकर इसे सुनो। जीव और ब्रह्म का एकात्मक बोध ही वह गरुड़ मंत्र है। जिससे संसार रूपी इस विषुचिका का समूल नाश हो सकता है। सत्पुरुषों के साथ शास्त्र चिंतन करने से जिसका देहाभिमान नष्ट हो गया है, उसे तत्त्व का ज्ञान हो जाने से सर्वव्यापक आत्मा का स्वरूप विदित हो जाता है। जिन्हें आत्म स्वरूप का ज्ञान हो गया है। उन्हें न शोक होता है, न कामना होती है और न वे शुभाशुभ की याचना ही करते हैं। वे संसार में सब कुछ करते हुए भी अकर्ता के समान रहते हैं। पवित्रता से रहते हैं, और नेक व स्वच्छ कर्म द्वारा सन्मार्ग पर चलते हैं। इसलिए पुरुष को चाहिए कि वह जीवन पर्यंत आत्मा की खोज करे, वह उसी की उपासना करे, उसी का यथार्थ ज्ञान प्राप्त करे, इसके अतिरिक्त कोई कर्तव्य नहीं है। सांसारिक कार्यकलाप उसके लिए उपकारी नहीं हो सकते। केवल मनोजप से प्राप्त किया जा सकता है। उस समय न किसी की अभिलाषा होती है और न ही किसी का त्याग ही करता है।

मोक्ष का साधन (शम)

राघव! मोक्ष के चार ही द्वारपाल हैं। जिनमें एक से भी प्रीति हो जाने पर मोक्ष प्रविष्ट होने का अधिकार प्राप्त हो जाता है। इनमें मुख्य शम है। शम ही परम्पद है, मंगलमय, शांतिदायक, भ्रम का निवारण करने वाला तथा परम् कल्याणकारी है। शम आयुक्त पुरुष से पिशाच, राक्षस, दैत्य, शत्रु, व्याघ्र अथवा सर्प कोई भी द्वेष नहीं करते। जो पुरुष प्रिय या अप्रिय को सुनकर, सपर्शकर, देखकर, खाकर और सूँघकर कर न तो हर्षित होता

है और न खिन्न होता है। वह शांत कहा जाता है, जो इंद्रियों को वश में करके समस्त प्राणियों के साथ समता पूर्वक व्यवहार करता है तथा न तो भविष्य की आकांक्षा करता है और न प्राप्त का परित्याग करता है वह 'शांत' कहलाता है। हर्ष और कोप का अवसर उपस्थित होने पर भी न तो हर्ष को प्राप्त होता है, न क्रोध ही करता है। वह 'शांत' पद से व्यक्त होता है। जिसकी बुद्धि राग द्वेष रूपी कलंक से दूषित नहीं होती, उसे 'शांत' कहा जाता है।

रघुनंदन! तुम भी परम् पुरुषार्थ की सिद्धि के लिए इसी का अनुसरण करो।

विचार

वशिष्ठ जी कहते हैं- राघव! आत्म विषयक विचार करने से बुद्धि तीव्र होकर परम् पद का साक्षात्कार कर लेती है। संसार रूपी महारोग के लिए विचार ही महोषद है। लौकिक दुःख से पार होने के लिए विद्वानों के पास विचार के अतिरिक्त दूसरा कोई उपाय नहीं है। जगत् के सारे पदार्थ तभी तक सत्य की तरह रमणीय प्रतीत होते हैं, जब तक विचार नहीं किया जाता। विचार करने पर वह नष्ट हो जाते हैं। विचारशील पुरुष गयी हुई वस्तु की उपेक्षा कर देता है व प्राप्त वस्तु का शास्त्रानुसार उपयोग करता है। वह मन की प्रतिकूलता में ना तो क्षुब्ध होता है, न अनुकूलता में प्रसन्न ही। उस समय परिपूर्ण सागर की तरह उसकी शोभा होती है। उत्तम विचार से युक्त पुरुष सामान्य जनों की तो बात ही क्या, महापुरुषों के लिए भी आदरणीय हो जाता है। विचारहीनता सारे अनर्थों का निजी निवास स्थान है। सभी सत्पुरुष उसका तिरस्कार करते हैं, और वह दुर्गतियों की चरम सीमा है, उसका परित्याग ही कल्याणकारी है। विचार से ही तत्त्व का ज्ञान होता है, तत्त्व ज्ञान से मन की नहीं निश्चलता प्राप्त होती है और मन के शांत हो जाने से सम्पूर्ण दुःखो का सर्वत्र नाश हो जाता है।

संतोष

परंतप राम! संतोष ही परम्श्रेय है और संतोष परम् सुख भी कहा जाता है। संतोष युक्त पुरुष परम् विश्राम को प्राप्त होता है। जो शांत पुरुष संतोष संतोषमृत के पान से पूर्णतः तृप्त हो चुके हैं, उनके लिए यह अपरिमित भोग संपत्ति विष-सी जान पड़ती है। जो अप्राप्त वस्तु की आकांक्षा का परित्याग करके प्राप्त हुई वस्तु के समभव रखने वाला है, वह मनुष्य इस लोक में 'संतुष्ट' कहा जाता है। अतः जैसे एक मलिन दर्पण में मुख की छाया नहीं दिखती। उसी प्रकार आशा की परवशता से व्याकुल एवं संतोष रहित चित्त में ज्ञान का प्रतिबिंब नहीं पड़ता। जिसका मन मानसिक-शारीरिक कल्षों से मुक्त व संतुष्ट है, इस प्रकार का प्राणी जीवन में दरिद्र होते हुए भी सच्चे साम्राज्य सुख का उपभोग करता है। यही जीवन की सच्चाई है।

साधु संगम

महा बुद्धिमान राम! इस प्रकार संसार में संतसमागम मनुष्यों को संसार सागर से उबारने में सर्वत्र विशेष रूप से उपकार करता है। श्रीराम! तुम्हें ज्ञात होना चाहिए कि संत समागम विशेष रूप से बुद्धि वर्धक, अज्ञानरूपी वृक्ष का उच्छेदक और मानसिक व्यथाओं को दूर भगाने वाला है। जिसने सत्संगति रूपी गंगा में, जो कि शीतल और निर्मल है, स्नान कर लिया उसे यज्ञों, दान, तीर्थ, तप से क्या लेना है। संतोष, सत्संगति, विचार और शम- ये चारों ही मनुष्यों के लिए भवसागर से तरने के साधन हैं।

इनमें संतोष परम् लाभ है, सत्संगति परम् गति है, विचार उत्तम ज्ञान है और शम परम्सुख है। ये चारों संसार का समूल विनाश करने के लिए विषुद्ध उपाय है। जिन्होंने इनका सेवन किया, वे मोह जल से परिपूर्ण भवसागर से पार हो गये। इन चारों में से एक ही साधन का अभ्यास हो जाने पर, शेष तीनों भी जरूर अभ्यस्त हो जाते हैं; क्योंकि इनमें से एक-एक भी क्रमशः इन चारों की जन्मभूमि है।

जिसके चित्त में उत्तम फलदायक एक ही गुण सुदृढ़ हो गया है, उसके सारे दोष शीघ्र ही नष्ट हो जाते हैं।

ग्रंथ परिचय एवं प्रशंसा (सर्ग 17-20)

श्रवण की पात्रता (सर्ग 17)

वशिष्ठ जी कहते हैं- रघुनंदन! जैसे राजा नीतिशास्त्र के श्रवण का उत्तम पात्र होता है, उसी प्रकार विवेक से युक्त पुरुष ही ज्ञानोपदेश सुनने का योग्य पात्र है। जिसका पुण्य रूपी कल्पवृक्ष फलों के भार से झुका हुआ खड़ा है, वह पुरुष मुक्ति प्राप्ति के निमित्त इसे श्रवण करने के लिए उद्योग करता है।

ग्रंथ परिचय

यह संहिता मोक्ष साधन की प्रतिपादिका, सारभूत अर्थों से परिपूर्ण और मोक्ष दायिनी है। इसमें बत्तीस हजार श्लोक बताए जाते हैं। इस संहिता के परिशीलन से इच्छा न रहने पर भी निर्वाण की प्राप्ति हो जाती है। जैसे रस्सी का ज्ञान हो जाने से उत्पन्न हुई पूर्ण भ्रांति खत्म हो जाती है, उसी तरह इस संहिता के समय पूर्वक परिशीलन से संसार का दुःख-भ्रम शांत हो जाता है। संहिता में प्रथक-प्रथक रचे गये छः प्रकरण हैं। पहला प्रकरण 'वैराग्य' नाम से कहा गया है। डेढ़ हजार श्लोकों से युक्त इस वैराग्य प्रकरण का विचार करने से हृदय में शुद्धता का उदय होता है। तदन्तर 'मुमुक्ष' व्यवहार नामक प्रकरण की रचना की गई है। इसमें केवल एक हजार श्लोक हैं। इसमें मुमुक्षों पुरुषों के व्यवहार के वर्णन किये गए हैं। इसके उपरांत तीसरा प्रकरण 'उत्पत्ति' प्रकरण आता है जो विज्ञान का प्रतिपादक है। इसमें सात हजार श्लोक हैं। प्रकरण में तीन हजार श्लोक हैं। तत्पश्चात् पाँचवा 'उपशांति' प्रकरण कहा गया है इसमें पाँच हजार श्लोक हैं। तदन्तर 'निर्वाण' नामक छठे प्रकरण का वर्णन आता है। इसमें चौदह हजार श्लोक हैं। यह प्रकरण ज्ञान रूपी महान् पुरुषार्थ का देने वाला है। जान लेने पर कल्पनाएँ शांत हो जाती हैं व प्रभु प्राप्ति रूप परम् कल्याण हस्तगत हो जाता है।

ग्रंथ प्रशंसा (सर्ग 18-20)

श्रीराम! जैसे उपजाऊ खेत में उचित समय पर बोये उत्तम बीज से श्रेष्ठ फल प्राप्त होता है, उसी तरह इस संहिता को हृदयंगम कर लेने से परमार्थ विशयक ज्ञान सुलभ हो जाता है। सद्शास्त्रों के परिशीलन से जिनका चरित्र उत्तम हो गया है, उनकी बुद्धि यथा योग्य प्राप्त शास्त्रानुकूल कर्म में ही रमण करती है। इस सुंदर शास्त्र व उत्तम ज्ञान से युक्त अलंकारों से विभूषित, काव्य स्वरूप और सरस है।

यह शास्त्र ज्ञान का विस्तार करने वाला और बुद्धि द्वारा गृहण किये जाने वाले सारभूत पदार्थों की परमावधि है।

रघुनंदन! पहले संत समागम युक्ति के द्वारा बलपूर्वक अपनी बुद्धि को बढ़ाना उचित है। जब तक विश्व में ज्ञान और सदाचरण का समान रूप से अभ्यास नहीं किया जाता तब तक पुरुष को इन दोनों में से एक भी सिद्धि नहीं हो सकती। परम् पुरुषार्थ रूप फल प्रदान करने वाला है। अतः बुद्धिमान् पुरुष को इस शास्त्र के ज्ञान से संपन्न आप्त पुरुष से इसका श्रवण करना चाहिए।

॥ मुमुक्षु प्रकरण सम्पूर्ण॥

(महारामायण)

ब्रह्म ही जगत् का मूल है (सर्ग 1-5)

ब्रह्म का स्वरूप (सर्ग 1)

श्री वशिष्ठ जी कहते हैं– श्रीराम! जब तक दृश्य जगत् की सत्ता है तभी तक जन्म-मृत्यु रूप संसार का बंधन है। दृश्य अभाव हो जाने से बंधन कदापि नहीं रहता। दृश्य जगत् किस प्रकार उत्पन्न होता है। वह मैं बता रहा हूँ। क्रमशः ध्यान देकर सुनो!

संसार में जो उत्पन्न होता है वही वृद्धि एवं क्षय को प्राप्त होता है, वही बँधता और मोक्ष को प्राप्त होता है। तथा वही स्वर्ग या नरक में पड़ता है। अपने स्वरूप का बोध न होने से ही बंधन है। उत्पत्ति का संबंध

इस दृश्य जगत् से ही है। आत्मा जो दृश्य जगत् की उत्पत्ति से पहले जैसा रहा है, वैसे ही उसकी उत्पत्ति के बाद भी है। जैसे सुषुति में स्वप्न के संसार का अभाव हो जाता है, उसी तरह यह समस्त चराचर जगत् जो दिखाई देता है, उसका कल्प के अंत में अभाव समाप्त हो जाता है। कोई अव्यक्त अनिर्वचनीय सत् वस्तु ही शेष रह जाती है। वह न तेजस्तत्त्व है न तमोमय, किंतु विद्वानों ने व्यवहार के लिए उसे आत्मा, परब्रह्म तथा सत्य आदि नाम रख छोड़े हैं।

दृश्य जगत् भ्रम मात्र है

सोने से बना कड़ा सोना ही है। उस सोने से कड़े को जैसे अलग नहीं किया जा सकता, उसी प्रकार यह जगत् परब्रह्म से अभिन्न है। जैसे कड़े का स्वरूप स्वर्ण के स्वभाव के ही अंतर्गत है, उसी प्रकार यह दृश्यमान् जगत् भी अपने परिच्छिन्न स्वभाव को त्याग देने पर ब्रह्म भाव में ही प्रतिष्ठित है।

अतः यह जगत् ब्रह्म से भिन्न नहीं है। मन ही इस जगत् रूपी इंद्रजाल की संपत्ति का विस्तार करता है। यह संपत्ति असत्य होने पर भी सत्य सी प्रतीत होती है, वही माया है। सर्वज्ञ विद्वानों ने उसके अविद्या, संसृति–बन्ध–माया–मोह–महत् और तप आदि अनेक नामों की कल्पना की है।

दृश्य ही बन्ध है

दृश्य प्रपंच का अस्तित्त्व ही दृष्टा का बंधन कहा गया है। दृश्य के बल से ही दृष्टा बंधन में पड़ा है। दृश्य का निवारण हो जाने पर वह उस बंधन से मुक्त हो जाता है। 'तू' 'मैं' और 'यह' तो (त्वम्, अहम्, इदं) इत्यादि रूपी रूपों में जो कल्पित मिथ्या जगत् है। तब तक मोक्ष नहीं होता। यदि वह वास्तव में है तो इसका निवारण किसी प्रकार नहीं हो सकता क्योंकि असत् वस्तु का अस्तित्त्व नहीं हो सकता व जो सत्य वस्तु है, उसका कभी अभाव नहीं होता। इस दृश्य प्रपंच के रहते हुए

निर्विकल्प समाधि कैसे हो सकती है? निर्विकल्प समाधि होने पर ही चेतनता और तुरीय पद की उत्पत्ति होती है। इस मन रूप दृश्य के रहते हुए कोई समाधि के लिए कितना ही प्रयत्नशील क्यों न हो, उसे दृश्य अवश्य प्राप्त होता है। चित्त-वृत्ति के रहते जगत् रूपी भ्रम का निवारण नहीं किया जा सकता है। जैसे पदार्थों में रस, तिल में तेल और फलों में सुगंध रहती है, उसी प्रकार उपदृष्टा में दृष्य बुद्धि रहती है। कपूर या कस्तूरी आदि जहाँ भी हों, उसकी सुगंध प्रकट हो जाती है, उसी प्रकार कहीं भी हो, उसके उदर में दृश्य जगत् का प्रादुर्भाव होता ही है।

जैसे हृदय स्थित स्वप्न एवं संकल्प तुम्हारे अनुभव से ही देखे जाते हैं, उसी प्रकार यह दृश्य जगत् तुम्हारे हृदय में ही स्थित है और वह अपने अनुभव से ही दृष्टिगोचर होता है यही सच्चाई है।

ब्रह्म का स्वरूप (सर्ग 2-3)

ब्रह्म परम् व्योम स्वरूप है। उनकी आकृति पृथ्वी आदि पाँच भूतों से रहित है। वे मनोमय और संकल्पमय हैं। वे चिन्मय आकाश के समान अनुभव रूप हैं। ब्रह्म चिन्मय आकाश ही है। उनके कार्य कारण अभाव नहीं है। वे स्वयं भू है। उनके कोई पूर्व कर्म नहीं है। वे अपने कारण भूत परब्रह्म से अभिन्न एवं आत्म स्वरूप हैं। स्वयंभू ब्रह्म का यह शरीर अति सूक्ष्म है। जो अजन्मा है, उसे आदि भौतिक शरीर की प्राप्ति हो ही नहीं सकती। भूतों से उत्पन्न सभी के दो-दो शरीर होते हैं (स्थूल एवं सूक्ष्म) किंतु ब्रह्म का एक ही सूक्ष्म शरीर है। संकल्प रूप ही उनका शरीर है, ये ही सभी जीवों के सृष्टि करके विचार करते हैं। जीव उन्हीं के संकल्प से उत्पन्न होते हैं। ब्रह्माजी समस्त प्राणियों में चेष्टाशील चेतन भूत हैं। उन्हीं से ही अभिन्न रूप वाली सृष्टि प्रकट हुई व फैली है। ब्रह्म का शरीर चित्त मात्र ही है। मन ही ब्रह्म के स्वरूप को प्राप्त हुआ, वह मन संकल्प रूप है। मन ही इस जगत् का विस्तार एवं निर्माण करता है। मन का रूप ब्रह्म है और ब्रह्म का रूप मन है। मन के भीतर ही सब व्याप्त है व सब दृश्य वर्ग में स्थित है।

मन का स्वरूप (सर्ग 4)

यह जगत् क्षणिक संकल्प रूपी मन से उत्पन्न हुआ है। तथा संकल्प को ही मन समझो। जैसे द्रव रूपता से जल और वायु से स्पंदन भिन्न नहीं है। उसी प्रकार संकल्प से मन भिन्न नहीं है। संकल्प ही मन है। समष्टिगत मन ही पितामह ब्रह्म है। यह दृश्य प्रपंच वास्तव में उत्पन्न नहीं हुआ है। दृष्टा से भिन्न नहीं है। दृश्य का अभाव हो जाने पर केवली भाव (कैवल्य) कहा जाता है।

जगत् ब्रह्म से भिन्न नहीं है

रघुनंदन! जिस वस्तु की सत्ता है, उसका कभी नाश नहीं होता। व्यवहार दशा में जो जगत् है वही परमा्र्थ दशा में ब्रह्म है। ब्रह्म के सिवा जगत् शब्द का दूसरा कोई वास्तविक अर्थ है ही नहीं। हमारे सामने यह जो कुछ दृश्य प्रपंच दिखता (दृष्टिगोचर) होता है। वह सब अमर-अजर एवं परब्रह्म ही है। सर्वत्र पूर्ण का प्रचार हो रहा है। शांत परब्रह्म में शान्त जगत् स्थित है। वास्तव में न तो दृश्य सत्-रूप है, न दृष्टा, न दर्शन, न शून्य, न जड़ और न चित ही सद्रूप है। केवल शान्त स्वरूप ब्रह्म ही सद्रूप है, जो सर्वत्र व्याप्त है।

यह जगत् सृष्टि के आदि में उत्पन्न नहीं हुआ था, इसलिए इसका अस्तित्त्व सर्वथा नहीं है। जैसे स्वप्न आदि में मन से ही नगर की प्रतीति होती है, उसी प्रकार यह जगत् भी मन से ही उत्पन्न होकर प्रतीति का विषय हो रहा है। स्वयं मन भी सृष्टि के आदि में उत्पन्न न होने के कारण स्वरूप है। जैसे स्वप्न असतः होता हुआ भी सत्-सा प्रतीत होने वाले स्वत्नान्तर की सृष्टि करता है, उसी प्रकार मन ही सत्-सा प्रतीत होने वाले जगत् की सृष्टि करता है।

ब्रह्म ही जगत् का मूल है (सर्ग 5)

श्रीराम! महाप्रलय होने पर यह जगत् अति सूक्ष्म रूप से स्थित होने के कारण अपने कार्य में असमर्थ हो जाता है। उस समय है यह विक्षेप

रहित शांत अवस्था में ही शेष रहता है। उस समय परमात्मा महेश्वर ही विराजमान होते हैं जहाँ वाणघी की पहुँच नहीं हो पाती, जो जीवन मुक्त महात्मा द्वारा ही जाने जाते हैं। सांख्य दर्शन के अनुयायी जिसे जिन्हें 'पुरुष' कहते हैं। वेदांत वादी 'ब्रह्म' नाम से जिनका चिंतन करते हैं। विज्ञान वेत्ताओं की दृष्टि में जो परम् निर्मल 'विज्ञान मात्र' हैं। जिन्हें शून्यवादी 'शून्य' कहते हैं। जो सूर्य के प्रकाश के भी प्रकाशक हैं, सम्पूर्ण दृश्य समूह महाप्रलय में जिनमें ही विलीन होते हैं, जो सर्व विलक्षण परम्ार्थिक सत्ता से संपन्न हैं, जिनसे ही नियति, देशकाल, चलन, चेष्टा और क्रिया आदि समस्त भावों को कार्य निर्वाह की क्षमता प्राप्त हुई है– वे एकमात्र परब्रह्म परमेश्वर ही उक्त महाप्रलय से समय शेष रहते हैं। वे परमात्मा उत्पत्ति स्थिति आदि से रहित कभी अस्त न होने वाले, नित्य प्रकाशमान ज्ञान से परिपूर्ण एवं विकार शून्य अपने स्वरूप में ही स्थित हैं। वे एकमात्र बेजोड़–अद्वितीय ही हैं। अतः वे माया से अनेक विषाल संसारों और अगणित ब्रह्ममान्डों की रचना करते हुए भी वास्तव में न कोई कार्य करते हैं न उनसे कोई चेष्टाएँ ही बनती हैं।

जीवन मुक्ति के लक्षण (सर्ग 9)

रघुनंदन! जिनके चित्त परमात्मा चिंतन में लगे हुए हैं, जिनके प्राण उन्हीं में रम रहे हैं, जो सदा परमात्मा की चर्चा करते रहते हैं, उसी से ही संतुष्ट रहते हैं, एकमात्र ज्ञान में ही जिनकी निष्ठा है, उन पुरुषों को ही वह जीवन मुक्ति प्राप्त होती है, जो देह त्याग के अनंतर विषुद्ध मुक्ति ही है। जिसे यह जगत् आकाश के समान शुद्ध प्रतीत होता है, जो राग द्वेष एवं हर्ष शोक आदि से शून्य हो जाता है, जो प्रारब्ध के अनुसार जो मिल जाय उसी में संतुष्ट रहता है, जिसका ज्ञान सर्वथा वासना रहित है, जिसमें अहंकार का भाव नहीं है, जिसका सब के प्रति समान भाव है, जो हर्ष, अमर्ष और भय रहित है, जो चित्त से शून्य है वह 'जीवनयुक्त' कहलाता है।

श्रीराम! विदेहमुक्ति ही मुक्ति कहलाती है। इसी को 'ब्रह्म' कहा जाता है और इसी को 'निर्वाण' कहते हैं। इसकी प्राप्ति कैसे होती है? आगे बता रहा हूँ, सुनो।

जीवन मुक्ति के प्राप्ति ब्रह्मान से

श्रीराम! मैं, तुम और यह इत्यादि रूप से जो यह दृश्य प्रपंच दिखाई देता है, वह यद्यपि सत् से प्रतीत होता है तथापि बन्धया पुत्र के समान इसकी कभी उत्पत्ति हुई ही नहीं– ऐसा निश्चय हो जाने पर यह मुक्ति प्राप्त होती है। वह ब्रह्म ही यह सम्पूर्ण जगत् है क्योंकि सब में सत्ता मात्र का ही तो बोध होता है।

जल के तरंग में जल के सिवा दूसरी कोई वस्तु नहीं, वायु में गतिशीलता कोई अलग वस्तु नहीं है, इस प्रकार यह जगत् ब्रह्म से भिन्न नहीं है। यह तीनों लोक परब्रह्म परमात्मा ही हैं। वह सत् वस्तु अनंत रूप से स्थित है। उसके स्वरूप का वर्णन नहीं किया जा सकता। वह पूर्ण से भी पूर्णतर है। उनके न कान है, न जीभ, न नासिका, न त्वचा, न नेत्र ही है। तथापि वह सदा सभी जगह सुनता है, रस का आस्वादन करता है, सूँघता है, स्पर्श करता है और देखता है। विविध रूप धारण करने वाला भी वही है। तीनों लोक उसी से प्रकाशित होते हैं। जगत् की सृष्टि और संहार जिसके विलास हैं, जो सबसे महान और व्यापक है, अस्पन्द और स्पन्द (चल और अचल) जिसके स्वरूप हैं– वही चिन्मय परमात्मा है। फूलों में सुगंध की भाँति सब पदार्थों में सार रूप में स्थित है, विनाशशील वस्तुओं में भी अविनाशी रूप में स्थित है, जो गूंगे के समान होता हुआ भी सब की वाणी की प्रवृत्ति का कारण है, जो नित्य तृप्त होता भी भोक्ता है, अकिंचन होता हुए भी कर्ता है, जो अंगरहित होने पर भी लाखों भुजाओं व नेत्रों से युक्त है, जो इंद्रिय बल से हीन होते हुए भी जिससे सम्पूर्ण इंद्रियों के व्यापार होते हैं। वही परब्रह्म है। इस ब्रह्म का ज्ञान हो जाने पर ही अज्ञान का भ्रम मिट जाता है। जिससे जीवनमुक्ति प्राप्त होती है।

जगत् ब्रह्म ही है (सर्ग 10-14)

जगत् ब्रह्म से भिन्न नहीं है (सर्ग 10-11)

रघुनंदन! यह जगत् न तो कभी परब्रह्म से उत्पन्न होता है, न उसमें लीन होता है, केवल यह ब्रह्म के अपने-आप में प्रतिष्ठित है। वास्तव में अशून्य रूप (सत्) है। उसमें शून्यता और अशून्यता की कल्पनाएँ की कल्पनाएँ कैसे संभव है। पूर्ण से ही पूर्ण का ही प्रसार होता है। जो पूर्ण में स्थित है, वह पूर्ण ही है। यह विश्व कभी उत्पन्न ही नहीं हुआ और जो उत्पन्न हुआ है, वह तत्त्व स्वरूप (ब्रह्मस्वरूप) ही है। वह परम्‌णु से भी अधिक सूक्ष्म परम्‌शुद्ध शांत और निर्मल है। दिशा, काल और परिणाम से उसका स्वरूप सीमित नहीं है। अतः वह सर्वव्यापक है। उसका आदि अंत नहीं है। वह प्रकाश युक्त है। महाप्रलय होने पर कारणों का कारण परब्रह्म परमात्मा ही शेष रहता है। ज्ञेय, ज्ञाता और ज्ञान के तीन त्रिपुटी जहाँ उदित होती है, जिसमें समाई रहती है, और जिस में ही लीन हो जाती है, वही उस परमात्मा का परम् दुर्लभ रूप है। जिसे हम जगत् कहते हैं वह ब्रह्म ही है। जैसे शीतलता बर्फ से भिन्न नहीं है, काजल कालिमा भिन्न नहीं है उसी प्रकार यह जगत् ब्रह्म से भिन्न नहीं है। पृथक भी नहीं है। जगत् का विकास आरंभ से ही ब्रह्म में ही हुआ। अतः यह उससे भिन्न नहीं है।

वह परमात्मा ही यह व्यष्टि और समष्टि रुप जगत् है। उसी के अविर्भाव व तिरोभाव होते रहते हैं।

जगत् का बीज ब्रह्म की आदि माया शक्ति (सर्ग 12)

रघुनंदन! यह ब्रह्म ही इस सृष्टि के रूप में प्रतीति का विषय बन रहा है। एक पुरुष की वासना मात्र का कार्य होने से स्वप्न की सुदृढ़ प्रतीति नहीं होती; यह प्रपंच समष्टि की वासना का कार्य होने के कारण इसकी सुदृढ़ एवं क्रमबद्ध प्रतीति होती है। सर्वात्मक ब्रह्म ही इस प्रपंच का अधिष्ठान है। पंच भूतों की जो इच्छाएं हैं, वे ही जगत् का बीज हैं तथा

इन पंच तन्मात्राओं का बीज आदि माया शक्ति है, जिसका परमात्मा से साक्षात् संबंध हैं तथा वही जगत् की स्थिति में हेतू है। इस प्रकार यह परमात्मा (ब्रह्म) की माया द्वारा जगत् का बीज होता है, उत्पत्ति होती है। इसलिए यह जगत्-वैभव चिन्मय ब्रह्म रूप ही है। जैसे स्वप्न में बिना बनाए ही नगर बन जाते हैं, जो बीज है उसी को फल समझो क्योंकि उपादान कारण और कार्य में भेद नहीं है। इसलिए सारा जगत् ब्रह्ममय ही है। मनोमय शरीर वाला जीव अपनी काया के वश स्थूलत की भावना करके स्थूल धारी हो गया है। मनोमय शरीर धारी जीवन को ही आत्मा समझता है। इस प्रकार परब्रह्म परमात्मा ही अपने में अपने से विकास को प्राप्त होता है। अतः ब्रह्म के अतिरिक्त इस जगत् की सत्ता ही नहीं है।

यह जगत् उस चौतन्य की कल्पना है (सर्ग 13-14)

रघुनंदन! कभी उत्पन्न न होने के कारण इस जगत् का अस्तित्त्व है ही नहीं, और जिसका अस्तित्त्व है, वह तो परब्रह्म ही है। जैसे स्वप्न देखने में पर्वत व नगर अविनाशी और स्थिर नहीं है, उसी प्रकार जगत् भी अविनाशी और स्थिर नहीं है। ब्रह्म ही सबसे प्रथम होने वाला हिरण्यगर्भ है, वही विराट, और विराट ही सृष्टि रूप है। उस चेतन की चित्ति शक्ति ही जगत् का रूप ले लेती है। यह जगत् उस चौतन्य की ही कल्पना है, यह कल्पना अहंकार के अधीन है, इस प्रकार अहंकार और जगत् चौतन्य रूप ही हैं। उसमें द्वैत और अद्वैत नहीं है। चौतन्य प्रधान अहंकार ही कर्ता है और स्पंदन प्रधान प्राण कर्म है। दोनों में कोई भेद नहीं है। उससे संयुक्त पुरुष ही जीव कहलाता है। इस प्रकार जीव और जगत् में भेद नहीं है। यह जगत् उस चौतन्य प्रकाश की झलक मात्र है। इस प्रकार तत्त्वज्ञान हो जाने पर यह निश्चित हो जाता है, कि 'कोई शस्त्र मुझे काट नहीं सकता', आग जला नहीं सकती, हवा मुझे सुखा नहीं सकती तथा मैं नित्य सर्वव्यापी, सुस्थिर और अचल हूँ। अतः हमारे लिए विवाद का अवसर ही नहीं है। अज्ञानी ही परस्पर विवाद करते हैं। अतः यह सिद्ध हुआ कि परमात्मा की सत्ता से ही जगत् सत्ता है उसका कोई स्वतंत्र अस्तित्त्व नहीं है।

लीला का उपाख्यान (सर्ग 15-60)

श्रीराम! नाम और रूप से रहित चेतन ब्रह्म ज्यों का त्यों विराजमान है। इस रीति से महामय में स्थित यह जगत् आवरण शून्य चेतन आकाश रूप परमात्मा ही है।

लीला की उपासना (सर्ग 15-17)

पूर्व काल में इस भूतल पर पद्म नाम से एक प्रसिद्ध राजा हो गए हैं। वह राज्य लक्ष्मी से संपन्न तथा अनेक पुत्रों से युक्त होकर भी विवेकशील थे। मर्यादा पालन में समुद्र के समान और दोषों रूपी तिनकों को जलाने में अग्नि के जैसे थे। वे विद्वानों के समुदाय को आश्रय देने वाले तथा सद्गुरु रूपी हंसों के लिए मानसरोवर थे, समस्त आश्चर्यमय गुणों की खान थे। उनकी पत्नी का नाम लीला था। वह बड़ी सुंदर और सौभाग्य से संपन्न, लक्ष्मी के समान शोभायमान व पति सेवा में निपुण, सदा मृदु वचन बोलने वाली तथा पति का पूर्णतया अनुकरण करने वाली थी। एक दिन लीला ने मन ही मन विचार किया कि मेरे पति किस उपाय से अजर-अमर हो सकते हैं? ऐसा विचार कर उसने विद्वान व पारंगत विद्या में प्रवीण ब्राह्मणों को बुलाकर पूछा कि "कौन सा ऐसा उपाय है जिससे मनुष्यों (जीव) की मृत्यु न हो"?

विप्रगण- "मुझे और मेरे पति को अमरत्व कैसे प्राप्त हो सकता है? विद्वानगण बोले- देवी! जप, तप और यम-नियम का पालन करने से सिद्धों की समस्त सिद्धियां प्राप्त हो सकती हैं; परंतु उनसे अमरत्व कदापि नहीं मिल सकता। ब्राह्मण के मुख से यह बात सुनकर लीला ने स्वयं ही सोचना आरंभ किया- 'यदि मेरे पति मेरे से पहले चल बसे तो मैं ऐसा यत्न करूंगी जिससे उनका जीव घर से बाहर न जा सके। 'अपने संकल्प की सिद्धि के लिए मैं आज से ही जप, उपवास और नियमों द्वारा सरस्वती देवी की आराधना करके उसे संतुष्ट करूंगी।' ऐसा निश्चय करके लीला ने तपस्या आरंभ कर दी तथा पति की सेवा भी पूर्ववत करती रही, उसकी तपस्या से प्रसन्न हो भगवती वागीश्वरी सरस्वती उसके सामने प्रकट हुई

और बोली। सरस्वती देवी ने कहा- बेटी तुम्हारी तपस्या से मैं संतुष्ट हूँ। तुम मुझसे मनोवांछित वर गृहण करो।

लीला का वर माँगना

लीला बोली आपकी जयजयकार। इस दीन सेविका का आप संकट से उद्धार करें। मैं आपसे दो वर माँगती हूँ। पहला तो यह कि जब मेरे पतिदेव का शरीर छूट जाय, तब उसका जीव मेरे इस अन्तः पुर के मंडप से बाहर न जाय। और दूसरा वह यह है कि जब-जब मैं आपसे वर पाने के उद्देश्य से दर्शन देने की प्रार्थना करूं तब-तब आप मुझे अवश्य दर्शन दें।

लीला की यह बात सुनकर सरस्वती ने कहा- 'बेटी! तुम्हारी यह अभिलाषा पूर्ण हो। यह कहकर देवी वहाँ से अदृश्य हो गई। इसके बाद काल चक्र के चलते उसके पति की चेतना शरीर से सहसा अदृश्य हो गई। बात यह हुई कि किसी शत्रु ने आक्रमण किया और युद्ध में घायल उनका शरीर धराशायी हो गया। वे अन्तःपुर लाये गये और वहीं मर गये।

पति वियोग में लीला अत्यंत विहल हुई लीला के ऊपर दयामयी सरस्वती ने आकाशवाणी रूप में अनुकंपा की। माता सरस्वती ने कहा- बेटी! अपने पति के शव को तुम फूलों के ढेर में छुपाकर रखो। थोड़े ही दिनों में यह शव पुनः जीवित होकर तुम्हारे पति का उत्तरदायित्व संभालेगा।

दोबारा उसी दिन लगभग आधी रात के समय लीला ने सरस्वती जी का दुःख से आवाहन किया। देवी उसके पास आई व बोलीं- बेटी! कैसे स्मरण किया? तुम शोक क्यों करती हो? जैसे मृगतृष्णा में झूठे जल की प्रतीति होती है, उसी प्रकार ये संसार रूपी भ्रम मिथ्या ही प्रतीत होते हैं।

लीला ने कहा- देवी! मेरे पति कहाँ हैं? क्या करते हैं? कैसे हैं? मुझे उनके पास ले चलिए। मैं उनके बिना अकेली नहीं जी सकती।

सरस्वती बोली सुमुखी! एक शुद्ध चेतन परमात्मा रूप आकाश है, दूसरा मन रूप आकाश है और तीसरा यह सुप्रसिद्ध भूताकाश है। तुमने

जो अपने पति का स्थान पूछा है, वह चेतन आकाशमय कोश है। उस चेतन आकाश का एकाग्र मन से चिंतन किया जाता है तब वह अनुभव में आता है। तुम उस चेतनाकाश रुप परब्रह्म में स्थित हो जाओ तो उसे अवश्य प्राप्त कर लोगी। यह सुनकर लीला निर्विकल्प समाधि में स्थित हो गई। उस समाधि अवस्था में उसने देखा कि राजा पदम्–सिंहासन पर विराजमान हैं। वे अपनी वासना और कर्मोनुसार देह–गेह एवं वैभव से संपन्न थे। अनेक राजाओं से घिरे हुए सभा मंडप में सिंहासन पर बैठे हुए थे तथा उनके बन्दीजन उनकी स्तुति कर रहे थे। सम्पूर्ण राज्य वैभव से पूर्ण वे अपने राज कार्य चला रहे थे। उसी समय आकाश रूप लीला उस आकाश रूपिणी राज्यसभा में प्रविष्ठ हुई। उसे अन्य लोगों ने नहीं देखा किंतु लीला ने उन सबको देखा जो पहले देखे गए थे। मानो वे राजा के साथ एक नगर से दूसरे नगर में गये हों। वे वैसे ही बैठे थे तथा उनका आचरण भी वैसा ही था जैसे पहले था। कुछ ऐसे भी थे जिन्हें उसने पहले कभी नहीं देखा था। यह देखकर लीला चिंतित हुई और सोचने लगी क्या यह सभी मर गए हैं। इतने में उसकी समाधि टूट गई उसने देखा वे सभी लोग तो पूर्ववत सोए हुए हैं। रानी के कहने पर सारा का सारा राज परिवार जाग उठा और अपने–अपने कार्य में लग गया। रानी उन्हें पूर्ववत ही देखकर बहुत प्रसन्न हुई।

तत्पश्चात् रानी सभा भवन से उठकर निवास में गई और वहाँ फूलों से ढके हुए अपने पति के शव को देखा तो मन ही मन विचार करने लगी– अहो यह बड़ी विचित्र माया है कि हमारे यह पुरवासी वृक्ष, पर्वत आदि जैसे वहाँ थे वे यहाँ भी हैं।

जैसे दर्पण में पर्वत उसके भीतर और बाहर भी स्थित होता है, वैसे ही चेतन आकाश रूपी दर्पण में भीतर और बाहर भी यह सृष्टि प्रतीत हो रही है। उनमें कौन सृष्टि भ्रांतिमयी है और कौन वास्तविक यह मैं सरस्वती जी से ही पूछती हूँ। ऐसा निश्चय करके रानी ने सरस्वती का आवाहन किया तो सरस्वती उसी समय वहाँ प्रकट हुईं।

सृष्टि रहस्य (सर्ग 18-21)

लीला ने पूछा- परमेश्वरी! यह त्रिलोकी का प्रतिबिंब वैभव बाहर भी स्थित है और भीतर भी। इनमें कौन कृत्रिम है और अकृत्रिम? मैं इस सृष्टि को सच्ची सृष्टि समझती हूँ। जो प्रत्यक्ष तथा मेरे पति जहाँ विराजमान है उसे मैं कृत्रिम समझती हूँ क्योंकि वह सूना है। उसमें देश काल और व्यवहार की सिद्धि नहीं होती।

देवी ने कहा- बेटी! कहीं भी कारण से भिन्न कार्य का उदय नहीं होता, उसी प्रकार अकृत्रिम सृष्टि से कदापि कृत्रिम सृष्टि नहीं उत्पन्न होती। यह सृष्टि असत् होने पर भी उसके आश्रय भूत चेतन आत्मा से भिन्न नहीं है। जीवों के विभिन्न भावों के अनुसार इस रूप में भासित होता है। पूर्व समय में एक ब्राह्मण था जो वशिष्ठ के समान ही विद्या वैभव से संपन्न था। उसका नाम भी वशिष्ठ था उसकी पत्नी भी थी जिसका नाम अरून्धती था। वह ब्राह्मण नित्य राजा होने का स्वप्न देखा करता था। वही ब्राह्मण राजा होकर तुम्हारा पति हुआ है और अरून्धती नामक ब्राह्मणी तुम्हीं हो। तुम्हारे पूर्व जन्म का यही सृष्टि कर्म है। इसमें कौन सृष्टि भ्रमपूर्ण है और भ्रम रहित यह कहना कठिन है। उस ब्राह्मण पत्नी ने भी मुझसे ऐसा वर माँगा था अतः जीवात्मा भी उसके मंडप में ही स्थित रहा। उसकी पत्नी भी अपना शरीर त्याग कर सूक्ष्म शरीर से अपने पति के पास पहुँची। वही पति-पत्नी तुम हो।

जैसे स्वप्न में जाग्रत काल की स्मृति लुप्त हो जाती है, और दूसरी स्मृति उदित होती है उसी प्रकार तुम दोनों के पूर्व जन्म की स्मृति उदित होती है। उसी प्रकार तुम दोनों के पूर्व जन्म की स्मृति नष्ट हो गई है और उसके विपरीत दूसरी स्मृति से उत्पन्न हुआ है वह असत् है। जैसे इस जगत् की सृष्टि की प्रतीति आभास मात्र है, उसी प्रकार क्षण, कल्प आदि की प्रतीति भी आभास मात्र है, वास्तविक नहीं है।

जीवन्मुक्त की स्थिति (सर्ग 22)

लीना बोली- देवी! वह ब्राह्मण अपनी ब्राह्मणी के साथ पूर्व सृष्टि के

जिस गांव व घर में रहता था, उस सृष्टि के उसी पर्वतीय गांव में आप मुझे ले चलिए। मैं उसे देखना चाहती हूँ। सरस्वती ने कहा– लीला! पूर्व सृष्टि की उस वस्तु को देखने के लिए तुम्हें इस देहाभिमान का त्याग करना होगा। यह शरीर उस सृष्टि के दर्शरूपी गृह द्वार के लिए सुदृढ़ रुकावट के रूप में स्थित है। जो ब्रह्म है वही ब्रह्म को देखता है। जो ब्रह्म नहीं, वह कदापि उन्हें नहीं देख सकता है। जब तक तुम्हारी भेद बुद्धि शांत नहीं हो जाती तब तक अब्रह्म रूप होने के कारण तुम ब्रह्म को नहीं देख सकतीं। ब्रह्म ज्ञान का बारंबार अभ्यास करने के कारण ब्रह्म में अद्वैत भाव से जिनकी दृढ़ स्थिति हो गई है, ऐसे हम लोग ही उस परम् पद का साक्षात्कार करते हैं।

तुम अविचार द्वारा व्याकुल होकर भटक रही हो। अविचार स्वभाव से उत्पन्न होता है और विचार से उसका नाश हो जाता है। यह विचार रूप अविद्या विचार या विवेक से वांछित होकर ब्रह्म सत्ता हो जाती है। इसलिए अविद्या का अस्तित्त्व नहीं है। अतः न तो कहीं का अविचार है, न अविद्या है, न बंधन और न मोक्ष ही है। यह जगत् शुद्ध बोधस्वरूप (चिन्मय ब्रह्म) ही है। इतने समय तुमने विचार नहीं किया, इसलिए तुम्हें बोध नहीं हुआ। तुम भ्रान्त एवं व्याकुल बनी रहीं। अब आज से तुम्हारे चित्त में वासना का क्षय रूपी बीज पड़ गया है, इसलिए तुम विवेकशालिनी, प्रबुद्ध एवं विमुक्त हो। एकमात्र ब्रह्म के चिंतन रूप उत्तम निर्विकल्प समाधि के मन में आरूढ़ होने पर जब दृष्टा दृश्य और दृष्टि का अत्यंत अभाव हो जाएगा तब हृदय में यह वासना क्षय रूप बीज कुछ अंकुरित हो जायेगा, तब राग–द्वेष आदि दृष्टियां उदित नहीं होंगी, संसार की उत्पत्ति भी निर्मूल हो जायगी और निर्विकल्प समाधि पूर्णतः स्थिरता को प्राप्त होगी। उसमें स्थिर रहकर तुम उस मोक्ष रूप परम् पुरुषार्थ में प्रतिष्ठित हो जाओगी। जैसे स्वप्न के ज्ञान से स्वप्नावस्था का शरीर शांत हो जाता है, उसी प्रकार जाग्रत में भी स्वप्नत् समझ, वासनाओं के क्षीण होने से यह शांत हो जाता है। इस स्थूल शरीर में अहं भावना का अंत होने पर सूक्ष्म शरीर का अनुभव होता है। जाग्रत अवस्था जब वासना से रहित हो जाती

है, तब जीवनमुक्ति की प्राप्ति होती है। उस दशा में वासनाएँ विलीन हो जाती हैं। अत: प्रगाढ़ निद्रा का नाम 'सुषप्ति' है। इस अवस्था में वासनाओं का पूर्णतया क्षय हो जाता है, उसे 'तुरीय' कहते हैं। जीवित पुरुष की अवस्था जिसमें वासनाओं का क्षय व अंत हो जाता है 'जीवन्मुक्ति' कहलाती है। लीला जब पूर्ण अभ्यास करने के बाद तुम्हारा अहंभाव शांत हो जायेगा, तब तुम्हारी चौतन्यरूपता उदित व विकसित हो जाएगी। संकल्प दोष से रहित पावन लोकों का साक्षात्कार कर सकोगी। तब तुम्हारी वासना शून्य स्थिति अत्यधिक दृढ़ हो जाएगी, तब तुम जीवन मुक्त हो जाओगी। अत: यह शरीर न तो मरता है और न जीता ही है। यह जन्म-मरण मिथ्या ही है।

कोई भी कार्य अभ्यास के बिना सिद्ध नहीं होता। तुम ब्रह्मभ्यासी होकर उक्त पद प्राप्त करो।

विभिन्न लोकों का भ्रमण (सर्ग 23-30)

वशिष्ठ जी कहते हैं- रघुनंदन! वे दोनों श्रेष्ठ देवियां आधी रात के समय राजा के शव के पास बैठकर, समाधि में स्थित हो गईं। निर्विकल्प समाधि लग जाने से वे ब्रह्म ज्ञान से शून्य हो गईं। उन्हें समाधि लग जाने से दृश्य जगत् उनसे तिरोहित हो गया उन्हें यह बोध हो गया कि किसी भी दशा में इसकी सत्ता नहीं है, न कभी उत्पन्न नहीं हुआ है। दोनों देवियां अपने चिन्मय चित्त के संकल्प से आकाश स्थल में उड़ने लगीं। वहाँ मार्ग में उन्होंने विभिन्न लोकों के विभिन्न दृश्य देखे। अंत में उन्होंने उसी भूतल को देखा, जहाँ वशिष्ठ नामक ब्राह्मण का घर था। वहाँ पहुंच कर दोनों देवियों प्रकट हुईं तथा ज्येष्ठ शर्मा के घर पहुँची। ज्येष्ठ पंडित जी व उनकी पत्नी ने उनका स्वागत किया तथा वहाँ आने का कारण पूछा तो ज्येष्ठ ब्राह्मण ने कहा- यहाँ दो ब्राह्मण पति-पत्नी रहते थे। वे ही हमारे माता-पिता थे। वे दोनों अब स्वर्ग लोक को चले गए हैं। आप हमारे इस शोक का निवारण करें। पुत्र ज्येष्ठ शर्मा जब ऐसा कह चुके तब लीला (उसकी माता) ने उसके सिर का स्पर्श किया। जिससे उसका सुख-दुख

रूपी संकट का तत्काल निवारण हो गया। इसके बाद वे दोनों स्त्रियां सहसा अदृश्य हो गईं। दूसरों की दृष्टि से अदृश्य होने के बाद भी लीला ने देवी से कहा कि आपकी कृपा से अब मुझे अपने पूर्व के आठ सौ जन्मों की स्मृति हो आई है जहाँ मैं विभिन्न योनियों, परिवारों एवं देशों में उत्पन्न हुई थी। अब मेरी इच्छा मेरे पति के नगर में जाने की हो रही है। अतः चलिए हम दोनों वहीं चलें। यह कहकर वे दोनों देवियां पुनः आकाश मार्ग से गमन करती हुई, ब्रह्मंड सम्पुट के ऊपर वाले कपाल तक पहुँच गयीं जहाँ सूर्य का प्रकाश भी नहीं दिखाई दे पा रहा था। उसके पास जाने पर उसने अत्यंत प्रकाशमान जल आदि का आवरण दिखायी दिया जो सब ओर व्याप्त था। यह जल आवरण उस ब्रह्मंड से दस गुना अधिक था। इसके बाद उससे भी दस गुना अग्निमय आवरण था। फिर आगे इससे दस गुना आकाश के आवरण थे। तदन्तर विषुद्ध चिन्मय आकाश है जिसका कोई आदि मध्य है या अंत नहीं ज्ञात होता।

वशिष्ठ जी कहते हैं– रघुनंदन! तदन्तर लीला ने उस अपरिमित चेतन आकाश स्वरूप परमात्मा में इस जगत् की ही भाँति फैले हुए अनंत ब्रह्मण्डों को देखा तथा उनमें चराचर प्राणियों की करोड़ों सृष्टियों को देखा जो उस चौतन्य से शासित थीं। उस चेतन आकाश स्वरूप पर ब्रह्म परमात्मा में ब्रह्मंड नामक तरंगे निरंतर उठते और विलीन होती रहती हैं। कुछ ब्रह्मंडों में महाप्रलय की प्राप्ति होने पर सूर्य–अग्नि, विद्युत और पर्वत भी गलने लगते हैं। कुछ ब्रह्मण्डों के आदिपुरुष (सृष्टिकर्ता) ब्रह्म हैं। कुछ के आदि सृष्टा व पालक भगवान विष्णु हैं।

कुछ ब्रह्मंड के प्रजाति दूसरे (रूद्र एवं दुर्गा आदि), तथा कुछ के ब्रह्मण्डों में जीव जंतु हैं उनका कोई भी नाथ, रक्षक अथवा नियंत्रण करने वाला नहीं होता। इसी तरह कुछ एक की सृष्टि और प्रजापति विचित्र है। इसके बाद का जगत् जो है वह हमारी बुद्धि से परे है। इसका वर्णन करने में असमर्थ हैं। हमारी बुद्धि की सम्पूर्ण क्षमता वैभव तुम्हें दिखा दिया।

सर्ग 31-39

अपने पूर्व जन्म के संसार से निकलकर पूर्वोक्त रीति से अनंत कोटि ब्रह्मंड में प्रवेश करके वहाँ के अंत:पुर को देखा उस अंत:पुर में पुष्प राशि से आच्छादित महाराज पद्म का शव रखा था, जिसके पास बैठी हुई लीला का स्थूल शरीर जिसका चित्त समाधि अवस्था में आरुढ़ था। वहाँ से लीला इस लोक में जाने को तैयार हुई जहाँ उसका पति पद्म था। वे दोनों देवियां जंबूद्वीप गईं जिसका भीतरी भाग नौ खंडों में विभक्त था जंबूद्वीप के भीतर भारतवर्ष में लीला के पिता का राज्य था। वहीं वे दोनों पहुँची। उसी समय उस राज्य पर किसी ने आक्रमण कर दिया, लीला और सरस्वती उस युद्ध को देखने के लिए वहीं रुक गई। पल भर में दोनों सेनाओं में संघर्ष आरंभ हो गया, उसी शत्रु पक्ष के एक योद्धा ने दूसरे पक्ष के राजा पर प्रहार करना ही चाहा था, कि लीला के पति ने जो पूर्व जन्म का राजा पदम् था और वर्तमान में भी विदूरथ नाम से विख्यात था, उस विपक्षी योद्धा की छाती पर मुग्दर का प्रहार किया। फिर दोनों सेनाओं में प्रलयकारी अस्त्र-शस्त्रों का प्रहार किया गया। दोनों नरेश विदूरथ और सिंधुराज अपने-अपने पक्ष में खड़े थे। दोनों सेनाओं के सेनापतियों ने मंत्रियों के साथ विचार करके एक दूसरे के पास युद्ध बंद करने के लिए दूत भेजे और कहलवाया की युद्ध बंदी की जाय। इसके बाद युद्ध बंद हो गया।

इसके बाद लीला-पति (विदूरथ) अपने कमरे में जाकर खिन्न मन होकर सो गए और दो ही घड़ी में उन्हें गहरी नींद आ गई।

लीला और सरस्वती का राजा विदूरथ (पद्मं) के शयन कक्ष में प्रवेश (सर्ग 40-53)

इसके बाद इन दोनों देवियों लीला और सरस्वती ने अपने सूक्ष्म शरीर से राजा विदूरथ (पूर्व जन्म राजा पद्म) के कमरे में प्रवेश किया। उनके प्रवेश से राजा की निद्रा भंग हो गई। उठते ही राजा ने उन नारियों को दो आसनों पर विराजमान देखा। राजा ने उनके चरणों में पुष्पांजलि समर्पित

की। तब सरस्वती व लीला ने उस राजा का जन्म वृत्तांत कहने के लिए उसके मंत्री को जगाया और उससे राजा के जन्म वृत्तांत के बारे में पूछा।

मंत्री ने राजा के बारे में बताना आरंभ किया कि प्राचीन काल में एक कुदरथ नाम के राजा हो गए हैं, जो इक्ष्वाकु वंश में उत्पन्न हुए थे। उनके भद्ररथ नामक पुत्र हुआ उनकी नवी पीढ़ी में हमारे राजा उत्पन्न हुए जो नभोरत के पुत्र हैं। राजा विदूरथ के नाम से विख्यात हैं। जब इनकी अवस्था दस वर्ष की थी, तब इनके पिता इन्हें राज्य भार सौंप कर वनवासी हो गये थे। ये तभी से इस भूमंडल का धर्म पूर्वक पालन कर रहे हैं। यह वृत्तांत सुनकर सरस्वती ने कहा– राजन् तुम अपने पूर्व जन्मों का हाल सुनाओ। यह कहकर देवी ने उनके मस्तक पर हाथ फेरा जिससे उनको अपने पूर्व जन्मों की स्मृति हो आई। इस स्मृति से राजा विस्मय में पड़ गया और मन ही मन कहने लगा– खेद है, सारे संसार में यह माया व्याप्त है। इस समय इन देवियों की कृपा से मुझे इसका पूर्ण ज्ञान हुआ है। देवी सरस्वती ने इसके रहस्य को बताते हुए राजा को ज्ञानामृत का पान कराया फिर दोनों ने विदा माँगी। राजा ने कहा– देवी मुझ पर ऐसी कृपा कीजिए कि मैं जिस लोक में जाऊं, वही लोक मेरे इस मंत्री और इस कुमारी कन्या को भी प्राप्त हों। दशा प्राप्त होती है और उस मरणासन्न अवस्था को प्राप्त हुआ जीव मर्मघातिनी वेदनाओं का प्रत्यक्ष अनुभव करता है।

मृत्यु का अनुभव

लीला शरीरान्त के समय मुमुक्ष पुरुष तीन प्रकार के होते हैं– मूर्ख, धारणाभ्यासी और युक्तिमान्। इनमें धारणाभ्यासी दृढ़ता पूर्वक अभ्यास करके शरीर को छोड़कर सुखपूर्वक धारणा का अभ्यास करके शरीर को छोड़कर सुखपूर्वक प्रयाण करता है। उसी प्रकार युक्तिमान् भी सुखर्पूवक ही गमन करता है; परंतु जिसने न ही धारणा का अभ्यास किया और न युक्ति ही प्राप्त की है, वह मूर्ख पुरुष अपने मृत्यु समय में विवश होकर दुःख को प्राप्त होता है। वह विषयी पुरुष वासना के आवेश से विवशता

का अनुभव करता हुआ जड़ से कटे कमल की तरह अत्यंत दीनता को प्राप्त हो जाता है। जिसकी बुद्धि शास्त्राभ्यास द्वारा सुसंस्कृत नहीं हैं एवं जो दुष्टों की संगति का सेवन करता है, वह मरने पर अग्नि में गिरे हुए जीव की भाँति अंतर्दाह का अनुभव करता है। जब उस अज्ञानी पुरुष के कंठ से घुरघुराहट की आवाज निकलने लगती है, आँखों की पुतलियां उलट जाती हैं, शरीर का रंग विकृत हो जाता है, उस समय उसकी बड़ी दयनीय दशा हो जाती है। उसकी आँखों के सामने घना अंधकार छा जाता है बोलने में असमर्थ होने के कारण वह स्वयं जड़वत हो जाता है। इंद्रियों की शक्तियाँ क्षीण हो जाने के कारण वे अपने-अपने विषयों को गृहण करने में असमर्थ हो जाती हैं, प्राणों की क्रिया रुक जाने पर, उसे घोर मूर्छा घेर लेती है।

अतः एक दूसरे के सहयोग, मोह, संवेदन और भ्रम से जीव जड़ता को प्राप्त हो जाता है, सृष्टि का यह नियम चला आ रहा है।

भद्रे! ईश्वर ने सृष्टि के आदि में ही सुख-दुख, प्रारब्ध भोग-रूप में विधान कर दिया है कि कब-कब जीव को उसकी आयु के इस समय में कर्मानुसार इतने काल तक घूमने योग्य सुख-दुःख प्राप्त होगा। जिस समय नाड़ियों में प्रविष्ट हुई वायु बाहर नहीं निकलती और निकलती हुई उसमें प्रवेश नहीं करती, तब उनका स्पंदन रुक जाता है। नाड़ी शून्य हो जाने के कारण प्राणी की मृत्यु हो जाती है, क्योंकि शरीर से नाडियों के वियुक्त हो जाने के कारण जीव यही कहने लगते हैं कि 'वह मर गया है'। जब तक मनुष्य में अविद्या रहेगी तब तक जन्म-मरण के विषय से छुटकारा नहीं मिल सकता; क्योंकि ये उसके लिए स्वाभाविक ही है। केवल मुक्ति मिलने पर ही उनसे छुटकारा मिलता है।

जीव जब अभ्यास द्वारा भ्रमवश प्रतीत होते हुए जगत्-प्रपंच को संयुक्त रूप से समझ लेता है, तब वह पूर्णतया वासनाओं से रहित होकर विमुक्त हो जाता है। इस प्रकार विमुक्त आत्म स्वरूप ही सत्य है, इसके अतिरिक्त सब असत्‌ है?

केवल प्राण वायु की गति अवरुद्ध हो जाने से जब शरीर, जिसका दूसरा नाम 'जड़' है 'मृत' कहा जाता है, प्राण-वायु अपने कारण रूप महावायु में विलीन हो जाती है, तब वासना रहित चेतन अपने आत्मतत्त्व में स्थित हो जाता है। फिर पुनर्जन्म की बीजरूप वासना से युक्त एवं सूक्ष्म शरीर वाला वह व्यक्ति चेतन 'जीव' नाम से पुकारा जाता है।

जब यह जीव इस शरीरादि दृश्य का परित्याग करके देहान्तर का दर्शन करने के लिए उत्सुक होता है, उस समय उसकी स्वप्न एवं मनोराज्य की भाँति नाना आकृतियां हो जाती हैं। फिर उसी प्रदेश के अंदर वह पूर्व जन्म की तरह स्मरण शक्ति से युक्त हो जाता है तभी मरण काल की मूर्छा के पश्चात् वह अन्य शरीर को देखने लगता है।

प्रेत और पुनर्जन्म (सर्ग 55)

मरने के बाद जीव को जो 'प्रेत' कहा जाता है, वे प्रेत छह प्रकार के होते हैं साधारण पापी, मध्यम पापी, स्थूल पापी, सामान्य धर्म वाले, मध्यम धर्म वाले और उत्तम धर्मात्माँ कोई पाषाण तुल्य हृदय वाला एवं अत्यंत मूढ़ महापातकी अपने अंतःकरण में एक वर्ष तक स्मृति मूर्छा का अनुभव करता है। तत्पश्चात् समयानुसार चेतना को प्राप्त होकर वासनारूपी स्त्री के उदर से उत्पन्न हुए नारकीय दुःखों का चिरकाल तक अनुभव करके एक दुःख से दूसरे दुःख को प्राप्त होता हुआ सैकड़ों योनियों का भोग करता है। तब कहीं स्वप्न संभ्रमरूपी संसार में शांति को प्राप्त होता है। अर्थात् कर्म फल भोगों की निवृत्ति होती है। चिरकाल तक नरक में अपनी-अपनी वासनाओं के अनुरूप दुःखों का भोग करके भूतल पर निकृष्ट योनियों में जन्म धारण करते हैं। यह महापातकी की गति है। जो मध्यम पापी है वह मृतकालिक मूर्छा के अनंतर कुछ काल तक पाषाण-तुल्य जड़ता का अनुभव करता है। इस उपरांत उसे चेतना प्राप्त होती है, तीर्थगादि क्रम से नाना योनियों का भोग करके संसार को प्राप्त होता है।

जो कोई साधारण पापी होता है, वह मरते ही अपनी वासनाओं के अनुसार प्राप्त हुए अविकल मानव देह का अनुभव करता है। जो सर्वश्रेष्ठ महान् पुण्यात्मा है, वह मृत्युजनित मूर्छा के पश्चात् पूर्व वासना की स्मृति से स्वर्ग लोक तथा विद्याधर लोक के सुख भली-भाँति उपयोग करते हैं। फिर पुण्यफल भोग के अनंतर अपने कर्मान्तर अर्थात् पाप कर्मों के अनुसार प्राप्त हुए फल को भोग कर मनुष्य लोक में धनी सत्पुरुषों के घर में जन्म धारण करते हैं।

जो मध्यम धर्मात्मा होते हैं, मरणमूर्छा के बाद आकाश वायु से आंदोलित होकर उत्तम वृक्षों और पल्लवों से सुशोभित उपवन में आते हैं और यहाँ पुण्य कर्मों का फल भोग लेने के बाद मनुष्यों के हृदय में प्रविष्ठ होते हैं। क्रमानुकूल स्त्रियों के गर्भ में स्थित होते हैं।

उन प्रेतों में जो उत्तम पुण्य आत्मा होता है, वह यों समझता है कि ये दिव्य और मनोहर विमान और उपवन मुझे बारंबार अपने शुभ कर्मों से प्राप्त हुए हैं। इसके विपरीत पापी पुरुषों अनुभव करता है कि यह बर्फ की चट्टाने, कांटे, गड्ढे और तलवार की धार के समान तीखे पत्तों से पूर्ण वन मुझे प्राप्त हुए हैं। ये मेरे अपने ही दुष्कर्मों के फल स्वरुप प्राप्त हुए हैं। मध्यम पुण्यात्मा जानता है ''यह मार्ग, जो मेरे सामने उपस्थित है, इसमें आनंद पूर्वक पैदल चला जाता है, शीतल घास उगी हुई है। यह घनी छाया से आच्छादित है और स्थान-स्थान पर बावलियों से युक्त है''। मध्यम पापी यों अनुभव करता है कि "यह मैं यमपुरी में पहुँच गया। यह प्राणियों के राजा यमराज हैं और यहाँ मेरे कर्मों के विषय में यह विचार किया गया।" यमपुरी में पहुँचने पर जीव कहता है अब मुझे यमराज का आदेश प्राप्त हो गया है, अतः मैं अपने कर्मों का फल भोगने के लिए शीघ्र ही यहाँ से उत्तम स्वर्ग लोक अथवा नरक में जाता हूँ। यमराज ने मेरे लिए जिस स्वर्ग अथवा नरक का निर्देश दिया था मैंने उसका भोग कर लिया तथा यम निर्दिष्ट उन-उन योनियों में भी भटक चुका अब मैं पुनः संसार में जन्म गृहण करूंगा। माता गर्भ धारण करती है, वही गर्भ अपने पूर्व जन्म के कर्मानुसार उत्तम अथवा निकृष्ट प्रारब्ध से युक्त हो संसार में

मनोहर आकृति वाले बालक के रूप में जन्म लेता है। कुछ साल के बाद वह जवानी का अनुभव करता है, तत्पश्चात् उसे वृद्धावस्था आ घेरती है। उस बुढ़ापे में ही किसी न किसी व्याधि के तहत मरण होता है। पुनः उसे मृत्युजनित मूर्छा प्राप्त होती है। पुनः स्वप्न की भाँति बंधुओं द्वारा दिए गये पिंडदान द्वारा सूक्ष्म शरीर की प्राप्ति होती है। इस प्रकार इस क्रम का बारंबार अनुभव करता है, जब तक कि उसे मोक्ष प्राप्त नहीं हो जाता।

जड़ चेतन (स्थावर जंगम) का भेद

प्राणियों के शरीर में जो छिद्र स्थान हैं, उनमें प्रविष्ट हुई वायु जब अंगों में चेष्टा उत्पन्न करती है, तब लोग कहते हैं कि यह जीवित है किंतु ऐसी स्थिति जंगम् प्राणियों में ही उत्पन्न हुई थी, इसी कारण यह वृक्ष आदि स्थावर प्राणी सचेतन होते हुए भी चेष्टाहीन हैं, किंतु सर्वव्यापी परमात्मा सबमें शरीर रूप से स्थित है। न तो जड़ता ही कोई पृथक वस्तु है और न चेतन ही। इन पदार्थों की सृष्टि, स्थिति और विनाश में कोई भेद नहीं है और न सत्ता समान्य में ही कोई अंतर है- सबमें सत्ता समान है।

राजा विदूरथ की मृत्यु एवं राजा पद्म का पुनर्जीवित होना (सर्ग 56-60)

लीला! यह सब वृत्तांत मैंने तुम्हें बता दिया। अब उधर देखो ज्ञात होता है कि यह राजा विदूरथ मृत्यु को प्राप्त होकर तुम्हारे पति राजा पद्म के जो पुष्प मालाओं से आच्छादित शव के रूप में स्थित है हृदयान्तर्गत पद्म कोष में प्रवेश करने की इच्छा से जाना चाहता है।

वशिष्ठ जी कहते हैं- हे राघव! इस प्रकार लीला के मन के सारे संताप इस श्रेष्ठ कथन से मिट गये तथा ज्ञान रूपी सूर्य का प्रकाश हो गया। तब राजा विदूरथ चित्त के विलीन हो जाने के कारण मृत्युकालिक मूर्छा के वशीभूत हो गया। इसी बीच राजा विदूरथ की आँखों की पुतलियां उलट गई, होंठ सूखकर श्वेत हो गये, सभी इंद्रियां मूर्च्छित हो गई व

केवल सूक्ष्म प्राण ही शेष रह गये, एवं प्राण ने राजा का शरीर त्याग दिया। उन दोनों देवियों ने जिनको दिव्य दृष्टि प्राप्त थी उस जीव को आकाश मार्ग से जाते देखा। उन दोनों ने उसका अनुसरण किया। वह जीव यमराज की नगरी में पहुँचा जहाँ उसके कर्मफलों पर विचार किया जा रहा था। यमराज ने विचार कर कहा, "यह सदा ही पुण्य कर्मों का अनुष्ठान करता रहा है। इसने कभी पाप कर्म नहीं किया है। इसे छोड़ दो जिससे यह पुष्पों से आच्छादित अपने पूर्व जन्म के शरीर में प्रवेश कर सके।" यह आज्ञा सुनकर वे तीनों वहाँ से चले राजा पद्म के नगर में आये और लीला के अंत:पुर में प्रविष्ठ हुए। वहाँ पहुँचकर सरस्वती ने राजा विदूरथ की जीवात्मा को छोड़ा जिसने राजा के शव में प्रवेश किया जिससे वह राजा पुन: जीवित हो उठा। सरस्वती राजा को आशीर्वाद देकर वहाँ से अंतर्धान हो गई। लीला में अपने प्रियतम राजा का महान् आनंद के साथ बार-बार आलिंगन किया। राज महल के सभी निवासी भी आनंद में निमग्न थे।

वशिष्ठ जी बोले– वत्स राम! मैंने यह पवित्र लीलोपाख्यान का दृश्य रूप दोष की निवृत्ति के लिए तुमसे वर्णन किया है। यह अनंत सृष्टि माया से उत्पन्न होने के कारण माया ही है और माया कोई सत्य वस्तु नहीं है। शत्रु में मित्र बुद्धि रखने से वह मित्र एवं मित्र में शत्रु बुद्धि रखने से वह शत्रु हो जाता है। नौकारोही अथवा भ्रम पीड़ित लोगों की भावना से पृथ्वी चलती हुई सी प्रतीत होती है, किंतु जो भावना भ्रम से रहित है उन्हें वैसा अनुभव नहीं होता। मायाकाश में स्थित यह स्वात्मरूप जगत् भी मायिक दृष्टि से सत् होते हुए भी तात्विक दृष्टि से असत् ही है।

जब अनादि परम् पद-स्वरूप परमात्मा का ज्ञान हो जाता है, तब प्रमाता, प्रमेय और प्रमाण आदि मायिक रूप वाले जगत् का विस्मरण हो जाता है। फिर कभी किसी को उसकी स्मृति नहीं होती।

जीवों की उत्पत्ति (सर्ग 93)

सर्वप्रथम ब्रह्म (समष्टिमन) ने अविद्या की कल्पना की। अनात्मा में आत्मा का अभिमान होना ही इस अविद्या का स्वरूप है। फिर उन ब्रह्म

ने क्रमशः पर्वत, तृण और समुद्ररूप इस जगत् की कल्पना की। इस प्रकार यह सृष्टि पर- ब्रह्म तत्त्व से आई। तीनों लोकों के भीतर वर्तमान सम्पूर्ण पदार्थों की उत्पत्ति ब्रह्म से ही हुई है। ठीक उसी तरह, जैसे तरंगों की उत्पत्ति समुद्र से होती है। सभी व्यष्टि चेतन शक्तियाँ अर्थात् प्राणी वास्तव में सर्वशक्तिमान ब्रह्म अभिन्न हैं। जब यह जगत् विस्तार को प्राप्त होता है, तब वे भी प्राणी समष्टिमन रूप ब्रह्म से पूर्व कर्मानुसार विकास को प्राप्त होते हैं। जीव-जाति में रहने से जीव जैसी वासना और कर्म के अभ्यास में प्रवृत्त होते हैं, उसी जीव-जाति की प्राण शक्ति द्वारा वे स्थावर अथवा जंगम शरीर में प्रविष्ठ हो रज-वीर्य रूपी बीज भाव को प्राप्त होते हैं। फिर शुभ और अशुभ वासनाओं से युक्त पुण्य-पाप कर्म रूपी रस्सियों से जिनका लिंग शरीर बंधा है, ऐसे वे जीव घूमते हुए कभी उत्तम लोकों में जाते हैं और कभी नरकों में गिरते हैं।

इस प्रकार परम्पद रूप जो ब्रह्म से सम्पूर्ण जीवो की गुण और कर्म के अनुसार उत्पत्ति (सृष्टि) हुई है। वासना यूपी विष की विषमता के कारण दुःख रूपी ज्वर को उत्पन्न करने वाली है, अनर्थकारी कार्यों का समादर करने वाली है। कर्म फल का भोग कराने वाली है। परम्ार्थ दृष्टि से यह सृष्टि असत् ही है। यदि तत्त्वज्ञान रूपी कुल्हाड़ी से जड़ सहित इस लता को काट दिया जाय तो फिर यह पनप नहीं सकती।

कर्मफल (सर्ग 94-95)

श्रीराम! जैसे वृक्ष से फूल और उसकी सुगंध एक साथ ही उत्पन्न होते हैं उसी प्रकार सृष्टि के आदि में परम्पद रूप ब्रह्म से कर्म और कर्ता दोनों ही एक साथ प्रकट हुए। जैसे फूल और गंध एक दूसरे से अभिन्न हैं, उसी तरह पुरुष (कर्ता) और कर्म परस्पर अभिन्न हैं। यह संकल्प विकल्पात्मक मन विकास ही कर्मों का कारण है- उसी के अनुसार फल प्राप्त होता है। मन के संयोग के बिना किये हुए कर्म फलदायक नहीं होते। सृष्टि के आरंभ में ब्रह्म से जब मनरूपी तत्त्व उत्पन्न हुआ, तभी उस मन के संकल्प के अनुसार जीवों का कर्म भी उत्पन्न हुआ और जीव पूर्ण

वासना के अनुसार जीवों का कर्म भी उत्पन्न हुआ। इस जगत् में क्रिया का होना ही विद्वानों द्वारा कर्म बताया गया है। यह क्रिया मन का ही संकल्प होने के कारण मनोरूप ही है। तात्पर्य यह है कि कर्मों का फल अवश्यंभावी है, ज्ञानपूर्वक किया हुआ कर्म चाहे पूर्व जन्म का हो या इस जन्म का, वह क्रिया रूप पुरुषार्थ ही पुरुष का परम् प्रयत्न है। वह कभी निष्फल नहीं होता। जो मुक्त पुरुष है, उसी के कर्म का नाश होने पर मन का नाश होता है। मन का नाश ही कर्म का अभाव है।

जो मुक्त नहीं है, उसके कर्म और मन का नाश कदापि नहीं होता।

मन का स्वरूप एवं मनोनाश के उपाय (सर्ग 96-114)

मन का स्वरूप (सर्ग 96)

वशिष्ठ जी ने कहा- रघुनंदन! सर्वशक्तिमान ब्रह्म (परम्ात्म तत्त्व) की शक्ति से रचित जो सर्व संकल्पमय रूप है उसी को विद्वान पुरुष मन समझते हैं। यह मन स्वयं भी संकल्प शक्ति से युक्त है, इस लोक में जैसे गुणी का गुण से हीन होना संभव नहीं है, उसी प्रकार मन का कल्पनात्मक क्रिया शक्ति से रहित होना असंभव है। मन जिसका संपादन/अनुसंधान करता है उसी का सम्पूर्ण कर्मेंद्रिय वृत्तियां संपादन करती हैं। इसलिए मन को कर्म कहा गया है। मन, बुद्धि, अहंकार चित्त, कर्म, कल्पना, संस्मृति, वासना, अविद्या, प्रयत्न, स्मृति, इंद्रिय, प्रकृति, माया, क्रिया तथा इसके सिवा भी विभिन्न शब्दोंक्तियाँ संसार भ्रम की ही हेतु भूत है। जिस पुरुष का चित्त विषयों से बंधा हुआ है वह बंधन में पड़ता है तथा जिसका चित्त कर्म वासना के बंधन से रहित है, वह मुक्ति को प्राप्त होता है।

मन से ही जगत् का विस्तार (सर्ग 97-99)

श्रीराम! यह सम्पूर्ण विस्तृत जगत् मन से ही व्याप्त है। मन से भिन्न तो केवल परमात्मा ही शेष रहते हैं। परमात्मा के प्रसाद से मन सम्पूर्ण संसार में दौड़ लगाता एवं नाचता कूदता है। मन ही क्रिया है और वही

विभिन्न शरीरों का कारण है। मन ही जन्म लेता है और मरता है। ऐसे भावविकार आत्मा में नहीं है। मन के विजय होने मात्र से मोक्ष की प्राप्ति हो जाती है।

श्रीराम! जिनका भीतरी भाग अत्यंत विस्तृत है, ऐसे तीन आकाश विद्यमान हैं पहला चित्ताकाश, दूसरा चिदाकाश और तीसरा भूताकाश। जो जगत् की उत्पत्ति और विनाश का ज्ञाता है। वह परमात्मा ही 'चिदाकाश' कहलाता है। जिसने संकल्प के द्वारा जगत् का विस्तार किया है। वह संकल्पात्मक मन ही चित्ताकाश है। दसों दिशाओं के मंडलाकार विस्तार से भी जिसका कलेवर सीमित नहीं होता। वह जो वायु और मेघ आदि का आश्रय है 'भूताकाश' कहलाता है। भूताकाश और चित्ताकाश दोनों परब्रह्म रूप चिदाकाश की शक्ति से उत्पन्न हुए हैं। वह सारा चराचर जगत् चित्त के अधीन है, इसलिए बंधन और मोक्ष भी चित्त के अधीन हैं। इसलिए मोक्ष प्राप्ति के लिए चित्त को परमात्मा चिंतन में लगायें। यही मनुष्य को उचित है।

रघुनंदन! परमात्मा में लगाया हुआ चित्त वासना रहित एवं शुद्ध हो जाता है। तत्पश्चात् वह कल्पना शून्य होकर परम्ात्म भाव को प्राप्त हो जाता है, मन के प्रमाद से नाना प्रकार के दुःख बढ़ते हैं तथा उसी को वश में कर लेने से ज्ञान का उदय होने के कारण वे सारे दुःख उसी प्रकार नष्ट हो जाते हैं जैसे सूर्य के सामने बर्फ का ढेर गल जाता है।

जगत् चित्त रूप है (सर्ग 103-110)

जैसे सागर से उसकी बड़ी-बड़ी लहरें उठती हैं, उसी प्रकार परब्रह्म परमात्मा से चित्तरूपी तरंण का उत्थान हुआ है। यही अपने संकल्प से विषालता को प्राप्त होकर चारों ओर इस भुवन का विस्तार करता है। जिस प्रकार स्वर्ण के पारखी को बाजूबन्द कड़ा आदि न दिखाई दे कर मात्र स्वर्ण ही दिखाई देता है। उसी प्रकार ज्ञानी को विविध पदार्थ न दिखाई दे कर सर्वत्र चित्त ही दिखाई देता है। यह मन ही मानव है इसका स्थूल देह नहीं। देह जड़ है, न अजड़। यह सारा जगत् एकमात्र मन ही है

जिसका मन मोह को प्राप्त होता है। वही 'मूढ़' कहलाता है। मन छोटे को बड़ा बना देता, सत्य पदार्थों में असत्य स्थापित कर देता, स्वादिष्ट को कड़वा बना देता और शत्रु को मित्र बना देता है। मन के जीत लेने पर सारी इंद्रियां स्वत: वश में हो जाती हैं।

अविद्या का नाश (सर्ग 114)

महान् मोह (अज्ञान) ही जरा और मरण आदि का कारण है। 'ये मेरे पुत्र हैं, मेरा धन है, यह मैं हूँ, यह मेरा घर है' इस प्रकार के इंद्रजाल से यह वासना ही वृद्धि को प्राप्त होती है।

वास्तव में 'मैं' और 'मेरा' – ये दोनों ही नहीं हैं। यह विद्या अज्ञानी की ही दृष्टि में है। ज्ञानी की दृष्टि में सब ब्रह्म ही है। जो सत्य है उस ब्रह्म को तो लोग भूल गए हैं और जो असत्य अविद्या नामक वस्तु है, उसी का निश्चित रूप से निरंतर स्मरण हो रहा है। यह आश्चर्य की बात है।

विवेक से ही मोक्ष प्राप्ति (सर्ग 1–12)

यह जगत् स्मृति मात्र है (सर्ग 1–3)

श्रीराम! जगत् रूप से स्थित यह दृश्य-प्रपंच यद्यपि ब्रह्म से अभिन्न है, तथापि जल में पड़े भंवर की भाँति ब्रह्म में अन्य सा स्थित लक्षित होता है। यह रस रहित होते हुए भी सरस प्रतीत होता है। यह वास्तव में नहीं होते हुए भी प्रत्यक्ष दिखता है। वह रसात्मक होता हुआ भी परिणाम में अत्यंत कटु है, और उसके उत्पत्ति-विनाश होते रहते हैं। ज्ञान वानों में श्रेष्ठ राम! यदि जगत् ब्रह्म में अंकुर रूप से विद्यमान है तो बताओ वह प्रलयकाल के पश्चात् किन सहकारी कारणों से उत्पन्न हो सकता है। क्योंकि बिना सहकारी कारण के अंकुर की उत्पत्ति देखी नहीं गई। सृष्टि के आदि में निराकार ब्रह्म ही सृष्टि रूप से अपने स्वरूप में स्थित होता है। इसलिए श्रीराम! यह जगत् न तो था न होगा ही (ब्रह्म में जगत् का तीनों कालों में अभाव है) जगत् के अत्यंता भाव से ब्रह्म ही शेष रह जाता

है। यदि जगत् प्रतीत होता है तो यह ब्रह्म है इसके अतिरिक्त कुछ नहीं है। यह सृष्टियाँ न उत्पन्न होती हैं न नष्ट होती हैं तथा न आती हैं, न जाती हैं केवल प्रतीत होती हैं।

श्रीराम! सर्ग के आदि में सर्वप्रथम ये प्रजापति स्मृति रूप से ही प्रकट होते हैं, अतः उनका संकल्प भूत यह जगत् भी स्मृतिभूत ही है।

मन ही जगत् का कारण है

श्रीराम! यह मन ही कर्म रूपी वृक्ष का अंकुर है, उस मन के नष्ट हो जाने पर कर्म रूपी शरीर वाला संसार वृक्ष भी नष्ट हो जाता है। सब कुछ मन ही है, यह मन ही देहाकार का मनन करता है। तब लोक में कर्म करने में समर्थ देह उत्पन्न होती है। भला, कहीं मन से भिन्न भी देह देखी जाती है? विषयों के चिंतन से वृद्धिगत हुए मन में यह सारा जगत् स्फुरित होता है। मन ही जगत् है तथा सम्पूर्ण जगत् ही मन है। ये दोनों एक साथ रहते हैं।

चित्त की शुद्धि होने से पुरुष शीघ्र ही प्रबुद्ध (ज्ञान संपन्न) हो जाता है। चित्त का चिन्मय परमात्मा में लय हो जाना ही उसकी वास्तविक शुद्धि है। इस शुद्धि का लाभ होते ही प्रबुद्ध पुरुष परमात्मा को प्राप्त हो जाता है।

मन की भिन्नता से ही जीवों में भिन्नता (सर्ग 18)

रघुनंदन! एक व्यक्ति के हृदय में विद्यमान जो मनोराज्य है, उसे देखने या भोगने आदि में दूसरे व्यक्ति का मन सफल नहीं होता। उस मन के भेद से ही जीवों के भी भेद होते हैं। जैसे भिन्न-भिन्न मन हैं, उसी तरह भिन्न-भिन्न जीव भी हैं।

उपासना का फल (सर्ग 19)

श्रीराम! जो जीव अपने सिद्धि के लिए जैसे-जैसे प्रयत्न करते हैं, उन विविध उपासनाओं के क्रम से ही वे वैसे-वैसे हो जाते हैं। देवताओं की

पूजा करने वाले देवताओं को, यक्षों की आराधना करने वाले यक्षों को और ब्रह्म के उपासक ब्रह्म को प्राप्त होते हैं। इनमें जो सर्वोत्तम है, उसी परमात्मा रूप इष्ट देव का आश्रय लेना चाहिए।

जाग्रत एवं स्वप्न अवस्था

रघुनंदन! जिसकी प्रतीति स्थिर हो उसे जागृत कहते हैं और जिसकी प्रतीति स्थित नहीं उसे 'स्वप्न' कहा जाता है। यदि जाग्रत भी कालांतर में स्थित नहीं है, तो वह स्वप्न ही है।

बोघ से ही आत्म तत्त्व की प्राप्ति

रघुनंदन! जो नित्यानित्य वस्तु के विवेक से संपन्न है, जिसके चित्त की वृत्तियां परमात्मा में विलीन होती जा रही हैं। जो संकल्पों का त्याग कर रहा है, जो जड़ दृश्य का परित्याग कर रहा है, जो दृष्टा परमात्मा का अनुभव कर रहा है, जो परम्‌ात्म तत्त्व में जाग रहा है तथा संसार से सोया हुआ है। जो भोगो से विरक्त है, कामना रहित है। ऐसे अधिकारी पुरुष का ज्ञान विगलित हो जाता है और दृश्य की गांठे ढीली पड़ जाती हैं तब अंतःकरण विषुद्ध होकर निर्मल हो जाता है। मन के शांत होने पर समदर्शिता का उदय होता है।

जिज्ञासु ही ब्रह्म उपदेश का अधिकारी है, मूढ़ और ज्ञानी नहीं (सर्ग 23-32)

जिसे जगत्‌ की सत्यता का पूर्ण निश्चय है, वह अत्यंत मूढ़ है, उस अत्यंत मूढ़ पुरुष के प्रति यदि जगत्‌ की सत्यता का प्रतिपादन किया जाय तो वह उपदेश उसके मन को अच्छा नहीं लगता। परमात्मा तत्त्व के अभ्यास किये बिना जगत्‌ की सत्यता के अनुभव का निराकरण नहीं हो सकता। जो अनाधिकारी के प्रति ऐसा उपदेश देता है कि यह जगत्‌ मिथ्या है, केवल ब्रह्म सत्य है, उस पुरुष को उन्मत्त के समान समझकर इस जगत्‌ के उन्मत्त और मूढ़ मनुष्य उसकी पूरी हंसी उड़ाते हैं। अज्ञानी को

कितने यत्न से क्यों न समझाया जाये, वह ब्रह्म में बोध नहीं कर सकता। अध्यस्त वस्तु का बोध किये बिना अधिष्ठान तत्त्व का बोध नहीं हो सकता। इसलिए उसे बोध का उपदेश देना व्यर्थ है। यह सम्पूर्ण जगत् ब्रह्म है, ऐसा उपदेश अत्यंत अज्ञानी को देना उचित नहीं है। श्रीराम! जिसको थोड़ा-थोड़ा ज्ञान है, उस पुरुष के प्रति ही यह उपदेश-वाणी सफल होती है। जो पूर्ण ज्ञानी है वह भी उपदेश देने योग्य नहीं है। उसके पास विचार करने को कुछ भी नहीं है। अत: जो न तो अत्यंत अज्ञानी है और न पूर्ण ज्ञानी है, वही जिज्ञासु इस उपदेश का अधिकारी है।

सदाचार से लाभ

जो उधार चेता पुरुष त्रिलोकी के वैभव को भी सदा तृण के तुल्य समझता है, उसे सारी आपत्तियां इस तरह छोड़ देती हैं, जैसे सांप अपनी केंचुली को। अत्यधिक विपत्ति पड़ने पर भी कभी कुमार्ग पर नहीं चलना चाहिए; क्योंकि राहु अनुचित मार्ग से अमृत पीने का प्रयत्न करने के कारण ही मृत्यु को प्राप्त हुआ। जो पुरुष उपनिषद् आदि उत्तम शास्त्र और उनके अनुसार चलने वाले उत्तम पुरुषों का आश्रय लेते हैं, वे फिर कभी मोह रूपी अंधकार के वशीभूत नहीं होते, जिसने शम, दम आदि उत्तम गुणों के द्वारा यश प्राप्त किया है, वश में न आने वाले प्राणी भी उसके वशीभूत हो जाते हैं। जिन्हें सत्य पालन का स्वाभाविक अभ्यास है, वही वास्तव में पुरुष हैं, अन्य जो दूसरे लोग हैं, वह पशुओं की श्रेणी में हैं। संसार सागर को पार करने के लिए सत्पुरुषों के संग और सेवा के बिना तप, तीर्थ तथा शास्त्राभ्यास आदि कोई भी साधन सफल नहीं होते।

अहंकार त्याग से ही मोक्ष प्राप्ति (सर्ग 33)

मिथ्या कल्पित अहंकार दूषित अंत:करण में अनंत संसार बंधन में डालने वाले मोह को जन्म देता है। जिस जीव को अहंकार रूपी पिशाच ने पकड़ लिया है, उसके उस पिशाच को मार भगाने के लिए विवेक के बिना न कोई शास्त्र, न मंत्र। रघुनंदन! आत्मा के शुद्ध स्वरूप का निरंतर

स्मरण करने से अहंकार नहीं बढ़ता। श्रीराम! इस त्रिलोकी में तीन प्रकार के अहंकार होते हैं– इनमें दो प्रकार के अहंकार तो श्रेष्ठ हैं– किंतु तीसरा त्याज्य यानी त्याग करने योग्य। 'मैं ही सम्पूर्ण विश्व हूँ। मैं ही अविनाशी हूँ, सच्चिदानंदनधन ब्रह्म हूँ। मेरे सिवा दूसरा कोई नहीं इस तरह का जो अहंकार है, उसे उत्तम समझना चाहिए। यह अहंकार जीवनमुक्त पुरुष की मोक्ष प्राप्ति के लिए है। यह बंधन में डालने वाला नहीं होता, बाल के अग्र भाग के सौ टुकड़े करने पर जो सौवाँ हिस्सा होता है, उसी के समान मुझ जीवात्मा का सूक्ष्म स्वरूप है, अर्थात् मैं अवयव से रहित हूँ। अतएव सब से भिन्न हूँ। इस प्रकार का जो अनुभव है, वही दूसरा शुभ अहंकार है, वह भी साधक के मोक्ष के लिए ही है, बंधन के लिए नहीं। उपर्युक्त अहंकार के नाम से केवल कल्पना होती है, वास्तव में वह नहीं है। यह हाथ पैर आदि से युक्त शरीर ही मैं हूँ, इस प्रकार का जो मिथ्या अहंकार है वही तीसरा अहंकार है। वह लौकिक एवं तुच्छ ही है। इस दुष्ट अहंकार को त्याग ही देना चाहिए क्योंकि वह सबसे बड़ा शत्रु माना गया है। प्रथम दो अहंकार अलौकिक हैं। उन दोनों को अंगीकार करके तीसरे लौकिक अहंकार का, जो दु:ख देने वाला है, त्याग कर ही देना चाहिए। यदि पूर्वोक्त दोनों अहंकारों को भी त्याग करके सम्पूर्ण अहंकारों से रहित हो जाय तो वह परमात्मा भाव में शीघ्र ही आरुढ़ हो जाता है।

आत्म का बोध का महत्व

विषुद्ध आत्मा न तो संसारी पुरुष है, न शरीर है, न रूधिर ही है। शरीर आदि सब जड़ है। किंतु आत्मा आकाश के समान निर्लेप है। यह जीवात्मा मन में विकल्प वासनाओं का प्रचार करके अपने बंधन के लिए सुदृढ़ जगत् रूप जाल की रचना कर लेता है। जीवात्मा के मन में जैसी वासना होती है, वैसा ही शरीर उत्पन्न होता है। जीवात्मा का चित्त जैसी वासना लेकर सोता है, रात को स्वप्न में वैसा ही बनकर रहता है। महती शुभ वासना से मनुष्य का चित्त महान होता है तथा क्षूद्र वासना से वासित

हुआ चित्त तुच्छ क्षुद्रता को देखता है। पिशाच नाम भ्रम से रात को स्वप्न में पिशाचों को ही देखने लगता है। दरिद्रता से पीड़ित होने पर जीव उद्योगशील श्रेष्ठ पुरुष उदाारगति का परित्याग नहीं करता।

परमात्मा का तात्विक ज्ञान हो जाने पर इस पंच भौतिक शरीर के रहने या बिछुड़ने से पुरुष सुख या दु:ख से लिप्त नहीं होता। चित्त के सर्वथा विगलित हो जाने पर अपने दोषों का त्याग करके धीर हुई बुद्धि से युक्त पुरुष मृत्यु और जन्म होने पर प्राप्त होने वाली पारलौकिक और एहअलौकिक नीरस गतियों पर दृष्टिपात् करके विवेक-विचार द्वारा परमात्मा रूपी दीपक पाकर ताप रहित हो अपने देह रूपी नगर में आनंद पूर्वक प्रतिष्ठित होता है।

परब्रह्म और माया (सर्ग 41-46)

श्रीराम! यह जगत् अमुक निमित्त और अमुक उपादान से उत्पन्न हुआ है, यह केवल वाणी की कल्पना है जो शास्त्रोक्त मर्यादा के निर्वाह के लिए है। वास्तव में यह ब्रह्म ही चेतन जीवात्मा है, ब्रह्म ही मन है, ब्रह्म ही बुद्धि है। यह सारा विश्व ब्रह्म ही है। वास्तव में तो जगत् है ही नहीं, सब कुछ केवल ब्रह्म ही है।

रघुनंदन! यह माया ऐसी है कि इसके स्वभाव का पता नहीं चलता। ज्ञान दृष्टि से देखने में यह तत्काल नष्ट हो जाती है। यद्यपि है असत्य ही है, तथापि इसने अत्यंत सत्य की भाँति अपना ज्ञान कराया है। जिसकी द्वैत भावनाओं में अहं बुद्धि है, वही दु:ख के सागर में डूबता है, उसके चारों ओर अविद्या ही विद्यमान है। यथार्थ ज्ञान के बिना आत्मा का अनुभव नहीं होता, आत्मज्ञान शास्त्र के तात्पर्य का यथार्थ बोध होने से ही प्राप्त होता है।

कच का उपाख्यान (सर्ग 56-62)

वशिष्ठ जी कहते हैं- रघुनंदन! इसी प्रसंग में बृहस्पति के पुत्र कच ने जो पवित्र गाथाएं गाई थीं। उनका मैं वर्णन करता हूँ, सुनो- एक बार

मेरा मेरु पर्वत के किसी वन प्रांत में देव गुरु बृहस्पति के पुत्र कच ब्रह्म विचार में तत्पर होकर रहते थे। वहाँ उन्होंने सुनी हुई ब्रह्मविद्या का बारंबार मनन और निदिध्यासन करके आत्मा में परम् शांति प्राप्त कर ली थी। उनकी बुद्धि परमात्मा के यथार्थ ज्ञानरूपी अमृत से परिपूर्ण थी। उन्होंने ये उद्गार प्रकट किये–

जैसे महाप्रलय के जल से समस्त संसार भरा रहता है, उसी प्रकार सम्पूर्ण विश्व परमात्मा से परिपूर्ण है। ऐसा मुझे अनुभव हो गया है, यह सब परमात्मा ही है। इससे मेरे सारे दुःख नष्ट हो गये हैं। सभी जगह परमात्मा स्थित है। सबकुछ परमात्मामय ही है। मैं सदा परमात्मा स्वरुप हूँ। श्रीराम! संसार में उत्पन्न हुए जो–जो पुरुष केवल सात्विक भाव से उत्पन्न होते हैं। वह फिर कभी जन्म गृहण नहीं करते। सर्वथा मुक्त हो जाते हैं। परंतु जो सत्वगुण प्रधान राजस प्रकृति के पुरुष हैं, उनका इस जगत् में जन्म लेना संभव है। जो परमात्मा से अधिकार प्राप्त करके प्रधान रूप से यहाँ आते हैं, ऐसे महान गुणशाली पुरुष संसार में दुर्लभ हैं।

वासना शून्य होने से ही मुक्ति है (सर्ग 1–12)

श्रीराम! मैं समस्त व्यवहार को वासना शून्य होकर करता हूँ। इस प्रकार जो पुरुष कर्तव्य बुद्धि से कार्यों में प्रवृत्त होता है, वह मुक्त है, ऐसी मेरी मान्यता है। मानव शरीर का आश्रय लेकर भी कोई मूढ़ पुरुष सकाम भाव से कर्मों में रत है, इसलिए वे स्वर्ग से नरक में और नरक से पुनः स्वर्ग में आते–जाते रहते हैं। कुछ लोग न करने योग्य कर्मों में आसक्त हैं और करने योग्य कर्तव्य से विरत हैं। ऐसे पुरुष मरकर नर्क से नरक को, दुःख से दुःख को और भय से भय को प्राप्त होते रहते हैं। उनमें से कितने ही जीव अपनी वासना रूपी तंतुओं से बंधे रहकर उपर्युक्त कर्मों के फल भोगते हुए, तिर्यकं योनि से बंधे रहकर उपर्युक्त कर्मों के फल भोगते हुए, तिर्यकं योनि और स्थावर योनि को से स्थावर योनि से तिर्यकं योनि को आते–जाते रहते हैं। कोई–कोई ही मन के साक्षी आत्मा का विचार के द्वारा अनुभव करके तृष्णा रूपी बंधन को तोड़कर परम् कैवल्य रूप पद को

प्राप्त होते हैं। ऐसे आत्म ज्ञानी पुरुष धन्य हैं। जो पुरुष समस्त कार्यों को कर्तव्य बुद्धि से करता रहता है तथा उन कार्यों के फल के पुष्ट या नष्ट होने पर सब कार्यों में समभाव रखता हुआ हर्ष और शोक के वशीभूत नहीं होता, उसके भीतर सारे द्वंद उसी तरह मिट जाते हैं, जैसे दिन में अंधकार।

राजा जनक को सिद्धों का उपदेष- सिद्ध गीता (सर्ग 8)

श्रीराम! विदेह देश में जनक नाम से प्रसिद्ध एक पराक्रमी राजा राज्य करते थे, जिनकी सारी आपत्तियां नष्ट हो चुकी थीं और संपत्तियां दिनों दिन बढ़ रही थीं, वह बड़े उदार व दानी थे। एक दिन वह किसी उपवन में गए थे वहाँ एक कुंज में कुछ सिद्ध पुरुष बैठे हुए थे। जो दूसरों को दिखाई नहीं देते थे, उनके मुख से कुछ उपदेशात्मक गीत निकले। राजा ने उन गीतों को सुना जो इस प्रकार थे– "वासना रहित दृष्टा, दर्शन और दृश्य की त्रिपुटी को त्याग देने पर जो विशुद्ध दर्शन या ज्ञान के रूप में प्रकाशित होता है, उस विषुद्ध आत्मा की हम उपासना करते हैं।"

"अस्ति और नास्ति इन दोनों पक्षों के बीच में उनके साक्षी रूप में जो सदा विद्यमान है, प्रकाशनीय वस्तुओं को प्रकाशित करने वाले उन परमात्मा की हम उपासना करते हैं।"

"जो हृदय गुफा में विराजमान दीप्तिमान परमेश्वर को छोड़कर दूसरे का आश्रय लेते हैं। वह हाथ में आए हुए कौस्तुभमणि को त्यागकर दूसरे तुच्छ रत्नों की इच्छा करते हैं।"

"जो दुर्बुद्ध पुरुष योग्य पदार्थों की अत्यंत नीरसता को जानकर भी उनमें बारंबार अपने मन की भावना को बांधता है, वह मनुष्य नहीं गधा है।"

"उपशम या शांति के पवित्र सुख को प्राप्त करना चाहिए; जो उत्तम शम (मनोनिंगृह) से संपन्न है, उस पुरुष का विशुद्ध चित्त की शांति को प्राप्त होता है। जिसका चित्त शांत हो गया है, उसी को अपने परमानंदमय स्वरूप में दीर्घ काल के लिए उत्तम सिद्धि प्राप्त होती है।"

राजा जनक का विचार करना (सर्ग 9-11)

रघुनंदन! उन सिद्धगणों के मुख से निकले हुए उन उपदेशात्मक गीतों (वचनों) को सुनकर राजा शीघ्र ही निर्वेद को प्राप्त हो गये। वे अनासक्त भाव से न्यायतः प्राप्त हुए कर्तव्य कर्म का संपादन करने के लिए उठे। फिर उन्हें मोह नहीं हुआ उनके मन में ममता और आसक्ति नहीं जागी। वे विक्षेप रहित एवं शांत भाव से स्थिर रहे, तब से लेकर उन्होंने न तो दृश्य जगत् को मन से गृहण किया और न उसका त्याग ही किया। वह परमात्मा के यथार्थ ज्ञान से निपुण हो जीवनमुक्त हो गये। राजा जनक को पाने योग्य परब्रह्म परमात्मा रूप वस्तु की पूर्णतया प्राप्ति हो गई।

विषुद्ध बुद्धि (प्रज्ञा) से ही परमात्मा प्राप्ति (सर्ग 12)

रघुनंदन! चित्त से तब तक परम्ात्म तत्त्व का विचार करते रहना चाहिए जब तक परमात्मा का यथार्थ ब्रह्मरूप फल प्राप्त न हो जाय। शास्त्रों के अभ्यास और पुरुषों की संगति से पहले प्रज्ञा को बढ़ाना चाहिए। अर्थात् बुद्धि को तीक्षण एवं पवित्र बनाना चाहिए। निष्काम कर्म रूपी वृक्ष परमात्मा की प्राप्ति रूप फल को उत्पन्न करता है। बुद्धि की मन्दता समस्त दुःखों की चरम सीमा है, विपत्ति भंडार है, संसार रूपी वृक्षों का बीज है; अतः यत्नपूर्वक विनाश करना चाहिए।

श्रीराम! न दान से, न तीर्थों से और न तपस्या से ही भयंकर संसार को पार किया जा सकता है। केवल पवित्र एवं अविचल बुद्धि का आश्रय ही उसके पार पहुँचा सकता है। श्रेष्ठ पुरुष श्रेष्ठ और अविचल प्रज्ञा के द्वारा संसार सागर से पार हो जाता है, परंतु अधम मानव उसमें डूब जाता है। शिक्षित केवट ही नौका से नदी पार पहुँचता है, अशिक्षित केवट नहीं। बुद्धि यदि विवेक, वैराग्य आदि सन्मार्ग में लगाई जाय तो वह मनुष्य को भवसागर से पार कर देती है। परमात्मा की प्राप्ति रूप अनुपम उन्नत पद में पहुँचने वाले पुरुष को पहले सत्संग और विवेक वैराग्य द्वारा इस बुद्धि का शोधन करना चाहिए– ठीक उसी तरह जैसे धान्य आदि की वृद्धि चाहने वाला किसान सबसे पहले पृथ्वी को ही जोतकर शुद्ध बनाता है।

तृष्णा, त्याग और वैराग्य (सर्ग 19-29)

पुण्य और पावन की कथा (सर्ग 19-21)

वशिष्ठ जी कहते हैं– रघुनंदन! इसी विषय में गंगा जी के तट पर मुनिकुमारों में जो परस्पर भाई थे, जो संवाद हुआ था तुम सुनो। गंगा के तट पर एक महर्षि निवास करते थे, उनका नाम दीर्घतया था। उन्हें सम्यक् ज्ञान प्राप्त हो चुका था। उनके दो पुत्र थे जिनका नाम पुण्य और पावन था। इनमें पुण्य तो ज्ञान संपन्न थे, किंतु पावन का ज्ञान अधूरा रह गया। पिता तदन्तर दीर्घतया ने सौ वर्ष पूरे होने पर अपना शरीर त्याग दिया एवं ब्रह्म भाव को प्राप्त हो गये। इसके उपरांत उनकी पत्नी ने भी योगिक क्रिया द्वारा शरीर त्याग दिया। दोनों के परलोक वास हो जाने पर जेष्ठ पुत्र पुण्य स्थिर चित्त हो उनकी अन्तेष्टि-कर्म में प्रवृत्त हुए किंतु पावन विलाप करने लगा। तब भाई पुण्य ने उसे कहा वत्स! यह शोक अंधता (मोह) का एकमात्र कारण है, तुम इसे घनीभूत क्यों बना रहे हो? तुम्हारे पिता माता जी के साथ परम्‌त्मपद को प्राप्त हो गये। वही सब प्राणियों का अधिष्ठान है। तुम मोहजनित ममतामयी भावनावश ही पिता माता के लिए शोक कर रहे हो। न वे तुम्हारी माता थीं, न वे तुम्हारे पिता थे। तुम्हारे सहस्रों माता-पिता हो चुके हैं, उन माता-पिता के भी असंख्य पुत्र हो चुके हैं, केवल तुम्हीं उनके पुत्र नहीं हो। मनुष्य के जन्म-जन्म में बहुत से पुत्र हो-होकर काल के गाल में जा चुके हैं।

वत्स! यदि स्नेह के कारण माता-पिता और पुत्र के लिए शोक करना ही उचित हो तो पहले के जन्मों में जो सहस्रों माता-पिता हो चुके हैं उनके लिए शोक क्यों नहीं किया जाता? तुम्हारे बहुत से बंधु मृश-शरीर धारण करके रहे हैं, उनके लिए तुम्हें शोक क्यों नहीं हो रहा? इस जम्बूद्वीप पर तुम पहले अन्यान्य बहुत-सी योनियों में सैकड़ों हजारों बार जन्म ले चुके हो। मैं अपनी सूक्ष्म बुद्धि द्वारा तुम्हारे और अपने पूर्व जन्म के वासना क्रम को देख रहा हूँ। मेरी भी बहुत-सी योनियाँ अनेक बार

बीत चुकी हैं। आज मैं अपनी सूक्ष्म बुद्धि से उनको देखता व स्मरण करता हूँ, उनमें से किन-किन के लिए हम दोनों शोक करें और किनके लिए न करें। तुम शांतचित्त होकर आत्मा को जो भाव और अभाव से मुक्त तथा जरा और मृत्यु से रहित है, स्मरण करो। मन में मूढ़ता न लाओ न तुम्हारा जन्म हुआ है न तुम्हारी कोई माता है और न पिता ही है। तुम केवल शुद्ध-बुद्ध आत्मा हो, दूसरे कोई नहीं हो। यह पुण्य है, यह पावन है, इत्यादि कल्पनाओं के रूप में मिथ्याज्ञान ही नृत्य कर रहा है।

पुण्य के इस प्रकार समझाने पर पावन को परमात्मतत्त्व का दृढ़ निश्चय हो गया तदन्तर समय आने पर वे दोनों परम् निर्वाण पद को प्राप्त हो गये। रघुनंदन! इसलिए इन असंख्य तृष्णाओं की निवृत्ति का एकमात्र उपाय त्याग ही है, उनको पोसना नहीं। मन वैराग्य से ही पूर्णता को प्राप्त होता है। जिनके चित्त में किसी लौकिक वस्तु की स्पृहा नहीं है, उन लोगों के लिए तीनों लोकों का ऐश्वर्य कमल गट्टे के समान अत्यंत तुच्छ है। चित्त के नष्ट हो जाने पर पुरुष उस परम् पद को प्राप्त कर लेता है, जहाँ फिर नाश का भय नहीं है।

राजा बलि के अंतःकरण में वैराग्य का उदय (सर्ग 22-24)

वशिष्ठ जी ने कहा– रघुनंदन! अब मैं राजा बलि के उत्तम वृत्तांत का वर्णन करता हूँ, सुनो! पाताललोक में असुरों के बाहुदण्डों पर आधारित महान् साम्राज्य है जिस पर विरोचन-कुमार बलिराजा के रूप में प्रतिष्ठित हुए। दैत्यराज बलि की साक्षात् भगवान् विष्णु रक्षा करते थे। एक समय दानवराज बलि को भोगों से अत्यंत वैराग्य प्राप्त हो गया। वे संसार की स्थिति पर विचार करने लगे कि इन भोगों से मेरा कौन सा प्रयोजन सिद्ध हो रहा है? इनका विनाश तो अवश्यभावी है। इन सबका उपयोग मात्र करना मेरे लिए क्या सुखदायक हो सकता है? मैं नित्य, उत्तम और यथार्थ सुख क्या है- इसी पर विचार करता हूँ। ऐसा विचार कर राजा बलि विचारमग्न व ध्यानमग्न हो गये। इस ध्यान से उनको अपने पिता विरोचन द्वारा दिए ज्ञानोपदेश का स्मरण हो आया।

विरोचन ने कहा था– महामते! मनुष्य से लेकर ब्रह्म पद तक सम्पूर्ण पदों का अतिक्रमण करने वाला जो मन, बुद्धि इंद्रिय और शरीर का स्वामी शुद्ध आत्मा है, वह एक राजा के समान है। उसने बुद्धि युक्त मन को अपना मंत्री बनाया है। उस मंत्री को जीत लेने पर सबको जीत लिया जाता है और सब कुछ प्राप्त हो जाता है। परंतु उसे अत्यंत दुर्जेय समझना चाहिए। वह वज्र से नहीं, युक्ति से ही जीता जाता है। विरोचन बोले–बेटा! सभी विषयों के प्रति सब प्रकार से जो अत्यंत अनास्था (वैराग्य) है। वही मन पर विजय पाने के लिए उत्तम युक्ति है। बेटा! यदि क्रमशः विषयों के विरक्त होने से अभ्यास किया जाय तो जैसे सींचने से लता लहलहा उठती है, उसी प्रकार यह विरक्ति भी सब ओर से सुस्पष्टतः प्रकट हो जाती है। जैसे– बोये बिना अन्न प्राप्त नहीं होता, वैसे ही विरक्ति के लिए अभ्यास न किया जाय तो विषयलोलुप पुरुष कितना ही क्यों न चाहे विरक्ति उसे नहीं मिल सकती।

तुम इसे अभ्यास के द्वारा दृढ़ करो। संसार रूपी गर्त में निवास करने वाले जब तक नाना प्रकार के दुःखों से भटकते रहते हैं, जब तक उन्हें विषयों से वैराग्य नहीं हो जाता। जैसे– कोई अत्यंत बलवान देह वाला मनुष्य भी यदि पैर उठाकर कहीं जाय नहीं तो वह देशांतर में नहीं पहुँच सकता। उसी प्रकार कोई शारीरिक शक्ति से सम्पन्न पुरूष भी यदि अभ्यास न करे तो वह विषयों से वैराग्य नहीं प्राप्त कर सकता।

बेटा! हर्ष और अमर्ष से रहित शुभ कर्मफल को प्राप्त करने के लिए इस संसार में परम् पुरुषार्थ के सिवा दूसरा कोई साधन नहीं है। पुरुषार्थ से ही उसकी प्राप्ति होती है जीवात्मा पुरुष शरीर धारण करके पुरुषार्थ से जिस पदार्थ का जैसे संकल्प करता है इस लोक में वह पदार्थ उसे उसी रूप में प्राप्त होता है, दूसरे किसी रूप में नहीं। इस जगत् में पुरुषार्थ के सिवा दूसरा कुछ नहीं है। अतः उत्तम पुरुषार्थ का आश्रय ले भोगों की ओर से वैराग्य प्राप्त करे।

बेटा! आत्म साक्षात्कार होने पर विषयों से राग (आसक्ति) का अत्यंत अभाव हो जाता है। इसलिए पुरुष विवेक-विचार द्वारा परब्रह्म परमात्मा

का साक्षात्कार करे। साथ ही विषयों की आसक्ति से सर्वथा रहित हो जायं। सदाचारी पुरुष ही ज्ञानोपदेश को अपने हृदय में धारण करता है। चित्त को बालक की तरह धीरे-धीरे लाड-प्यार के साथ रिझाकर वश में करना चाहिए। परमात्मा का साक्षात्कार होने पर तृष्णा एवं आसक्ति का अभाव हो जाता है और तृष्णा एवं आसक्ति का अभाव होने पर परमात्मा का साक्षात्कार होता है। सकाम भाव से किये गये यज्ञ, दाम, तप और तीर्थ सेवन से तो स्वर्गादि सुख ही प्राप्त होते हैं। सकाम साधनों से कभी जीव को वैराग्य नहीं होता है। बुद्धिमान पुरुष परम् पुरुषार्थ का आश्रय ले दैव (प्रारब्ध) को दूर से ही त्याग दे।

शुक्राचार्य का बलि को उपदेश (सर्ग 25-27)

अपने पिता के दिये गये उपदेश का स्मरण करके राजा बलि में वैराग्य भावना का उदय हो गया तथा वे संसार एवं भोगों की निस्सारता का चिंतन करने लगे। उन्होंने अपने ध्यान में भगवान् शुक्राचार्य का चिंतन किया जो इन्हें आत्मबोध करा सके। शुक्राचार्य को जब यह ज्ञात हुआ तो वे स्वयं राजा बलि के पास आये। राजा बलि ने कहा- प्रभो! मैं महान् मोह प्रदान करने वाले भोगों से विरक्त हूँ, इसलिए ऐसे परम् तत्त्व को जानना चाहता हूँ, जो अपने ज्ञान मात्र से महान् मोह का नाश कर दे।

शुक्राचार्य बोले– सर्व दानव राजेंद्र! मैं आकाश में जाने के लिए उद्यत हूँ। इसलिए संक्षेप में सार-तत्त्व बता रहा हूँ, सुनो! इस संसार में एकमात्र चेतन ही है, यह सब जगत् भी चेतन मात्र है- चिन्मय ही है। तुम भी चिन्मय, मैं भी चिन्मय, और यह लोक भी चिन्मय है। अर्थात् जो कुछ भी दिखाई देता है वह सब एक सच्चिदानंदधन ब्रह्म ही है। यह समस्त सिद्धांतों का सार है। यदि तुम श्रद्धालु हो तो इस निश्चय से तुम सब कुछ प्राप्त कर सकते हो, और यदि तुम में श्रद्धा नहीं हो तो तुम्हें दिया गया बहुत-सा उपदेश भी राख में डाली आहुति के समान व्यर्थ है। चेतन की जो विषयाकार कल्पना है, वही बंधन है उससे छूटना ही मोक्ष कहलाता है। विषयाकार रहित चेतन ही पूर्ण ब्रह्म पर प्रमात्मा है, यह समस्त

सिद्धांतों का सार है। इस सिद्धांत को गृहण करके यदि तुम स्वयं अखण्डकार वृत्ति से अपने आपका यथार्थ अनुभव करोगे तो अनंत परम् पद स्वरूप परमात्मा को प्राप्त हो जाओगे। मैं इस समय देवलोक को जाता हूँ। मुझे यहीं पर सप्त ऋषि मिले थे। वहाँ देवताओं के किसी कार्य के लिए मुझे रहना होगा। ऐसा उपदेश देकर शुक्राचार्य जी आकाश मार्ग से चले गये।

राजा बलि का समाधिस्थ हो जाना (सर्ग 19)

शुक्राचार्य जी के चले जाने पर राजा बलि उनके दिये गये उपदेश पर बार-बार चिंतन करते हुए सारे संकल्प शांत हो गये, समस्त कल्पनाएँ विलीन हो गईं। उनके भीतर किसी प्रकार की शंका न रह गई। वे ध्याता, ध्येय और ध्यान से रहित हो गये। वे वायुरहित दीपक की भाँति निश्चल हो गये। वे महान् पद परमात्मा को प्राप्त हो गये थे। उनका मन सर्वथा शांत हो गया था। वो ध्यान में मौन हो समाधिस्थ हो गये थे, उनकी स्थिति देखकर दानव मंत्रियों ने दैत्य गुरु शुक्राचार्य का स्मरण किया। स्मरण करते ही भृगुनन्दन शुक्र वहाँ उपस्थित हुए। शुक्राचार्य ने देखा कि बलि का संसार रूपी भ्रम नष्ट हो गया है तो वे दैत्य मंडली से कहने लगे– दानवों बलि चित्त की भ्रांति से रहित हो परम् विश्राम को प्राप्त हुए हैं। अतः इनका अज्ञान दूर हो गया है, इस समय तुम लोग इनसे बातचीत न करो। समय आने पर यह स्वयं ही समाधि से जाग उठेंगे।

राजा बलि का समाधि से जागना (सर्ग 19)

एक सहस्र दिव्य वर्ष व्यतीत होने पर असुरराज बलि समाधि से जागे और विचार करने लगे– न बंधन है, न मोक्ष है। मेरे अज्ञान का नाश हो गया। अब मैं न ध्यान करने की इच्छा करता हूँ, न भोग ही चाहता हूँ, न भोगों का त्याग। मैं चिंतारहित होकर समभाव से ही स्थित हूँ। राज्य वैभव की संपत्ति से मेरा क्या प्रयोजन है? जो आता है, वह आये, न वह मैं हूँ, न कहीं कुछ मेरा है। न कुछ मेरा कर्तव्य है, न अकर्तव्य। ऐसा

विचार कर राजा बलि वासनारहित हो समस्त कार्य करने लगे। जब तक मनुष्य आत्मसाक्षात्कार के लिए परम् पुरुषार्थ करके स्वयं अपने ऊपर अनुगृह नहीं करता, तब तक विवेक विचार का उदय नहीं होता, तब तक वेदों और वेदान्तों शास्त्र के अर्थों से तथा तार्किक दृष्टि से भी इस आत्मा का प्राकट्य नहीं होता।

दैत्यराज हिरण्यकशिपु का वध (सर्ग 30-32)

वशिष्ठ जी कहते हैं- श्रीराम! जैसे दैत्यराज प्रह्लाद अपने-आप सिद्ध हो गये थे। ज्ञानप्राप्ति के उस उत्तम क्रम का मैं वर्णन करता हूँ, सुने! पाताललोक में हिरण्यकशिपु नाम से प्रसिद्ध एक दैत्य था जिसका पराक्रम भगवान् नारायण के समान था। उसने युद्धभूमि में देवताओं और असुरों को भी मार भगाया था, उसने समस्त भुवनों पर आक्रमण किया और इंद्र के हाथ से त्रिलोकी राज्य छीन लिया। वह तीनों लोकों पर राज्य करने लगा। इससे खिन्न हो देवताओं ने ब्रह्मजी से उसके वध के लिए प्रार्थना की। तदन्तर भगवान् विष्णु ने नृसिंह रूप धारण करके उसको मार डाला।

हिरण्यकशिपु के वध के बाद उसके पुत्र प्रह्लाद ने श्रीहरि का पूजन किया तथा अपने आप को उनके चरणों में भेंट कर दिया तथा उनकी स्तुति की।

प्रह्लाद का आत्मचिंतन एवं आत्मज्ञान (सर्ग 34-36)

भगवान् विष्णु से प्रह्लाद ने कहा- विभो! आप जिस वस्तु को सबसे श्रेष्ठ समझते हैं, वही मुझे देने की कृपा कीजिये। भगवान् विष्णु ने कहा जब तक तुम्हें ब्रह्मतत्त्व की प्राप्ति न हो जाय, तब तक तुम सम्पूर्ण संशयों की शांति तथा परब्रह्म परमात्मा की प्राप्ति रूप फल के लिए विचार परायण बने रहो। ऐसा कहकर भगवान् अंतर्धान हो गये।

भगवान् विष्णु के अंतर्धान होने पर प्रह्लाद विचार करने लगे- यह बाह्य और जड़ जगत् मैं नहीं हूँ, अचेत शरीर भी मैं नहीं हूँ, जो ममताहीन, मनरूप मन के व्यापार से शून्य, शांत पाँचों इंद्रियों के भ्रमों से रहित और

माया के संबंध से हीन है। मैं आत्मस्वरूप ही हूँ। यह आत्मा, जो सर्वव्यापक और विकल्परहित चिन्मय बोधस्वरूप है, वह मैं ही हूँ।

यह आत्मा ही जगत् का आदि कारण है, परंतु इसका कोई कारण नहीं है। इसी आत्मा से सारे पदार्थों का पदार्थत्व उत्पन्न होता है। ब्रह्म के रूप में, मैं ही सदा इस जगत् में उत्पन्न होता हूँ। मैं ही शिव रूप में प्रलयकाल में इस जगत् का संहार करता हूँ तथा मैं ही इंद्ररूप में मन्वंतर के क्रम से इस सम्पूर्ण त्रिलोकी का पालन करता हूँ। सम्पूर्ण स्थावर-संगम रूप जगत् परम् शुद्ध चेतन आत्मरूप मैं ही हूँ। मूर्ख ही तुच्छ विषय भोगों में आसक्त होता है। ॐ ही जिस सच्चिदानंद ब्रह्म का सर्वोत्तम नाम है वह परमात्मा ही भूतल के समस्त पदार्थों के रूप में विराजमान है। समस्त प्राणियों के शरीरों के अंदर अपने हृदय कमल में स्थिर यह परमात्मा अत्यंत सुलभ है। प्रभु सभी शरीरों में उसी तरह व्याप्त हैं, जैसे पुष्पों में सुगंध, तिलकणों में तेल परंतु हृदय में विद्यमान रहने पर भी यह चेतन विवेक-विचार के अभाव के कारण जाना नहीं जा सकता है। उसे भलीभाँति जान लेने पर परमानंद की प्राप्ति होती है। फिर उसका कभी वियोग नहीं होता, सांसारिक स्नेह, समस्त बंधन टूट जाते हैं, तृष्णाएँ मन को चंचल नहीं कर पातीं।

विष्णु कृपा से मुझे इस परम् तत्त्व का ज्ञान हो गया है, जिससे मैंने उस अज्ञान का परित्याग कर दिया है। मेरा शरीर अहंकार से रहित परम् पवित्र हो गया है, अब मैं परमेश्वर के रूप में स्थित हूँ। अब मैं वह प्राप्त कर चुका हूँ। जिसके पाने पर कुछ भी अवशिष्ट नहीं रह जाता। अज्ञान नष्ट हो गया है, मृग-तृष्णा शांत हो चुकी है, मोह पूर्णतया शांत हो चुका है, अहंकार नष्ट हो गया है, अतः मेरा संताप मिट गया है।

प्रह्लाद इस प्रकार परमात्मा का चिंतन करते-करते निर्विकल्प परमानंद स्वरूप परमात्मा में समाधिस्थ हो गये।

विष्णु का प्रह्लाद को तत्त्व ज्ञान का उपदेश सर्ग (37-41)

प्रह्लाद के समाधि में स्थित होने से सारे लोक में अव्यवस्था हो गई

जिसे देखकर भगवान् विष्णु क्षीर सागर से चल पड़े तथा उन्होंने प्रह्लाद के महल में प्रवेश किया और उसे शंख बजाकर समाधि से जगाया तथा उन्हें तत्त्वज्ञान का उपदेश देते हुए अनासक्त भाव से पुनः राज्य कार्य करने का आगृह किया। इसके बाद विष्णु ने उनका राज्याभिषेक किया और उन्हें आशीर्वाद देकर वहाँ से विदा होकर पुनः अपने लोक को चल दिये।

वशिष्ठ जी कहते हैं– श्रीराम! अज्ञान ही पाप कहलाता है और उसका नाश विवेकपूर्वक विचार करने से होता है। इसलिए विचार का परित्याग नहीं करना चाहिए। प्रह्लाद की इस सिद्धि का विवेकपूर्ण विचार करने वाले लोगों के पूर्व के सात जन्मों के किये हुए पाप नष्ट हो जाते हैं। इसमें संशय नहीं है।

जीवन मुक्ति और विदेहमुक्ति (सर्ग 42-49)

निर्दोष स्वरूप वाले राम! लोक में दो प्रकार की मुक्ति होती है- एक जीवन मुक्ति और दूसरी विदेहमुक्ति। जिस अनासक्त बुद्धि वाले पुरुष की इष्टानिष्ट कर्मों के गृहण त्याग में अपनी कोई इच्छा नहीं रहती, अर्थात् जिसकी इच्छा का सर्वथा अभाव हो जाता है, ऐसे पुरुष की स्थिति को तुम जीवनमुक्त अवस्था– सदेह मुक्ति समझो। फिर देह का विनाश होने पर पुनर्जन्म से रहित हुई वही जीवनमुक्ति विदेहमुक्ति कही जाती है। जिन्हें विदेहमुक्ति हो गई है वे फिर जन्म धारण करके दृष्यता को नहीं प्राप्त होते, ठीक उसी तरह, जैसे भुना हुआ बीज जमता नहीं।

चित्त निरोध (सर्ग 50-56)

वशिष्ठ जी ने कहा- राघव! यह संसार रूपी माया चक्र नित्य भ्रमणशील तथा भ्रांतिदायक है। तुम चित्त को इस चक्र की महानभि समझो। यह संसार एक महा भयंकर रोग। है चित्त निरोध ही इस रोग की उत्तम औषधि है। इस औषधि के अतिरिक्त किसी अन्य प्रयत्न से उस व्याधि की शांति नहीं होती। जैसे घड़े के अंदर घटाकाश रहता है, घड़े

के नष्ट होने पर घटाकाश नहीं रह जाता, उसी तरह है यह संसार चित्त के अंदर ही है, चित्त का नाश होने पर संसार भी विनष्ट हो जाता है, चित्त से शुन्य हुआ चेतन शुद्ध आत्मा कहा जाता है। वही सत्यता, वही कल्याणरूपता है, वही सर्वज्ञता एवं वास्तविक दृष्टि है, किंतु जिस समय उसका विनाश–शील–मन के साथ संयोग बना रहता है, उस समय उसकी उपर्युक्त स्थिति नहीं रहती क्योंकि जहाँ मन रहता है, वहाँ उसके आसपास अनेक प्रकार की आशाएँ और सुख–दु:ख उसी प्रकार सदा आते रहते हैं, जैसे श्मशान भूमि में कौए मँडराया करते हैं।

शास्त्राध्ययन और सज्जनों की संगति का निरंतर अभ्यास करने से सांसारिक पदार्थों की अवास्तविकता का ज्ञान हो जाता है। इसलिए निश्चयपूर्वक परम् प्रयत्न के साथ मन को अविवेक से हटाकर उसे बलपूर्वक शास्त्राध्ययन और सत्पुरुषों के संग में लगाना चाहिए; क्योंकि परमात्मा का साक्षात्कार होने में शुद्ध आत्मा ही प्रधान कारण है। श्रीराम! जो इस सत्तवादि गुणों के समाहार रूप जड़ संसार को अनित्य और मिथ्या देखता है, उस पुरुष की यह परम् शांति स्वरूप अंत: शीलता है, वही समाधि कहलाती है। चित्त में कर्तापन का अभाव ही उत्तम समाधान है और वही मंगलमय परमानंद पद है।

जो मन वासनाओं से रहित हो गया है, वह स्थिर कहा जाता है। वही ध्यान समाधि, वही केवल चिन्मय भाव है और वही अविनाशी परम् शांति है। अपने आत्मस्वरूप में स्थित हो जाता है, उस साधन को 'समाधि' कहते हैं। समस्त प्राणियों के भीतर जैसा भाव होता है वैसा ही बाहर अनुभव होता है। जो हर्ष, शोक के वशीभूत नहीं होता, वह समाहित कहा जाता है। जो न किसी के लिए शोक करता है और न ही किसी की चिंता ही करता है, वह समाहित कहलाता है।

भुशुण्ड का कथा प्रसंग (सर्ग 14–16)

वशिष्ठ जी कहते हैं– वत्स राम! इस ब्रह्मांड में सृष्टि की उत्पत्ति के कारण तथा पूर्व कृत कर्मों के अनुसार प्राणी समूह की रचना में संलग्न

कमलयोनि ब्रह्मा पितामह रूप में स्थित हैं। उन्हीं ब्रह्म देव का मैं सदाचार संपन्न मानसपुत्र हूँ। मेरा नाम वशिष्ठ है।

मैं ध्रुवतारा धारण किए गये सप्तर्षि मंडल में वैवस्वत मन्वंतर पर्यन्त निवास करता हूँ। एक समय की बात है मैं स्वर्गलोक में देवराज इंद्र की सभा में बैठा हुआ था। वहाँ देवर्षि नारद आदि विराजमान थे। वह चिरंजीवियों की कथा सुना रहे थे, मैंने भी यह कथा सुनी थी। उस समय किसी कथा प्रसंग में मुनिवर शातातप कहने लगे 'मेरुगिरी' के ईशान कोण में एक ऊंचा शिखर है। उसी चोटी पर एक विषाल कल्पतरु है। उसकी कोटर के एक घोंसले में एक परम् ऐश्वर्यशाली कौआ निवास करता है। उस वीतराग वायस का नाम भुशुण्ड है। वह चिरकाल से जी रहा है। वैसा चिरंजीवी तो स्वर्गलोक में न हुआ है, न होगा। वह रागरहित, ऐश्वर्ययुक्त शांत और सुंदर रूप वाला भी है। वह काल की गति का पूर्ण ज्ञाता है। यह सुनकर मैं उस पक्षी को देखने चल दिया तथा वहाँ पहुँचा जहाँ वह रहता था। अनेक पक्षी भी वहाँ रहते थे। वहाँ अनेक कौओं के मध्य आत्मज्ञान से परिपूर्ण मैंने भुशुण्ड को देखा। वह प्राण क्रिया के निरोध से अंतर्मुख वृत्ति वाला व सुखी है। वह भूतकालीन सुर, असुर और महिपालों के इतिहास का ज्ञाता, प्रसन्न और गंभीर मन से युक्त, चतुर व कोमल एवं मधुर वाणी बोलने वाला है। वह परमात्मा के सूक्ष्म तत्त्व का वक्ता तथा विज्ञाता है। मेरे वहाँ पहुँचते ही भुशुण्ड ने मुझे पहचान लिया तथा मेरा स्वागत किया और मेरे वहाँ आगमन का कारण पूछा, मैंने कहा– वायसराज! मेरे मन में एक संदेह है, उसे अपने यथार्थ वचनों द्वारा दूर करो। संशय यह है कि तुम किस कुल में उत्पन्न हुए हो? किस प्रकार तुम्हें ज्ञेय तत्त्व का ज्ञान प्राप्त हुआ? तुम्हारी आयु कितनी है? तुम्हें किस कल्प का चरित्र याद है? तुम्हारा यह निवास स्थान किसने निश्चित किया?

भुशुण्ड का वशिष्ठ के प्रश्नों का उत्तर देना (सर्ग 17-23)

भुशुण्ड बोला– मुनीश्वर वशिष्ठ जी! इस जगत् में देवाधिदेव महादेव समस्त स्वर्गवासी देवताओं में श्रेष्ठ हैं। उनकी प्रधान आठ मातृ देवियां हैं

जिनमें अलम्बुसा अत्यंत विख्यात हैं। उनका वाहन कौआ है जिसका नाम चण्ड है। एक बार किसी महोत्सव में ब्राह्मी देवी के रथ को हाँकने वाली हंसियाँ इस चण्ड पर आसक्त हो गईं। चण्ड ने इनके साथ रमण किया जिससे वह सभी गर्भवती हो गयीं। समय आने पर इन हंसियों ने इक्कीस अंडे दिये जिनमें हम इक्कीस भाई चण्ड के पुत्र रूप में कौए की योनि मे उत्पन्न हुए। हम लोग भगवती ब्राह्मी के अनुगृह से जीवन मुक्त होकर यहाँ स्थित हैं। पिताजी की आज्ञा से ही हम लोगों ने यहाँ अपना निवास बनाया है। हम लोगों का यहाँ काफी समय व्यतीत हो गया, दिनों की भाँति युगों की पंक्तियां समाप्त हो गईं। मेरे सभी भाई शरीरों का त्याग कर चुके हैं।

ब्रह्मन! मैं प्राणायाम के द्वारा योग बल से सम्पूर्ण कल्प की बात जान लेता हूँ। मेरा मन ज्ञान की प्राप्ति से उत्तम शांति को प्राप्त हो गया है। भयंकर दशा में भी हमारी बुद्धि पर्वत के समान स्थिर रहती है। युगांत काल में जब भीषण उपद्रव होने लगते हैं व प्रचंड वायु बहने लगती है, उस समय भी यह कल्पवृक्ष सुस्थिर रहता है। अन्य लोकों में विचरण करने वाले प्राणियों के लिए यह अगम्य है, इसलिए हम लोग यहाँ सुख पूर्वक निवास करते हैं। कल्पान्त के समय प्रलय काल मैं इन घोंसलों को छोड़ देता हूँ, और आकाश में ही स्थित रहता हूँ। नई सृष्टि रचना होने पर मैं पुनः इस घोंसले में आ जाता हूँ। मुनिश्रेष्ठ मुझे इस पृथ्वी के विषय में ऐसा स्मरण है कि किसी समय पर यह शिला और वृक्षों से रहित थी। इस पर तृण आदि भी नहीं थे और यह मेरु के नीचे स्थित थी। यहाँ यह ग्यारह हजार वर्षों तक भस्म से परिपूर्ण रही, ऐसा मुझे सम्यक् रूप से स्मरण है। मुझे असुरों का घोर संग्राम भी याद है। फिर यह चतुर्युगी असुरों के अधिकार में रही। दो चतुर्युगी युगों तक यह भूमि वनैले वृक्षों से खचाखच भरी रही। उस समय वृक्षों के अतिरिक्त अन्य पदार्थों का निर्माण नहीं हुआ था। चारों युगों से भी अधिककाल तक यह वसुधा घने पर्वतों से आच्छादित रही। उस पर मनुष्य भी चल-फिर नहीं सकते थे। एक समय पृथ्वी शून्य-सी होकर अंधकार में डूब गई थी। ब्रह्मन् मुझे यहाँ तक स्मरण है कि मेरे सामने सैकड़ों चतुर्युगियाँ बीत गईं और ऐसे असंख्य मनु

समाप्त हो गये। मुझे एक ऐसी सृष्टि का स्मरण है, जहाँ पर्वत व भूमि का नाम-निशान भी नहीं था। यहाँ तक कि चंद्रमा और सूर्य के बिना पूर्ण प्रकाश छाया रहता था और देवता तथा सिद्ध मानव आकाश में ही रहते थे। न ही कोई इंद्र था न भूपाल तथा उत्तम-मध्यम और अधम का भेद भी नहीं था। सब एक रूप था और दिशा मंडल अंधकार से व्याप्त था।

मुनिराज! पहले सृष्टि रचना का संकल्प हुआ, फिर तीनों लोकों का निर्माण हुआ। त्रिलोकी में अवांतर प्रदेशों का विभाग होने के बाद उनमें सात कुल पर्वतों की स्थापना हुई। ब्रह्माजी ने जंबू द्वीप में ब्राह्मणों आदि वर्ण, उनके धर्म और उन वर्णों के लिए योग्य विद्या विशेषों की सृष्टि की तत्पश्चात्‌ अवनि मंडल एवं नक्षत्र चक्र की स्थिति और ध्रुव मंडल का निर्माण किया। तात! तदन्तर चंद्रमा और सूर्य की स्थिति इन्द्र और उपेंद्र की व्यवस्था, हिरण्याक्ष द्वारा पृथ्वी का अपहरण वराह रूपधारी भगवान्‌ द्वारा उसका उद्धार, भूपालों की रचना, मत्सय रूपधारी भगवान्‌ द्वारा वेदों का लाया जाना, मन्दराचल का उन्मूलन, अमृत के लिए क्षीर सागर का मंथन गरुड़ का शैशव, जबकि उसके पंख नहीं जमे थे और सागरों की उत्पत्ति आदि जो निकटतम सृष्टि की स्मृतियाँ हैं, उन्हें मेरी अपेक्षा अल्पायु वाले योगी भी स्मरण करते हैं।

मुनिवर! आप तो ब्रह्म के पुत्र हैं। आपके भी आठ जन्म हो चुके हैं। इस आठवें जन्म में मेरा आपसे समागम होगा, यह मुझे पहले से ही ज्ञात था। इस वर्तमान सृष्टि जैसी तीन सृष्टियां पहले भी हो चुकी हैं जिनका मुझे भली-भाँति स्मरण है। मुझे बारहवां समुद्र मंथन याद है। महर्षियों द्वारा (व्यास) महाभारत आदि मुझे याद हैं। रामायण की श्लोक संख्या एक लाख है, यह शास्त्र भी मुझे स्मरण है व निर्माता महर्षि वाल्मीकि हैं। उनके द्वारा दूसरे ज्ञानशास्त्र जगत्‌ के कल्यानार्थ (वशिष्ठ राम संवाद) की रचना की जायेगी उसका भी मुझे ज्ञान है। महाराज! जो वासना पाप-रहित है जिसका मन परमात्मा में स्थित है, मन चंचल नहीं है, उसे मृत्यु नहीं मार सकती। तात! जगत्‌ में कोई भी स्थिर व मंगलदायक पदार्थ नहीं है। संसार में आधि, व्याधि, चिंता, शोक ही भरे हैं, वास्तविक सुख-शांति का

अंश भी नहीं है। इसलिए इस नाशवान क्षण भंगुर संसार से तीव्र वैराग्य उचित है।

प्राणों की गति (सर्ग 24)

भुशुण्ड कहते हैं– मुनिराज! इड़ा और पिंगला नाम की दो अत्यंत सूक्ष्म नाड़ियां इस देह रूपी घर के बीच दाहिने और बायें भाग में स्थित कोष्ठ में यानी कुक्षि में रहती हैं। उनका किसी को भान नहीं होता, उक्त देह में यंत्र के सदृश तीन कमल के जोड़े हैं। वे अस्थि माँसमय एवं अत्यंत मृदु हैं। उनमें ऊपर व नीचे दोनों ओर से नालदण्ड लगे हुए हैं तथा संपुटित होकर एक-दूसरे से मिले हुए कोमल सुंदर दलों से सुशोभित हैं। उन तीन हृदय कमल यंत्रों में प्राण की समस्त शक्तियाँ ऊपर और नीचे की ओर उसी प्रकार फैली हुई हैं, जिस प्रकार चंद्र बिम्ब से किरणें फैलती हैं। हृदय कमल में स्थित वही वायु पंडितों द्वारा प्राण के नाम से कही जाती हैं। इसकी कोई एक शक्ति नेत्रों को स्पंदित करती है, उसी की एक शक्ति स्पर्श का गृहण करती हैं, दूसरी कोई शक्ति नासिका द्वारा स्वास-उच्छ्वास का निर्वाह करती है, कोई वाक्यों का उच्चारण करती है। शरीर के सभी कार्य वह शक्ति संपन्न वायु ही करती है। मुने! मैं इस प्राण और अपान नामक प्राणों का अनुसरण करता हुआ स्थित हूँ।

भुशुण्ड का अपनी स्थिति का वर्णन (सर्ग 26-27)

भुशुण्ड ने कहा– महामुनि! मैंने प्राण समाधि के द्वारा पूर्वोक्त रीति से विषुद्ध परमात्मा में यह चित्त विश्राम रूप परम् शांति क्रमशः स्वयं प्राप्त की है। मैं इस प्राणायाम का अवलंबन करके दृढ़तापूर्वक स्थित हूँ इसलिए सुमेरु पर्वत के विचलित होने पर भी मैं चलायमान नहीं होता। मैं चलते-फिरते, सोते-जागते इस ब्रह्माकार रूप समाधि से विचलित नहीं होता। मैं परम् पद को प्राप्त हो गया हूँ। जहाँ पर प्राणविलीन हो जाता है, जहाँ अपान भी अस्त हो जाता है तथा जहाँ प्राण और अपान दोनों उत्पन्न भी नहीं होते, हम लोग उस चेतन तत्त्व रूप परमात्मा की उपासना करते

हैं। महाप्रलय से लेकर प्राणियों की उत्पत्ति एवं विनाश को देखता हुआ, मैं ज्ञानवान हुआ आज भी जी रहा हूँ, जो बीत चुका है और जो होने वाला है उसका मैं कभी भी चिंतन नहीं करता। न्यायसंगत सभी कार्य पूर्ण करता हूँ। इसलिए मैं दोषरहित होकर चिरकाल से जी रहा हूँ। हर ओर से चिंतामुक्त रहता हूँ। न ही किसी की स्तुति या निंदा ही करता हूँ। मेरा मन नित्य सम ही रहता है। मुने! मेरे मन की चंचलता शांत हो चुकी है। मेरा मन शोक से रहित, स्वस्थ समाहित एवं शांत हो चुका है। जरा और मरण से भयभीत नहीं होता तथा राज्य आदि प्राप्ति से हर्षित नहीं होता। भेद बुद्धि से पूर्णतया रहित हूँ।

ज्ञान के पारंगत् ब्रह्मन् एकमात्र आपकी आज्ञा पालन करने के लिए ही घृष्टतापूर्वक मैंने जो और जैसा हूँ, वह सब आपको यथार्थ रूप से बता दिया है।

वशिष्ठ जी ने कहा– एश्वर्य पूर्ण पक्षीराज! आपने मुझसे बुद्धि को पवित्र करने वाला अपना सम्पूर्ण जीवन वृत्तांत ठीक से ज्यों का त्यों है। मैंने इस जगत् में आपके समान दूसरे किसी महान् ज्ञानी को नहीं देखा। आप जैसे ज्ञानी जगत् में अत्यंत दुर्लभ हैं। पक्षीराज! तुम्हारा कल्याण हो इस भावना के साथ मैं अब देवलोक में जा रहा हूँ। यह कहकर मैं आकाश मार्ग से चल दिया। श्रीराम! सत्युग के दो दशक व्यतीत होने पर मैंने भुशुण्ड के साथ पहले पहल भेंट की थी। सत्युग के क्षीण होने पर त्रेतायुग चल रहा है, त्रेतायुग के मध्य में आप प्रकट हुए हैं। आज से आठ वर्ष पहले सुमेरु पर्वत पर भुशुण्ड से ठीक उसी शिखर पर फिर भेंट हुई। इसका वृत्तांत मैंने तुमसे कहा इस पर विचार करो।

श्रीकृष्ण अर्जुनोपाख्यान (सर्ग 52-53)

आसक्ति त्याग (सर्ग 52-53)

वशिष्ठ जी ने कहा– महाबाहु राम! भगवान् श्रीकृष्ण के द्वारा कहे हुए कुछ शुभ अनासक्ति योग को तुम सुनो– जिसका अवलंबन करके मनुष्य जीवन मुक्त महामुनि बन जाता है। उस उपदेष को सुनकर महाराज

पांडु का पुत्र अर्जुन जीवनमुक्ति रूप सुख से युक्त हुआ अपना जीवन बितायेगा। श्रीराम! एक समय यह पृथ्वी मृत्युलोक में आये हुए भार स्वरूप पापी प्राणियों से व्याप्त, दीन हो जायेगी। यह दिन पृथ्वी भगवान् विष्णु की शरण में जाएगी तब भगवान् श्रीहरि नर और नारायण के अवतार रूप में दो शरीरों से पृथ्वी पर प्रकट होंगे। नारायण रूप का अवतार 'श्री वासुदेव' नाम से विख्यात होगा। और दूसरा अंशावतार नरस्वरूप पांडुपुत्र 'अर्जुन' नाम से विख्यात होगा। पांडूपुत्र धर्मज्ञ होगा, उसका चचेरा भाई 'दुर्योधन' नाम से विख्यात होगा। पृथ्वी को अपने अधिकार में करने के लिए कुरुक्षेत्र में महाभारत की लड़ाई में दोनों की भयंकर अठारह अक्षौहिणी सेना इकट्ठी होगी। भगवान् विष्णु (श्रीकृष्ण) पृथ्वी को भार से मुक्त करेंगे। युद्ध के आरंभ में अर्जुन विषाद को प्राप्त हो जायेंगे और युद्ध करना अस्वीकार कर देंगे। उस समय श्रीकृष्ण उन्हें इस प्रकार उपदेश देंगे– "यह आत्मा किसी काल में भी न तो जन्मता और न ही मरता है तथा यह न उत्पन्न होकर फिर होने वाला ही है, क्योंकि यह अजन्मा नित्य सनातन और पुरातन है। शरीर के मारे जाने पर भी यह नहीं मारा जाता। जो इस आत्मा को मारने वाला समझता है, तथा जो इसको मरा समझता है, वे दोनों ही नहीं जानते क्योंकि यह आत्मा न किसी के द्वारा मारा जाता है न किसी को मारता ही है।

अर्जुन! तुम मारने वाले नहीं हो तथा तुम स्वयं जरा मरण से रहित नित्य चिन्मय आत्मस्वरूप हो। अतः तुम दोषपूर्ण अभिमान का त्याग कर दो। जिस पुरुष के अंतःकरण में 'मैं कर्ता हूँ' ऐसा भाव नहीं है वह पुरुष न तो मरता है न पाप से बंधता है इसलिए इदम् सोऽहम अयम् तन्मे आदि वृत्ति का त्याग करो। जो ममता और अहंकार से रहित है वह कर्म करता हुआ भी उनमें लिप्त नहीं होता। पांडुपुत्र! क्षात्रकर्म तुम्हारा स्वकर्म है। कर्तव्य बुद्धि से किया जाने वाला कर्म सुख, अभ्युदय और कल्याणजनक है। तुम आसक्ति से त्याग कर योग्य स्थित हो कर्तव्य कर्म को करो क्योंकि आसक्तिरहित होकर कर्म करने वाला कर्मों से नहीं बँधता। तुम कर्मफल त्याग रूपी संयास योग में आत्मा को युक्त करके कर्म करते हुए

ही मुक्त हो जाओ। परमात्मा की प्राप्ति का साधन ही 'ज्ञान' है। उसी को 'योग' कहा गया है। 'सम्पूर्ण संसार ब्रह्म ही है और मैं भी ब्रह्म हूँ' इस प्रकार का अपना अर्पण ही 'ब्रह्मर्पण' है। सम्पूर्ण कर्मफलों के त्याग को ही 'संयास' कहा है। संकल्प समूहों का जो त्याग है, वही असंग कहा गया है। आसक्ति का अभाव का नाम ही संग त्याग है।

शास्त्रसम्मत कर्म कर्तव्य है (सर्ग 54)

हे अर्जुन! तुम कर्मों में वासना तथा कर्तापन के अभिमान से रहित हो जाओ। तुम्हारी कर्मों के न करने में आसक्ति न हो, और तुम योग में स्थित हुए अनासक्त भाव से शास्त्र विहित कर्मों का आचरण करो। जिसके सम्पूर्ण शास्त्र सम्मत कर्म बिना कामना और संकल्प के होते हैं, तथा जिसके समस्त कर्म ज्ञान रूपी अग्नि के द्वारा भस्म हो गये हैं; उस महापुरुष को ज्ञानी जन भी पंडित कहते हैं। जो मूढ़ बुद्धि पुरुष समस्त इंद्रियों को हठपूर्वक ऊपर से रोककर मन में उन इंद्रियों के विषयों का चिंतन करता है, वह मिथ्याचारी अर्थात् दम्भी कहा जाता है। सब भोग जिस स्थितप्रज्ञ पुरुष में किसी प्रकार का विकार उत्पन्न किये बिना ही समा जाते हैं। वही पुरुष परम् शांति को प्राप्त होता है, भोगों को चाहने वाले नहीं।

प्रारब्ध भोगों का त्याग उचित नहीं (सर्ग 55-57)

हे पार्थ! बुद्धिमान् पुरुष को उचित है कि प्रारब्धानुसार न्याय से प्राप्त भोगों का त्याग न करे और अप्राप्त भोगों को पाने की इच्छा न करे एवं न्याय से प्राप्त भोगों का शास्त्रानुकूल उपभोग करते हुए भी समभाव में स्थित रहे। महाबाहु अर्जुन! देह का नाश होने पर अविनाशी आत्मा का नाश नहीं होता। तुम चिन्मय आत्मा में ही आत्मा की भावना करो। चित्तरहित पुरुष का पतन नहीं होता। वह कर्मों को करता हुआ भी कुछ नहीं करता क्योंकि उसमें कर्तृत्वाभिमान नहीं होता। अज्ञानी मनुष्य देह को ही आत्मा मानते हैं।

वासना त्याग से लिंग देह नष्ट हो जाता है

अर्जुन! यह शरीर वासना के अनुसार ही उत्पन्न होता है, अन्य किसी दूसरे कारण से नहीं। अतएव वासना के त्याग से लिंग देह नष्ट हो जाता है और लिंग देह के नष्ट होने पर वह जीवात्मा परम् पद को प्राप्त हो जाता है। वासना के कारण ही जीव अनेक योनियों में भ्रमण करता है। यही जीवात्मा का जन्म-मरण है। जब शरीर जीवात्मा से रहित हो जाता है, तब वह 'मर गया' ऐसा कहा जाता है। मूढ़ बुद्धि यह जीव अपने कर्म और वासना के अनुसार नरक-स्वर्ग, पुनर्जन्म आदि का अनुभव करता है चिरकालिक अभ्यास से प्रौढ़ हुई स्वप्नतुल्य वासना ही जीव को संसार रूपी भूलभुलैया में डालती है। इसलिए तत्त्वज्ञान के अभ्यास से वासना का समूल क्षय ही जीव के लिए कल्याणकारक है।

वासना ही बंधन है

कौन्तेय! अनात्म वस्तु देह में आत्म भावना रूप यह वासना अज्ञान स्वरूप मोह से उत्पन्न हुई है और परमात्मा के यथार्थ अनुभव ज्ञान से यह विनष्ट हो जाती है। वासना का छूट जाना ही जीवात्मा का 'मोक्ष' है। वासना रूप रज्जु के बंधन से छूटा हुआ मनुष्य 'मुक्त' कहलाता है। जो वासना से रहित नहीं है– भले ही वह समस्त धर्मों में परायण क्यों न हो– फिर भी वह पिंजरे में स्थित पंछी की भाँति सब ओर से वासना जाल में बंधा हुआ है क्योंकि वासना ही बंधन है और वासना क्षय ही मोक्ष है।

अर्जुन का वासना व मोह का नाश (सर्ग 58)

श्रीकृष्ण ने कहा– अर्जुन! सदा से आने वाले सर्वधर्मरूप कर्म जो समभाव से किया जाता है, वह तो जीवनमुक्तों के लिए स्वाभाविक ही है और वही जीवनमुक्तता होता है। कर्म के त्याग और गृहण का जो निर्णय है वह एकमात्र अज्ञानियों के मन का स्वरूप है, ज्ञानियों की तो उनमें समस्थिति रहती है।

जिसकी इंद्रियां कछुए के अंगों की भाँति इंद्रियों के विषयों से हटकर अंत:करण में स्थिर हो जाती हैं। वही स्थितप्रज्ञ और जीवनमुक्त है।

अर्जुन ने कहा– अच्युत! आपकी कृपा से मेरा मोह नष्ट हो गया और मैंने स्मृति प्राप्त कर ली है। अब मैं संशयरहित होकर स्थित हूँ। अत: आपकी आज्ञा का पालन करूंगा। वशिष्ठजी कहते हैं– श्रीराम! इस प्रकार के वचन कहकर और उठकर गाण्डीव धनुर्धारी व पांडुपुत्र अर्जुन जिसके सारथी श्रीकृष्ण होंगे संदेहरहित हुआ रणलीला करेगा।

श्रीमद्भागवत अंश

एक बार भगवान् विष्णु एवं देवताओं के परम् पुण्यमय क्षेत्र नैमिषारण्य में यौनकादि ऋषियों ने भागवत् प्राप्ति की इच्छा से सहस्र वर्षों में पूरे होने वाले एक महान् यज्ञ का अनुष्ठान किया।।४।।

एक दिन उन लोगों ने प्रात:काल अग्निहोत्र आदि नित्यकृत्यों से निवृत्त होकर सूतजी का पूजन किया और उन्हें ऊंचे आसन पर बैठाकर बड़े, आदर से यह प्रश्न किया।।५।।

ऋषियों ने कहा– सूतजी! आप निष्पाप हैं आपने समस्त इतिहास, पुराण और धर्मशास्त्रों का विधिपूर्वक अध्ययन किया है तथा उनकी भलीभाँति व्याख्या भी की है।।६।।

वेद-वेत्ताओं में श्रेष्ठ भगवान् वादरायण ने एवं भगवान् के सगुण-निर्गुण रूप को जानने वाले दूसरे मुनियों ने जो कुछ जाना है- उन्हें जिन विषयों का ज्ञान है, वह सब आप वास्तविक रूप में जानते हैं, आपका हृदय बड़ा ही सरल और शुद्ध है। इसी से आप उनकी कृपा और अनुगृह के पात्र हुए हैं।

गुरुजन अपने प्रेमी शिष्य को गुप्त से गुप्त बात भी बता दिया करते हैं।।७-८।।

आयुष्मान! आप कृपा करके यह बतलाइये कि उन सब शास्त्रों, पुराणों और गुरुजनों के उपदेशों में कलियुगी जीवों के परम् कल्याण का सहज साधन आपने क्या निश्चय किया है।।९।।

आप संत समाज के भूषण हैं। इस कलियुग में प्रायः लोगों की आयु कम हो गई है। साधन करने में लोगों की रुचि और प्रवृत्ति भी नहीं है। लोग आलसी हो गये हैं। उनका भाग्य तो मन्द है ही है, समझ भी थोड़ी है। इसके साथ में नाना प्रकार की विघ्न-बाधाओं से घिरे हुए भी रहते हैं।।१०।।

शास्त्र भी बहुत-से हैं। परंतु उनमें एक निश्चित साधन का नहीं, अनेक प्रकार के कर्मों का वर्णन है। साथ ही वे इतने बड़े हैं कि उनका एक अंश सुनना भी कठिन है। आप परोपकारी हैं। अपनी बुद्धि से उनका सार निकालकर प्राणियों के परम् कल्याण के लिए हम श्रद्धालुओं को सुनाइये, जिससे हमारे अंतःकरण की शुद्धि प्राप्त हो।।११।।

प्यारे सूतजी! आपका कल्याण हो आप तो जानते हैं कि यदुवंशियों के रक्षक भक्तवत्सल भगवान् श्रीकृष्ण वसुदेव की धर्मपत्नी देवकी के गर्भ से क्या करने की इच्छा से अवतीर्ण हुए थे।।१२।।

हम उसे सुनना चाहते हैं। आप कृपा करके हमारे लिए उसका वर्णन कीजिये; क्योंकि भगवान् का अवतार जीवों के परम् कल्याण और उनकी भगवत् प्रेममयी समृद्धि के लिए ही होता है।।१३।।

यह जीव जन्म-मृत्यु के घोर चक्र में पड़ा हुआ है– इस स्थिति में भी यदि वह कभी भगवान् के मंगलमय नाम का उच्चारण कर ले तो उसी क्षण उससे मुक्त हो जाए, क्योंकि स्वयं भय भी भगवान् से डरता है।।१४।।

सूतजी! परम् विरक्त और परम् शान्त मुनिजन भगवान् के श्रीचरणों की शरण में रहते हैं, अतः उनके स्पर्शमात्र से संसार के जीव तुरंत पवित्र हो जाते हैं। इधर गंगाजी के जल का बहुत दिनों तक सेवन किया जाय, तब कहीं पवित्रता प्राप्त होती है।।।१५।।

ऐसे पुण्यात्मा भक्त जिनकी लीलाओं का गान करते हैं, उन भगवान् का कलिमलहारी पवित्र यश भला आत्मा शुद्धि की इच्छावाला ऐसा कौन मनुष्य होगा, जो श्रवण न करे।।१६।।

वे लीला से भी अवतार धारण करते हैं। नारदादि महात्माओं ने उनके उदार कर्मों का गान किया है। हम श्रद्धालुओं के प्रति आप उनका वर्णन कीजिये।।१७।।

बुद्धिमान् सूतजी! सर्वसमर्थ प्रभु अपनी योग-माया से स्वच्छंद लीला करते हैं। आप उन श्रीहरि की मंगलमयी अवतार-कथाओं का वर्णन कीजिये।।१८।।

पुण्यकीर्ति भगवान् की लीला सुनने से हमें भी तृप्ति नहीं हो सकती, क्योंकि रसज्ञ श्रोताओं को पद-पद पर भगवान् की लीलाओं में नये-नये रस का अनुभव होता है।।१९।।

भगवान् श्रीकृष्ण अपने को छिपाये हुए थे, लोगों के सामने ऐसी चेष्टा करते थे मानो कोई मनुष्य हों। परंतु उन्होंने बलराम जी के साथ ऐसी लीलाएँ भी की हैं, ऐसा पराक्रम भी प्रकट किया है, जो मनुष्य नहीं कर सकते।।२०।।

कलियुग को आया जानकर इस वैराग्य क्षेत्र में हम दीर्घकालीन सत्र का संकल्प करके बैठे हैं। श्रीहरि कथा सुनाने के लिए हमें अवकाश प्राप्त है।।२१।।

यह कलियुग अंतःकरण की पवित्रता और शक्ति का नाश करने वाला है, इससे पार पाना कठिन है। जैसे समुद्र से पार जानेवालों को कणधार मिल जाय, उसी प्रकार इससे पार पाने की इच्छा रखने वाले हम लोगों से ब्रह्म ने आपको मिलाया है।।२२।।

धर्मरक्षक, ब्राह्मणभक्त, योगेश्वर भगवान् श्रीकृष्ण के अपने धाम में पधार जाने पर धर्म ने अब किसकी शरण ली है– यह बताइये।।२३।।

भगवत् कथा और भगवत् भक्ति का माहात्म्य

श्रीव्यासजी कहते हैं– शौनकादि ब्रह्मवादी ऋषियों के प्रश्न सुनकर लोमहर्षण के पुत्र उग्रश्रवा को बड़ा ही आनंद हुआ। उन्होंने ऋषियों के इस मंगलमय प्रश्न का अभिनंदन करके कहना आरंभ किया।।१।।

सूतजी ने कहा– जिस समय श्रीसुकदेव जी का यज्ञोपवीत–संस्कार भी नहीं हुआ था, सुतरां लौकिक–वैदिक कर्मों के अनुष्ठान का अवसर भी नहीं आया था, उन्हें अकेले ही संयास लेने के उद्देश्य से जाते देखकर उनके पिता व्यासजी विरह से कातर होकर पुकारने लगे– 'बेटा-बेटा'! उस समय तन्मय होने के कारण श्रीशुकदेव जी की ओर से वृक्षों ने उत्तर दिया। ऐसे सबके हृदय में विराजमान श्रीशुकदेव मुनि को मैं नमस्कार करता हूँ।।२।।

यह श्रीमद्भागवत अत्यंत गोपनीय–रहस्यात्मक पुराण है। यह भगवत्स्वरूप का अनुभव करने वाला और समस्त वेदों का सार है। संसार में फंसे हुए जो लोग इस घोर अज्ञानान्धकार से पार जाना चाहते हैं उनके लिए अध्यात्मिक तत्त्वों को प्रकाशित कराने वाला यह एक अद्वितीय दीपक है। वास्तव में उन्हीं पर करुणा करके बड़े–बड़े मुनियों के आचार्य श्रीशुकदेव जी ने इसका वर्णन किया है। मैं उनकी शरण गृहण करता हूँ।।३।।

मनुष्यों में सर्वश्रेष्ठ भगवान् के अवतार नर–नारायण ऋषियों को, सरस्वती देवी को और श्रीव्यास देवजी को नमस्कार करके तब संसार और अंतःकरण के समस्त विकारों पर विजय प्राप्त करने वाले इस श्रीमद्भागवत महापुराण का पाठ करना चाहिए।।४।।

ऋषियो! आपने सम्पूर्ण विश्व के कल्याण के लिए यह बहुत सुंदर प्रश्न किया है; क्योंकि यह प्रश्न श्रीकृष्ण के संबंध में है और इससे भलीभाँति आत्मशुद्धि हो जाती है।।५।।

मनुष्य के लिए सर्वश्रेष्ठ धर्म वही है जिससे भगवान् श्रीकृष्ण में भक्ति हो– भक्ति भी ऐसी, जिसमें किसी प्रकार की कामना न हो और जो नित्य–निरंतर बनी रहे; ऐसी भक्ति से हृदय आनंदस्वरूप परमात्मा की उपलब्धि करके कृतकृत्य हो जाता है।।६–७।।

धर्म का ठीक–ठाक अनुष्ठान करने पर भी यदि मनुष्य के हृदय में भगवान् की लीला–कथाओं के प्रति अनुराग का उदय न हो तो निरा श्रम–ही–श्रम है।।८।।

धर्म का फल है मोक्ष। उसकी सार्थकता अर्थ-प्राप्ति में नहीं है। अर्थ केवल धर्म के लिए है। भोगविलास उसका फल नहीं माना गया है।।९।।

भोगविलास का फल इंद्रियों को तृप्त करना नहीं है, उसका प्रयोजन है केवल जीवन-निर्वाह। जीवन का फल भी तत्त्व जिज्ञासा है। बहुत कर्म करके स्वर्ग आदि प्राप्त करना उसका फल नहीं है।।१०।।

तत्त्ववेत्ता लोग ज्ञाता और ज्ञेय के भेद से रहित अखंड अद्वितीय सच्चिदानंदस्वरूप ज्ञान को ही तत्त्व कहते हैं। उसी को कोई ब्रह्म, कोई परमात्मा और कोई भगवान् के नाम से पुकारते हैं।।११।।

श्रद्धालु मुनिजन भागवत-श्रवण से प्राप्त ज्ञान-वैराग्ययुक्त भक्ति से अपने हृदय में उस परम् तत्त्व रूप का अनुभव करते हैं।।१२।।

शौनकादि ऋषियों! यही कारण है कि अपने-अपने वर्ण तथा आश्रम के अनुसार मनुष्य जो धर्म का अनुष्ठान करते हैं, उसकी पूर्ण सिद्धि इसी में है कि भगवान् प्रसन्न हों।।१३।।

इसलिए एकाग्र मन से भक्तवत्सल भगवान् का ही नित्य-निरंतर श्रवण, कीर्तन, ध्यान और आराधना करना चाहिए।।१४।।

कर्मों की गाँठ बड़ी कड़ी है। विचारवान् पुरुष के चिंतन की तलवार से उस गाँठ को काट डालते हैं। तब भला, ऐसा कौन मनुष्य होगा, जो भगवान् की लीलाकथा में प्रेम न करे।।१५।।

शौनकादि ऋषियों! पवित्र तीर्थों का सेवन करने से महत्सेवा, तदन्तर श्रवण की इच्छा, फिर श्रद्धा, तत्पश्चात् भगवत्-कथा में रुचि होती है।।१६।।

भगवान् श्रीकृष्ण के यश का श्रवण और कीर्तन दोनों पवित्र करने वाले हैं। वे अपनी कथा सुनने वालों के हृदय में आकर स्थित हो जाते हैं और उनकी अशुभ वासनाओं को नष्ट कर देते हैं। क्योंकि वह संतों के नित्य सुहृद हैं।।१७।।

जब श्रीमद्भागवत् अथवा भगवत्भक्तों के निरंतर सेवन से अशुभ वासनायें नष्ट हो जाती हैं, तब पवित्र कीर्ति भगवान् श्रीकृष्ण के प्रति स्थायी प्रेम की प्राप्ति होती है।।१८।।

तब रजोगुण और तमोगुण के भाव-काम और लोभादि शांत हो जाते हैं और चित्त इनसे रहित होकर सत्वगुण में स्थित एवं निर्मल हो जाता है।।१९।।

इस प्रकार भगवान् की प्रेममयी भक्ति से जब संसार की समस्त शक्तियाँ मिट जाती हैं, हृदय आनंद से भर जाता है, तब भगवान् के तत्त्व का अनुभव अपने आप हो जाता है।।२०।।

हृदय में आत्मस्वरूप भगवान् का साक्षात्कार होते ही हृदय की ग्रंथि टूट जाती है, सारे सन्देह मिट जाते हैं और कर्मबंधन क्षीण हो जाता है।।२१।।

इसी से बुद्धिमान लोग नित्य-निरंतर बड़े आनंद से भगवान् श्रीकृष्ण के प्रति प्रेमभक्ति करते हैं, जिससे आत्मप्रसाद की प्राप्ति होती है।।२२।।

प्रकृति के तीन गुण हैं, सत्व, रज और तम। इनको स्वीकार करके इस संसार की स्थिति उत्पत्ति और प्रलय के लिए एक अद्वितीय परमात्मा ही विष्णु, ब्रह्मा और रुद्र– ये तीनों नाम गृहण करते हैं। फिर भी मनुष्य का परम् कल्याण तो सत्व गुण स्वीकार करने वाले श्रीहरि से होता है।।२३।।

जैसे पृथ्वी के विकार लकड़ी की अपेक्षा धुआँ श्रेष्ठ है और उससे भी श्रेष्ठ है अग्नि-क्योंकि वेदोक्त यज्ञ-यागादि के द्वारा अग्नि सद्गति देने वाला है। वैसे ही तमोगुण से रजोगुण श्रेष्ठ है; और रजोगुण से भी सत्व गुण श्रेष्ठ है, क्योंकि वह भगवान् का दर्शन कराने वाला है।।२४।।

प्राचीन युग में महात्मा लोग अपने कल्याण के लिए विषुद्ध सत्वमय भगवान् विष्णु की ही आराधना किया करते थे। अब भी जो लोग उनका अनुसरण करते हैं, वे उन्हीं के समान कल्याण भाजन होते हैं।।२५।।

जो लोग इस संसार सागर से पार जाना चाहते हैं, वे यद्यपि किसी की निंदा तो नहीं करते, न किसी में दोष ही देखते हैं, फिर भी घोररूप वाले-

तमोगुणी-रजोगुणी भैरवादी भूतपतियों की उपासना- न करके सत्वगुणी विष्णु भगवान् और उनके अंश-क्लास्व रूपों का ही भजन करते हैं।।२६।।

परंतु जिसका स्वभाव रजोगुणी अथवा तमोगुणी है, वे धन, ऐश्वर्य और संतान की कामना से भूत, पितर और प्रजापतियों की उपासना करते हैं क्योंकि इन लोगों का स्वभाव उन (भूतादि) से मिलता-जुलता होता है।।२७।।

वेदों का तात्पर्य श्रीकृष्ण में ही है। यज्ञों के उद्देश्य श्रीकृष्ण ही हैं। योग श्रीकृष्ण के लिए ही किये जाते हैं और समस्त कर्मों की परिसमाप्ति भी श्रीकृष्ण में ही है।।२८।।

ज्ञान से ब्रह्मस्वरूप श्रीकृष्ण की ही प्राप्ति होती है। तपस्या श्रीकृष्ण की प्रसन्नता के लिए ही की जाती है। श्रीकृष्ण के लिए ही धर्मों का अनुष्ठान होता है और सब गतियाँ श्रीकृष्ण में ही समा जाती हैं।।२९।।

यद्यपि भगवान् श्रीकृष्ण प्रकृति और उसके गुणों से अतीत हैं, फिर भी अपनी गुणमयी माया से, जो प्रपंच की दृष्टि से है और तत्त्व की दृष्टि से नहीं है। उन्होंने ही सर्ग के आदि में इस संसार की रचना की थी।।३०।।

यह सत्त्व, रज और तम तीनों गुण उसी माया के विलास हैं; इनके भीतर रहकर भगवान् इनसे युक्त-सरीखे मालूम पड़ते हैं। वास्तव में तो वे परिपूर्ण विज्ञानानन्दघन हैं।।३१।।

अग्नि तो वस्तुतः एक ही है, परंतु जब वह अनेक प्रकार की लकड़ियों में प्रकट होती है तब अनेक-सी मालूम पड़ती है। वैसे ही सबके आत्मस्वरूप भगवान् तो एक ही हैं, परंतु प्राणियों की अनेकता से अनेक जान पड़ते हैं।।३२।।

भगवान् ही सूक्ष्म भूत-तन्मात्रा, इंद्रिय तथा अंतःकरण आदि गुणों के विकारभूत भावों के द्वारा नाना प्रकार की योनियों का निर्माण करते हैं और उनमें भिन्न-भिन्न जीवों के रूप में प्रवेश करके उन-उन योनियों के अनुरूप विषयों का उपभोग करते-कराते हैं।।३३।।

वे ही सम्पूर्ण लोकों की रचना करते हैं और देवता, पशु-पक्षी, मनुष्य आदि योनियों में लीलावतार गृहण करके सत्त्वगुण के द्वारा जीवों का पालन पोषण करते हैं।

भगवान् के अवतारों का वर्णन (३)

श्री सूतजी कहते हैं- सृष्टि के आदि में भगवान् ने लोगों के निर्माण की इच्छा की। इच्छा होते ही उन्होंने महतत्त्व आदि से निष्पन्न पुरुष रूप गृहण किया। उसमें दस इंद्रियां, एक मन और पाँच भूत- ये सोलह कलाएं थी।।१।।

उन्होंने कारण-जल में शयन करते हुए जब योगनिद्रा का विस्तार किया तब उनके नाभि सरोवर में से एक कमल प्रकट हुआ और उस कमल से प्रजापतियों के अधिपति ब्रह्माजी उत्पन्न हुए।।२।।

भगवान् के उस विराट रूप के अंग-प्रत्यंग में ही समस्त लोकों की कल्पना की गयी है। वह भगवान् का विषुद्ध सत्त्वमय श्रेष्ठ रूप है।।३।।

योगी लोग दिव्यदृष्टि से भगवान् के उस रूप का दर्शन करते हैं। भगवान् का वह रूप हजारों पैर, जांघें, भुजाएं और आँखों के कारण अत्यंत विलक्षण हैं; उसमें सहस्रों सिर हजारों कान, हजारों आँखें और हजारों नासिकाएं हैं। हजारों मुकुट, वस्त्र और कुंडल आदि आभूषणों से वह उल्लसित रहता है।।४।।

भगवान् का यही पुरुषरूप, जिसे नारायण कहते हैं, अनेक अवतारों का अक्षय कोश है- इससे सारे अवतार प्रकट होते हैं। इस रूप के छोटे-से-छोटे अंश से देवता, पशु-पक्षी और मनुष्यादि योनियों की सृष्टि होती है।।५।।

उन्हें प्रभु ने पहले कौमार सर्ग में सनक, सनन्दन, सनातन और संतकुमार इन—चार ब्राह्मणों के रूप में अवतार गृहण करके अत्यंत कठिन अखंड ब्रह्मचर्य का पालन किया।।६।।

दूसरी बार संसार के कल्याण के लिए समस्त यज्ञों के स्वामी उन भगवान् ने ही रसातल में गयी हुई पृथ्वी को निकाल लाने के विचार से सूकररूप गृहण किया।।७।।

ऋषियों की सृष्टि में उन्होंने देवर्षि नारद के रूप में तीसरा अवतार गृहण किया और सात्वत तंत्र का (जिसे 'नारद-पाश्चरात्र' कहते हैं) उपदेश किया; उसमें कर्मों के द्वारा किस प्रकार कर्मबंधन से मुक्ति मिलती है, इसका वर्णन है।।८।।

धर्मपत्नी मूर्ति के गर्भ से उन्होंने नर-नारायण के रूप में चौथा अवतार गृहण किया। इस अवतार में उन्होंने ऋषि बनकर मन और इंद्रियों का सर्वथा संयम करके बड़ी कठिन तपस्या की।।९।।

पाँचवें अवतार में वह सिद्धों के स्वामी कपिल के रूप में प्रकट हुए और तत्त्वों का निर्णय करने वाले सांख्य-शास्त्र का, जो समय के फेर से लुप्त हो गया था, आसुरि नामक ब्राह्मण को उपदेश किया।।१०।।

अनसूया के वर माँगने पर छठे अवतार वे अत्रि की संतान-दत्तात्रेय हुए। इस अवतार में उन्होंने अलर्क एवं प्रह्लाद आदि को ब्रह्मज्ञान का उपदेश किया।।११।।

सातवीं बार रुचि प्रजापति की आकूति नामक पत्नी से यज्ञ के रूप में उन्होंने अवतार गृहण किया और अपने पुत्र याम आदि देवताओं के साथ स्वायम्भुव मन्वन्तर की रक्षा की।।१२।।

राजा नाभि की पत्नी मेरु देवी के गर्भ से ऋषभदेव के रूप में भगवान् ने आठवां अवतार गृहण किया। इस रूप में उन्होंने परम्हंसों का वह मार्ग, जो सभी आश्रमियों के लिए वंदनीय है, दिखाया।।१३।।

ऋषियों के प्रार्थना से नौवीं बार वे राजा पृथु के रूप में अवतीर्ण हुए। शौनकादि ऋषियों! इस अवतार में उन्होंने पृथ्वी से समस्त औषधियों का दोहन किया था, इससे यह अवतार सबके लिए बड़ा ही कल्याणकारी हुआ।।१४।।

चाक्षुष मन्वंतर के अंत में जब सारी त्रिलोकी समुद्र में डूब रही थी, तब उन्होंने मत्स्य के रूप में दसवां अवतार गृहण किया और पृथ्वी रूपी नौका पर बैठाकर अगले मन्वंतर के अधिपति वैवस्वत मनु की रक्षा की।।१५।।

जिस समय देवता और दैत्य समुद्र-मंथन कर रहे थे, उस समय ग्यारहवाँ अवतार धारण करके कच्छप रूप से भगवान् ने मन्दराचल को अपनी पीठ पर धारण किया।।१६।।

बारहवीं बार धन्वन्तरि के रूप में अमृत लेकर समुद्र से प्रकट हुए और तेरहवीं बार मोहनी रूप धारण करके दैत्यों को मोहित करते हुए देवताओं को अमृत पिलाया।।१७।।

चौदहवें अवतार में उन्होंने नरसिंह रूप धारण किया और अत्यंत बलवान् दैत्यराज हिरण्यकशियपु की छाती अपने नखों से अनायास इस प्रकार फाड़ डाली, जैसे चटाई बनाने वाला सींक को चीर डालता है।।१८।।

पंद्रहवीं बार वामन का रूप धारण करके भगवान् दैत्यराज बलिके यज्ञ में गये। वह चाहते तो थे त्रिलोकी का राज्य, परंतु माँगी उन्होंने तीन पग पृथ्वी।।१९।।

सोलहवें परशुराम अवतार में जब उन्होंने देखा कि राजा लोग ब्राह्मणों के द्रोही हो गये हैं, तब क्रोधित होकर उन्होंने पृथ्वी को इक्कीस बार क्षत्रियों से शून्य कर दिया।।२०।।

इसके बाद सत्रहवें अवतार में सत्यवती के गर्भ से पराशरजी के द्वारा वे व्यास के रूप में अवतीर्ण हुए। उस समय लोगों की समझ और धारणा शक्ति कम देखकर आपने वेदरूप वृक्ष की कई शाखाएँ बना दीं।।२१।।

अठारहवीं बार देवताओं का कार्य सम्पन्न करने की इच्छा से उन्होंने राजा के रूप में रामावतार गृहण किया और सेतु बंधन, रावणवध आदि वीरतापूर्ण बहुत-सी लीलाएँ कीं।।२२।।

उन्नीसवें और बीसवें अवतारों में उन्होंने यदुवंश में बलराम और श्रीकृष्ण के नाम से प्रकट होकर पृथ्वी का भार उतारा।।२३।।

इसके बाद कलियुग आ जाने पर मगधदेश (बिहार) में देवताओं के द्वेषी दैत्यों को मोहित करने के लिए अजन के पुत्र रूप में आपका बुद्धावतार होगा।।२४।।

इसके भी बहुत पीछे जब कलियुग का अंत समीप होगा और राजा लोग प्रायः लुटेरे हो जायेंगे, तब जगत् के रक्षक भगवान् विष्णुयश नामक ब्राह्मण के घर कल्कि रूप में अवतीर्ण होंगे।।१५।।

शौनकादि ऋषियों! जैसे अगाध सरोवर से हजारों छोटे-छोटे नाले निकलते हैं, वैसे ही सत्त्वनिधि भगवान् श्रीहरि के असंख्य अवतार हुआ करते हैं।।२६।।

ऋषि, मनु, देवता, प्रजापति, मनुपुत्र और जितने भी महान शक्तिशाली हैं, वे सबके सब भगवान् के ही अंश हैं।।२७।।

ये सब अवतार तो भगवान् के अंशावतार अथवा कल्पावतार हैं, परंतु भगवान् श्रीकृष्ण तो स्वयं भगवान् (अवतारी) ही हैं। जब लोग दैत्यों के अत्याचार से व्याकुल हो उठते हैं, तब युग-युग में अनेक रूप धारण करके भगवान् उनकी रक्षा करते हैं।।२८।।

भगवान् के द्वियजन्मों—यह कथा अत्यंत गोपनीय-रहस्यमयी है। जो मनुष्य का एकाग्र चित्त से नियमपूर्वक सायंकाल और प्रातःकाल प्रेम से पाठ करता है, वह सब दुखों से छूट जाता है।।२९।।

प्राकृत स्वरूपरहित चिन्मय भगवान् का जो यह स्थूल जगदाकर रूप है, यह उनकी माया के महत्त्ववादि गुणों से भगवान् में ही कल्पित है।।३०।।

जैसे बादल वायु के आश्रय रहते हैं और धूसरपना धूल में होता है, परंतु अल्पबुद्धि मनुष्य बादलों का आकाश में धुसरपने का वायु में आरोप करते हैं-वैसे ही अविवेकी पुरुष सबके साक्षी आत्मा में स्थूल दृश्यरूप जगत् का आरोप करते हैं।।३१।।

इस स्थूल रूप से परे भगवान् का एक सूक्ष्म अव्यक्त रूप है-जो न तो स्थूल की तरह आकारादि गुणोंवाला है और न देखने-सुनने में ही आ सकता है; वही सूक्ष्म शरीर है। आत्मा का आरोप या प्रवेश होने से यही जीव कहलाता है और इसी का बार-बार जन्म होता है।।३२।।

उपर्युक्त सूक्ष्म और स्थूल शरीर अविद्या से ही आत्मा में आरोपित हैं। जिस अवस्था में आत्म स्वरूप के ज्ञान से यह आरोप दूर हो जाता है, उसी समय ब्रह्म का साक्षात्कार होता है।।३३।।

तत्त्व ज्ञानी लोग जानते हैं कि जिस समय यह बुद्धिरूपा परमेश्वर की माया निवृत्त हो जाती है, उस समय जीव परमानंदमय हो जाता है और अपनी स्वरूप-महिमा में प्रतिष्ठित होता है।।३४।।

वास्तव में जिनके जन्म नहीं हैं और कर्म भी नहीं हैं, उन हृदेश्वर भगवान् के अप्राकृत जन्म और कर्मों का तत्त्वज्ञानी लोग इसी प्रकार वर्णन करते हैं; क्योंकि उनके जन्म और कर्म वेदों के अत्यंत गोपनीय रहस्य हैं।।३५।।

भगवान् की लीला आमोघ है। वे लीला से ही इस संसार का सृजन, पालन और संहार करते हैं, किंतु इसमें आसक्त नहीं होते। प्राणियों के अंतःकरण में छिपे रहकर ज्ञानेंद्रिय और मन के नियन्ता के रूप में उनके विषयों को गृहण भी करते हैं, परंतु उनसे अलग रहते हैं, वे परम् स्वतंत्र हैं–ये विषय कभी उन्हें लिप्त नहीं कर सकते।।३६।।

जैसे अनजान मनुष्य जादूगर अथवा नट के संकल्प और वचनों से की हुई करामात को नहीं समझ पाता, वैसे ही अपने संकल्प और वेदवाणी के द्वारा भगवान् के प्रकट किये हुए इन नाना नाम और रूपों को तथा उनकी लीलाओं को कुबुद्धि जीव बहुत-सी तर्क-युक्तियों के द्वारा नहीं पहचान सकता।।३७।।

चक्रपाणि भगवान् की शक्ति और पराक्रम अनंत हैं–उनकी कोई थाह नहीं पा सकता। वे सारे जगत् के निर्माता होने पर भी उससे सर्वथा परे हैं। उनके स्वरूप को अथवा उनकी लीला के रहस्य को वही जान सकता

है–जो नित्य-निरंतर-निष्कपट भाव से उनके चरण कमलों की दिव्य गंध का सेवन करता है- सेवा-भाव से उनके चरणों का चिंतन करता रहता है।।१८।।

शौनकादि ऋषियों! आप लोग बड़े सौभाग्यशाली तथा धन्य हैं जो इस जीवन में और विघ्न-बाधाओं से भरे इस संसार में समस्त लोकों के स्वामी भगवान् श्रीकृष्ण से वह सर्वात्मक आत्मभाव, वह अनिर्वचनीय अनन्य प्रेम करते हैं, जिससे फिर इस जन्म-मरण रूपी संसार के भयंकर चक्र में नहीं पड़ना होता।।१९।।

भगवान् वेदव्यास ने यह वेदों के समान भगच्चचरित्र से परिपूर्ण भागवत नाम का पुराण बनाया है।।४०।।

उन्होंने श्लाघनीय, कल्याणकारी और महान पुराण को लोगों के परम् कल्याण के लिए अपने आत्मज्ञानी शिरोमणि पुत्र को गृहण कराया।।४१।।

इससे सारे वेद और इतिहासों का सार-सार संगृह किया गया है। शुकदेव जी ने राजा परीक्षित् को यह सुनाया।।४२।।

उस समय वह परमर्षियों से घिरे हुए आमरण अनशन का व्रत लेकर गंगा तट पर बैठे हुए थे। भगवान् श्रीकृष्ण जब धर्मज्ञान आदि के साथ अपने परम् धाम को पधार गए, तब इस कलियुग में जो लोग अज्ञान रूपी अंधकार से अंधे हो रहे हैं, उनके लिए यह पुराण रूपी सूर्य इस समय प्रकट हुआ है। शौनकादि ऋषियों! जब महान तेजस्वी श्री शुकदेवजी महाराज वहाँ इस पुराण की कथा कह रहे थे, तब मैं भी वहाँ बैठा था वहीं मैंने उनकी कृपापूर्ण अनुमति से इसका अध्ययन किया। मेरा जैसा अध्ययन है और मेरी बुद्धि ने जितना जिस प्रकार इसको गृहण किया, उसी के अनुसार इसे मैं आप लोगों को सुनाऊंगा।।४३-४५।।

महर्षि व्यास का असंतोष (4) चौथा अ०

व्यासजी कहते हैं–उस दीर्घकालीन सत्र में सम्मिलित हुए मुनियों में विद्या-वयोवृद्ध कुलपति ऋग्वेदी शौनकजी ने सूतजी पूर्वोक्त बात सुनकर उनकी प्रशंसा की और कहा।।१।।

शौनकजी बोले- सूतजी! आप वक्ताओं में श्रेष्ठ हैं तथा बड़े भाग्यशाली हैं। जो कथा भगवान् श्री शुकदेव जी ने कही थी, वही भगवान् की पुण्यमयी कथा कृपा करके आप हमें सुनाइये।।२।।

वह कथा किस युग में, किस स्थान पर और किस कारण से हुई थी? मुनिवर कृष्ण द्वैपायन ने किसकी प्रेरणा से इस परमहंस की संहिता का निर्माण किया था?।।३।।

उनके पुत्र शुकदेव जी बड़े योगी, समदर्शी, भेदभाव-रहित, संसार-निद्रा से जगे एवं निरंतर एकमात्र परमात्मा में ही स्थित रहते हैं। वे छिपे रहने के कारण मूढ़-से प्रतीत होते हैं।।४।।

व्यासजी जब संन्यास के लिए वन की ओर जाते हैं हुए पुत्र का पीछा कर रहे थे, उस समय जल में स्नान करने वाली स्त्रियों ने नंगे शुकदेव को देखकर तो वस्त्र धारण नहीं किया, परंतु वस्त्र पहने हुए व्यासजी को देखकर लज्जा से कपड़े पहन लिए थे। इस आश्चर्य को देखकर जब व्यासजी ने उन स्त्रियों से इसका कारण पूछा। तब उन्होंने उत्तर दिया कि आपकी दृष्टि में तो अभी स्त्री-पुरुष का भेद बना हुआ है, परंतु आपके पुत्र की शुद्ध दृष्टि में यह भेद नहीं है।।५।।

कुरुजांगल देश में पहुँचकर हस्तिनापुर में वे पागल, गूंगे तथा जड़ के समान विचरते होंगे। नगरवासियों ने उन्हें कैसे पहचाना?।।६।।

पाण्डवनंदन राजर्षि परीक्षित् का इन मौनी शुकदेव जी के साथ संवाद कैसे हुआ, जिसमें यह भागवत संहिता कही गयी?।।७।।

महा भाग शुकदेव जी तो गृहस्थों के घरों को तीर्थस्वरूप बना देने के लिए उतनी ही देर उनके दरवाजे पर रहते हैं, जितनी देर में एक गाय दुही जाती है।।८।।

सूतजी! हमने सुना है कि अभिमन्युनंदन् परीक्षित् भगवान् के बड़े प्रेमी भक्त थे। उनके अत्यंत आश्चर्यमय जन्म और कर्मों का भी वर्णन कीजिये।।९।।

वे तो पाण्डव वंश के गौरव बढ़ाने वाले सम्राट्‌ थे। वे भला किस कारण से साम्राज्य लक्ष्मी का परित्याग करके गंगा तट पर मृत्युपर्यंत अनशन का व्रत लेकर बैठे थे?।।१०।।

शत्रुगण अपने भले के लिए बहुत-सा धन लाकर उनके चरण रखने की चौकी को नमस्कार करते थे। वह एक वीर युवक थे। उन्होंने उस दुस्तयज्ञ लक्ष्मी को, अपने प्राणों के साथ भला, क्यों त्याग देने की इच्छा की?।।११।।

जिन लोगों का जीवन भगवान्‌ के आश्रित है, वे तो संसार के परम्‌ कल्याण अभ्युदय और समृद्धि के लिए ही जीवन धारण करते हैं। उसमें उनका अपना कोई स्वार्थ नहीं होता। उनका शरीर तो दूसरों के हित के लिए था, उन्होंने विरक्त होकर उसका परित्याग क्यों किया?।।१२।।

वेद वाणी को छोड़कर अन्य समस्त शास्त्रों के आप पादर्शी विद्वान हैं। सूतजी! इसलिए इस समय जो कुछ हमने आपसे पूछा है वह सब कृपा करके हमें कहिये।।१३।।

सूतजी ने कहा—इस वर्तमान चतुर्युगी के तीसरे युग द्वापर में महर्षि पराशर के द्वारा वसु-कन्या सत्यवती के गर्भ से भगवान्‌ के कलावतार योगीराज व्यासजी का जन्म हुआ।।१४।।

एक दिन वे सूर्योदय के समय सरस्वती के पवित्र जल में स्नानादि करके एकांत पवित्र स्थान पर बैठे हुए थे।।१५।।

महर्षि भूत और भविष्य को जानते थे। उनकी दृष्टि अचूक थी। उन्होंने देखा कि जिसको लोग जान नहीं पाते, ऐसे समय के फेर से प्रत्येक युग में धर्मसंकरता और उसके प्रभाव से भौतिक वस्तुओं की भी शक्ति का ह्रास होता रहता है।

संसार के लोग श्रद्धाहीन और शक्तिरहित हो जाते हैं। उनकी बुद्धि कर्तव्य का ठीक-ठीक निर्णय नहीं कर पाती और आयु भी कम हो जाती है। लोगों की इस भाग्यहीनता को देखकर उन मुनीश्वर ने अपनी दिव्य

दृष्टि से समस्त वर्णों और आश्रमों का हित कैसे हो, इस पर विचार किया।। १६-१८।।

उन्होंने सोचा कि वेदोक्त चातुर्होत्र कर्म लोगों का हृदय शुद्ध करने वाला है। इस दृष्टि से यज्ञों का विस्तार करने के लिए उन्होंने एक ही वेद के चार विभाग कर दिये।।१९।।

व्यासजी के द्वारा ऋगवेद, र्यजुवेद, सामवेद और अथर्ववेद- इन चार वेदों का उद्धार (पृथक्करण) हुआ। इतिहास और पुराणों को पाँचवां वेद कहा जाता है।।२०।।

उनमें से ऋग्वेद के पैल, साम-गान के विद्वान जैमिनि एवं यजुर्वेद के एकमात्र स्नातक वैषम्पायन हुए।।२१।।

अथर्व वेद में प्रवीण हुए दरुणनंदन सुमंतु मुनि, इतिहास और पुराणों के स्नातक मेरे पिता रोमहर्षण थे।।२२।।

इन पूर्वोक्त ऋषियों ने अपनी-अपनी शाखाओं को और भी अनेक भागों में विभक्त कर दिया। इस प्रकार से शिष्य, प्रतिष्य और उनके शिष्यों द्वारा वेदों की बहुत सी शाखाएं बन गयीं।।२३।।

कम समझने वाले पुरुषों पर कृपा करके भगवान् वेदव्यास ने इसलिए ऐसा विभाग कर दिया जिन लोगों को स्मरण शक्ति नहीं है या कम है, वे भी वेदों को धारण कर सकें।।२४।।

स्त्री, शूद्र और पतित द्विजाति-तीनों ही वेद-श्रवण के अधिकारी नहीं हैं। इसलिए वे कल्याणकारी शास्त्रोक्त कर्मों के आचरण में भूल कर बैठते हैं। अब इसके द्वारा उनका भी कल्याण हो जाय, यह सोचकर महामुनि व्यासजी ने बड़ी कृपा करके महाभारत ग्रन्थ की रचना की।।२५।।

शौनकादि ऋषियो! यद्यपि व्यासजी इस प्रकार अपनी पूरी शक्ति से सदा सर्वदा प्राणियों के कल्याण में ही लगे रहे, तथापि उनके हृदय को संतोष नहीं हुआ।।२६।।

उनका मन कुछ खिन्न-सा हो गया। सरस्वती नदी के पवित्र तट पर एकांत में बैठकर धर्मवेत्ता व्यासजी मन-ही-मन विचार करते हुए इस प्रकार कहने लगे-।।२७।।

मैंने निष्कपट भाव से ब्रह्मचर्यादि वृत्तों का पालन करते हुए वेद, गुरुजन और अग्नियों का सम्मान किया और उनकी आज्ञा का पालन किया है।।२८।।

महाभारत की रचना के बहाने मैंने वेद के अर्थों को खोल दिया है- जिससे स्त्री, शूद्र आदि भी अपने-अपने धर्म-कर्म का ज्ञान प्राप्त कर लेते हैं।।२९।।

यद्यपि में ब्रह्मतेज से संपन्न एवं समर्थ हूँ तथापि मेरा हृदय कुछ अपूर्ण काम-सा जान पड़ता है।।३०।।

अवश्य ही अब तक मैंने भगवान् को प्राप्त करने वाले धर्मों का प्रायः निरूपण नहीं किया है। वे ही धर्म परम्हंसों को प्रिय हैं और वही भगवान् को भी प्रिय है (हो-न हो मेरी अपूर्णता का यही कारण है)।।३१।।

श्रीकृष्ण द्वैपायन् व्यास इस प्रकार अपने को अपूर्ण मानकर जब खिन्न हो रहे थे, उसी समय पूर्वोक्त आश्रम पर देवर्षि नारदजी आ पहुँचे।।३२।।

उन्हें आया देख व्यासजी तुरंत खड़े हो गये। उन्होंने देवताओं के द्वारा सम्मानित देवर्षि नारद की विधि पूर्वक पूजा की।।३३।।

भगवान् के यश-कीर्तन की महिमा और देवर्षि नारदजी का पूर्व चरित्र अ० 5

सूतजी कहते हैं- तदनन्तर सुखपूर्वक बैठे हुए वीणापाणि परम् यशस्वी देवर्षि नारद ने मुस्कराकर अपने पास ही बैठे ब्रह्मर्षि व्यासजी से कहा।।१।।

नारदजी ने प्रश्न किया- महाभाग व्यासजी! आपके शरीर एवं मन-दोनों ही अपने कर्म एवं चिंतन से संतुष्ट हैं न?।।२।।

अवश्य ही आपकी जिज्ञासा तो भली-भाँति पूर्ण हो गई है; क्योंकि आपने जो यह महाभारत की रचना की है वह बड़ी अद्‌भुत है। वह धर्म आदि सभी पुरुषार्थों से परिपूर्ण है और जान भी लिया है। फिर भी प्रभु! आप अकृतार्थ पुरुष के समान अपने विषय में शोक क्यों कर रहे हैं?।।४।।

व्यासजी ने कहा- आपने मेरे विषय में जो कुछ कहा है, वह सब ठीक ही है। वैसा होने पर भी मेरा हृदय संतुष्ट नहीं है। पता नहीं, इसका क्या कारण है। आपका ज्ञान अगाध है। आप साक्षात् ब्रह्माजी के मानस पुत्र हैं। इसलिए मैं आपसे ही इसका कारण पूछता हूँ।।५।।

नारदजी! आप समस्त गोपनीय रहस्यों को जानते हैं क्योंकि आपने उन पुराणपुरुष की उपासना की है, जो प्रकृति-पुरुष दोनों के स्वामी हैं और असंग रहते हुए ही अपने संकल्प मात्र से गुणों के द्वारा संसार की सृष्टि, स्थिति और प्रलय करते रहते हैं।।६।।

आप सूर्य की भाँति तीनों लोकों में भ्रमण करते रहते हैं और योगबल से प्राणवायु के समान सबके भीतर रहकर अंतःकरणों के साक्षी भी हैं। योगानुष्ठान और नियमों के द्वारा परब्रह्म और शब्दब्रह्म दोनों की पूर्ण प्राप्ति कर लेने पर भी मुझमें जो बड़ी कमी है, आप कृपा करके बतलाइये।।७।।

नारदजी ने कहा- व्यासजी! आपने भगवान् के निर्मल यश का गान प्रायः नहीं किया। मेरी ऐसी मान्यता है कि जिससे भगवान् संतुष्ट नहीं होते, वह शास्त्र या ज्ञान अधूरा है।।८।।

आपने धर्म आदिपुरुषार्थों का जैसा निरूपण किया है, भगवान् श्रीकृष्ण की महिमा का वैसा निरूपण नहीं किया।।९।।

जिस वाणी से-चाहे वह रस-भाव अलंकारादि से युक्त ही क्यों न हो जगत् को पवित्र करने वाले भगवान् श्रीकृष्ण के यश का कभी गान नहीं होता, वह तो कौओं के लिए उच्छिष्ट फेंकने के स्थान के समान अपवित्र मानी जाती है। मानसरोवर के कमनीय कमल वन में विहरने वाले हंसों की भाँति ब्रह्मधाम में विहार करने वाले भगवत्च्चरणारविन्दाश्रित परम्हंस भक्त कभी उसमें रमण नहीं करते।।१०।।

इसके विपरीत जिसमें सुंदर रचना भी नहीं है और जो दूषित शब्दों से युक्त भी है, परंतु जिसका प्रत्येक श्लोक भगवान् के सुयश सूचक नामों से युक्त है, वह वाणी लोगों के सारे पापों का नाश कर देती है; क्योंकि सत्पुरुष ऐसी ही वाणी का श्रवण, गान और कीर्तन किया करते हैं॥११॥

वह निर्मल ज्ञान भी, जो मोक्ष की प्राप्ति का साक्षात् साधन है, यदि भगवान् की भक्ति से रहित हो तो उसकी उतनी शोभा नहीं होती। फिर जो साधन और सिद्धि दोनों ही दशाओं में सदा ही अमंगल रूप है, वह काम्य कर्म और जो भगवान् को अर्पण नहीं किया गया है, ऐसा अहेतुक (निष्काम) कर्म भी कैसे सुशोभित हो सकता है॥१२॥

महाभाग व्यासजी! आपकी दृष्टि अमोघ है। आपकी कीर्ति पवित्र है। आप सत्यपरायण एवं दृढ़वृत हैं। इसलिए अब आप सम्पूर्ण जीवों को बंधन से मुक्त करने के लिए समाधि के द्वारा अचिन्तय शक्ति भगवान् की लीलाओं का स्मरण कीजिये॥१३॥

जो मनुष्य भगवान् की लीला के अतिरिक्त और कुछ कहने की इच्छा करता है, वह उस इच्छा से ही निर्मित अनेक नाम और रूपों के चक्कर में पड़ जाता है। उसकी बुद्धि भेदभाव से भर जाती है। जैसे हवा के झोंकों से डगमगाती हुई डोंगी को कहीं भी ठहरने का ठौर नहीं मिलता, वैसे ही उसकी चंचल बुद्धि कहीं भी स्थिर नहीं हो पाती॥१४॥

संसारी लोग स्वभाव से ही विषयों में फंसे हुए हैं। धर्म के नाम पर आपने उन्हें निन्दित (पशुहिंसायुक्त) सकाम कर्म करने की भी आज्ञा दे दी है। यह बहुत ही उल्टी बात हुई; क्योंकि मूर्ख लोग आपके वचनों से पूर्व निन्दित कर्म को ही धर्म मानकर- 'यही मुख धर्म है' ऐसा निश्चय करके उसका निषेध करने वाले वचनों को ठीक नहीं मानते॥१५॥

भगवान् अनन्त है। कोई विचारवान् ज्ञानी पुरुष ही संसार की ओर से निवृत्त होकर उनके स्वरूप भूत परमानंद का अनुभव कर सकता है। अतः जो लोग पारमार्थिक बुद्धि से रहित हैं और गुणों के द्वारा नचाये जा रहे हैं, उनके कल्याण के लिए ही आप भगवान् की लीलाओं का सर्वसाधारण के हित की दृष्टि से वर्णन कीजिये॥१६॥

जो मनुष्य धर्म का परित्याग करके भगवान् के चरण-कमलों का भजन-सेवन करता है- भजन परिपक्व हो जाने पर तो बात ही क्या है- यदि इससे पूर्व ही उसका भजन छूट जाय तो क्या कहीं भी उसका कोई अमंगल हो सकता है? परंतु जो भगवान् का भजन नहीं करते और केवल स्वधर्म का पालन करते हैं, उन्हें कौन सा लाभ मिलता है।।१७।।

बुद्धिमान मनुष्य को चाहिए कि वह उसी वस्तु की प्राप्ति के लिए प्रयत्न करे, जो तिनके से लेकर ब्रह्मपर्यन्त समस्त ऊंची-नीची योनियों में कर्मों के फल स्वरूप आने-जाने पर भी स्वयं प्राप्त नहीं होती। संसार के विषयसुख तो, जैसे बिना चेष्टा के दुःख मिलते हैं वैसे ही, कर्म के फल रूप में अचिंत्यगति समय के फेर से सबको सर्वत्र स्वभाव से ही मिल जाते हैं।।१८।।

व्यासजी! भगवान् श्रीकृष्ण के चरणाविन्द का सेवक है वह भजन न करने वाले कर्मी मनुष्यों के समान हैं दैवात् कभी बुरा भाव हो जाने पर भी जन्म-मृत्युमय संसार में नहीं आता। वह भगवान् के चरण कमलों के आलिंगन का स्मरण करके फिर उसे छोड़ना नहीं चाहता; उसे रस का चसका जो लग चुका है।।१९।।

जिनसे जगत् की उत्पत्ति, स्थिति और प्रलय होते हैं, वह भगवान् की (ही) इस विश्व के रूप में भी हैं। ऐसा होने पर भी वे भगवान् इस विश्व के रूप में भी हैं। ऐसा होने पर भी वे इससे विलक्षण हैं। इस बात को आप स्वयं जानते हैं, तथापि मैंने आपको संकेत मात्र कर दिया है।।२०।।

व्यासजी! आपकी दृष्टि आमोघ है; आप इस बात को जानिये कि आप पुरुषोत्तम भगवान् के कलावतार हैं। आपने अजन्मा होकर भी जगत् के कल्याण के लिए जन्म गृहण किया है। इसलिए आप विशेष रूप से भगवान् की लीलाओं का कीर्तन कीजिये।।२१।।

विद्वानों ने इस बात का निरूपण किया है कि मनुष्य की तपस्या, वेदाध्ययन, यज्ञानुष्ठान, स्वाध्याय, ज्ञान और दान का एकमात्र प्रयोजन यही है कि पुण्यकीर्ति श्रीकृष्ण के गुणों और लीलाओं का वर्णन किया जाय।।२२।।

मुने! पिछले कल्प में अपने पूर्व जीवन में मैं वदवादी ब्राह्मणों की एक दासी का लड़का था। वे योगी वर्षा ऋतु में एक स्थान पर चातुर्मास्य कर रहे थे। बचपन में ही मैं उनकी सेवा में नियुक्त कर दिया गया था।।२३।।

मैं यद्यपि बालक था, फिर भी किसी प्रकार की चंचलता नहीं करता था, जितेंद्रिय था, खेल-कूद से दूर रहता था और आज्ञानुसार उनकी सेवा करता था। मैं बोलता भी बहुत कम था। मेरे इस शील-स्वभाव को देखकर समदर्शी मुनियों ने मुझ सेवक पर अत्यंत अनुगृह किया।।२४।।

उनकी अनुमति प्राप्त करके बर्तनों में लगा हुआ जूठन मैं एक बार खा लिया करता था। इससे मेरे सारे पाप धुल गये। इस प्रकार उनकी सेवा करते-करते मेरा हृदय शुद्ध हो गया और वे लोग जैसा भजन-पूजन करते थे, उसी में मेरी रुचि भी हो गयी।।२५।।

महामुने! जब भगवान् में मेरी रुचि हो गयी, तब उन मनोहर कीर्ति प्रभु में मेरी बुद्धि भी निश्चल हो गयी। उस बुद्धि से मैं इस सम्पूर्ण सत् और असत् रूप जगत् को अपने परब्रह्मस्वरूप आत्मा में माया से कल्पित देखने लगा।।२६-२७।।

इस प्रकार शरद् और वर्षा-इन दो ऋतुओं में तीनों समय उन महात्मा मुनियों ने श्री हरि के निर्मल यश का संकीर्तन किया और मैं प्रेम से प्रत्येक बात सुनता रहा। अब चित्त के रजोगुण और तमोगुण को नाश करनेवाली भक्ति का मेरे हृदय में प्रादुर्भाव हो गया।।२८।।

मैं उनका बड़ा ही अनुरागी था, विनयी था; उन लोगों की सेवा से मेरे पाप नष्ट हो चुके थे। मेरे हृदय में श्रद्धा थी, इन्द्रियों में संयम था एवं शरीर, वाणी और मन से मैं उनका आज्ञाकारी था।।२९।।

उन दीनवत्सल महात्माओं ने जाते समय कृपा करके मुझे उस गुह्यतम ज्ञान का उपदेश किया, जिसका उद्देश्य स्वयं भगवान् ने अपने श्रीमुख से किया है।।३०।।

उस उपदेश से ही जगत् के निर्माता भगवान् श्रीकृष्ण की माया के प्रभाव को मैं जान सका, जिसके जान लेने पर उनके परम् पद की प्राप्ति हो जाती है।।३१।।

सत्यसंकल्प व्यासजी! पुरुषोत्तम भगवान् श्रीकृष्ण के प्रति समस्त कर्मों को समर्पित कर देना ही संसार के तीनों तापों की एकमात्र औषधि है, यह बात मैंने आपको बतला दी।।३२।।

प्राणियों को जिस पदार्थ के सेवन से जो रोग हो जाता है, वही पदार्थ चिकित्सा विधि के अनुसार प्रयोग करने पर क्या उस रोग को दूर नहीं करता?।।३३।।

इसी प्रकार यद्यपि सभी कर्म मनुष्यों को जन्म-मृत्युरूप संसार के चक्र में डालने वाले हैं, तथापि जब वे भगवान् को समर्पित कर दिये जाते हैं, तब उनका कर्मपना नष्ट हो जाता है।।३४।।

इस लोक में जो शास्त्र विहित कर्म भगवान् की प्रसन्नता के लिए किये जाते हैं, उन्हीं से पराभक्ति युक्त ज्ञान की प्राप्ति होती है।।३५।।

उस भगवदर्ध के मार्ग में भगवान् के आज्ञानुसार आचरण करते हुए लोग बार-बार भगवान् श्रीकृष्ण के गुण और नामों का कीर्तन तथा स्मरण करते हैं।।३६।।

प्रभो! आप भगवान् श्रीवासुदेव को नमस्कार है। हम आपका ध्यान करते हैं। प्रदुम्न, अनिरुद्ध और संकर्षण को भी नमस्कार है।।३७।।

इस प्रकार जो पुरुष चतुर्व्यहरूपी भगवन्मूर्तियों के नाम द्वारा प्राकृत-मूर्तिरहित अप्राकृत मंत्रमूर्तियों के नाम द्वारा प्राकृत-मूर्तिरहित अप्राकृत मन्त्रमूर्ति भगवान् यज्ञपुरुष का पूजन करता है, उसी का ज्ञानपूर्ण एवं यथार्थ है।।३८।।

ब्रह्मन्! जब मैंने भगवान् की आज्ञा का इस प्रकार पालन किया, तब इस बात को जानकर भगवान् श्रीकृष्ण ने मुझे आत्मज्ञान, ऐश्वर्य और अपनी भावरूपा प्रेमाभक्ति दान किया।।३९।।

व्यासजी! आपका ज्ञान पूर्ण हैं; आप भगवान् की ही कीर्ति का- उनकी प्रेममयी लीला का वर्णन कीजिये। उसी से बड़े-बड़े ज्ञानियों की भी जिज्ञासा पूर्ण होती है। जो लोग दुःखों के द्वारा बार-बार रौंदे जा रहे हैं, उनके दुःख की शांति इसी से हो सकती है, और कोई उपाय नहीं है।।४०।।

नारदजी के पूर्व चरित्र का शेष भाग

श्री सूतजी कहते हैं- शौनकजी! देवर्षि नारद के जन्म और साधना की बात सुनकर सत्यवती नंदन भगवान् श्री व्यासजी ने उनसे फिर यह प्रश्न किया।।१।।

श्री व्यासजी ने पूछा- नारदजी जब आपको ज्ञानोपदेश करने वाले महात्मागण चले गये, तब आपने क्या किया? उस समय तो आपकी अवस्था बहुत छोटी थी।।२।।

स्वयम्भुव! आपकी शेष आयु किस प्रकार व्यतीत हुई और मृत्यु के समय आपने किस विधि से अपने शरीर का परित्याग किया?।।३।।

देवर्ष! काल तो सभी वस्तुओं को नष्ट कर देता है, उसने आपकी इस पूर्व कल्प की स्मृति का कैसे नाश किया?।।४।।

श्री नारदजी ने कहा- मुझे ज्ञानोपदेश करने वाले महात्मागण जब चले गये, तब मैंने इस प्रकार अपना जीवन व्यतीत किया- यद्यपि उस समय मेरी अवस्था बहुत छोटी थी।।५।।

मैं अपनी माँ का इकलौता लड़का था। एक तो वह स्त्री थी, दूसरे मूढ़ और तीसरे दासी थी। मुझे भी उसके सिवा और कोई सहारा नहीं था।

उसने अपने को मेरे स्नेहपाश से जकड़ रखा था।।६।।

वह मेरे योगक्षेम की चिंता तो बहुत करती थी, परंतु पराधीन होने के कारण कुछ कर नहीं पाती थी। जैसे कठपुतली नचाने वाले की इच्छा के अनुसार ही नाचती है, वैसे ही यह संसार ईश्वर के अधीन है।।७।।

मैं भी अपनी माँ के बंधन में बंधकर उस ब्राह्मण-बस्ती में ही रहा। मेरी अवस्था केवल पाँच वर्ष की थी; मुझे दिशा, देश और काल के संबंध में कुछ भी ज्ञान नहीं था।।८।।

एक दिन की बात है मेरी माँ गौ को दुहने के लिए रात के समय घर से बाहर निकली रास्ते में उसके पैर से सांप छू गया, उसने उस बेचारी को डस लिया। उस सांप का क्या दोष, काल की ऐसी ही प्रेरणा थी।।९।।

मैंने समझा, भक्तों का मंगल चाहने वाले भगवान् का यह भी एक अनुगृह ही है। इसके बाद मैं उत्तर दिशा की ओर चल पड़ा।।१०।।

उस ओर मार्ग में मुझे अनेकों धन-धान्य से संपन्न देश, नगर, गांव, अहीरों की चलती-फिरती बस्तियां, खानें, खेड़े, नदी और पर्वतों के तटवर्ती पड़ाव, वाटिकाएँ वन-उपवन और रंग-बिरंगी धातुओं से युक्त विचित्र पर्वत दिखाई पड़े। कहीं-कहीं जंगली वृक्ष थे, जिनकी बड़ी-बड़ी शाखाएं हाथियों ने तोड़ डाली थी। शीतल जल से भरे हुए जलाशय थे, जिनमें देवताओं के काम में आने वाले कमल थे, उन पर पक्षी तरह-तरह की बोली बोल रहे थे और भौरे मँडरा रहे थे। यह सब देखता हुआ मैं आगे बढ़ा। मैं अकेला ही था। इतना लंबा मार्ग तय करने में मैंने घोर गहन जंगल देखा। उसमें नरकट, बांस, सेंठा, कुश कीचक आदि खड़े थे। उसकी लंबाई-चौड़ाई भी बहुत थी और वह सांप, उल्लू, सियार आदि भयंकर जीवो का घर हो रहा था। देखने में बड़ा भयावना लग रहा था।। १२-१४।।

चलते-चलते मेरा शरीर और इंद्रियां शिथिल हो गईं। मुझे बड़ी जोर की प्यास लगी, भूखा तो था ही। वहाँ एक नदी मिली उसके कुंड में मैंने स्नान, जलपान और आचमन किया। इससे मेरी थकावट मिट गयी।।१५।।

उस विजन वन में एक पीपल वृक्ष के नीचे आसन लगाकर मैं बैठ गया। उन महात्माओं से जैसे मैंने सुना था, हृदय में रहने वाले परमात्मा के उसी स्वरूप का मैं मन-ही मन ध्यान करने लगा।।१६।।

भक्ति भाव से वशीकृत चित्त द्वारा भगवान् के चरण कमलों का ध्यान करते ही भगवत्-प्राप्ति की उत्कट लालसा से मेरे नेत्रों में आंसू छलछला आये और हृदय में धीरे-धीरे भगवान् प्रकट हो गये।।१७।।

व्यासजी! उस समय प्रेमभाव के अत्यंत उद्रेक से मेरा रोम-रोम पुलकित हो उठा। हृदय अत्यंत शांत और शीतल हो गया। इस आनंद की बाढ़ में मैं ऐसा डूब गया कि मुझे अपना और ध्येय वस्तु का तनिक भी भान न रहा।।१८।।

भगवान् का वह अनिर्वचनीय रूप समस्त शोकों का नाश करने वाला और मन के लिए अत्यंत लुभावना था। सहसा उसे न देख मैं बहुत ही विकल हो गया और अनमना-सा होकर आसन से उठ खड़ा हुआ।।१९।।

मैंने उस स्वरूप का दर्शन फिर करना चाहा; किंतु मन को हृदय में समाहित करके बार-बार दर्शन की चेष्टा करने पर भी मैं उसे नहीं देख सका। मैं अतृप्त के समान आतुर हो उठा।।२०।।

इस प्रकार निर्जन वन में मुझे प्रयत्न करते देख स्वयं भगवान् ने, जो वाणी के विषय नहीं हैं, बड़ी गंभीर और मधुर वाणी से मेरे शोक को शांत करते हुये- से कहा।।२१।।

'खेद है कि इस जन्म में तुम मेरा दर्शन नहीं कर सकोगे। जिनकी वासनाएँ पूर्णतया शांत नहीं हो गयी हैं, उन अघकचरे योगियों को मेरा दर्शन अत्यंत दुर्लभ है।।२२।।

निष्पाप बालक! तुम्हारे हृदय में मुझे प्राप्त करने की लालसा जागृत करने के लिए ही मैंने एक बार तुम्हें अपने रूप की झलक दिखायी है। मुझे प्राप्त करने की आकांक्षा से युक्त साधक धीरे-धीरे हृदय की सम्पूर्ण वासनाओं का भलीभाँति त्याग कर देता है।।२३।।

अल्पकालीन सन्त सेवा से ही तुम्हारी चित्तवृत्ति मुझमें स्थिर हो गई है। अब तुम इस प्राकृत मलिन शरीर को छोड़कर मेरे पार्षद हो जाओगे।।२४।।

मुझे प्राप्त करने का तुम्हारा यह दृढ़ निश्चय कभी किसी प्रकार नहीं टूटेगा। समस्त सृष्टि का प्रलय हो जाने पर भी मेरी कृपा से तुम्हें मेरी स्मृति बनी रहेगी।।२५।।

आकाश के समान अव्यक्त सर्वशक्तिमान महान परमात्मा इतना कहकर चुप हो रहे। उनकी इस कृपा का अनुभव करके मैंने उन श्रेष्ठ से भी श्रेष्ठतर भगवान् को सिर झुकाकर प्रणाम किया।।२६।।

तभी से मैं लज्जा-संकोच छोड़कर भगवान् के अत्यंत रहस्यमय और मंगलमय मधुर नामों और लीलाओं का कीर्तन और स्मरण करने लगा। स्पृहा और मद-मत्सर मेरे हृदय से पहले ही निवृत्त हो चुके थे, अब मैं आनंद से काल की प्रतीक्षा करता हुआ पृथ्वी पर विचरने लगा।।२७।।

व्यासजी! इस प्रकार भगवान् की कृपा से मेरा हृदय शुद्ध हो गया, आसक्ति मिट गयी और मैं श्रीकृष्ण परायण हो गया। कुछ समय बाद जब एकाएक बिजली कौंध जाती है, वैसे ही अपने समय पर मेरी मृत्यु आ गयी।।२८।।

मुझे शुद्ध भगवत्पार्षद-शरीर प्राप्त होने का अवसर आने पर प्रारब्ध कर्म समाप्त हो जाने के कारण पाश्चभौतिक शरीर नष्ट हो गया।।२९।।

कल्प के अंत में जिस समय भगवान् नारायण एकार्णव (प्रलयकालीन समुद्र) के जल मे शयन करते हैं, उस समय उनके हृदय में शयन करने की इच्छा से इस सारी सृष्टि को समेटकर ब्रह्माजी जब प्रवेश करने लगे, तब उनके श्वास के साथ मैं भी उनके हृदय में प्रवेश कर गया।।३०।।

एक सहस्र चतुर्युगी बीत जाने पर जब ब्रह्म जगे और उन्होंने सृष्टि करने की इच्छा की, तब उनकी इंद्रियों से मरीचि आदि ऋषियों के साथ मैं भी प्रकट हो गया।।३१।।

तभी से मैं भगवान् की कृपा से वैकुण्ठादि में और तीनों लोकों में बाहर और भीतर बिना रोक-टोक विचरण किया करता हूँ। मेरे जीवन का व्रत भगवत् जन अखंड रूप से चलता रहता है।।३२।।

भगवान् की दी हुई स्वर ब्रह्म से विभूषित वीणा पर तान छेड़कर मैं उनकी लीलाओं का गान करता हुआ सारे संसार में विचरता हूँ॥३३॥

जब मैं उनकी लीलाओं का गान करने लगता हूँ, तब वे प्रभु, जिनके चरण कमल समस्त तीर्थों के उद्गम स्थान हैं और जिनका यशोगान मुझे बहुत ही प्रिय लगता है, बुलाये हुए की भाँति तुरंत मेरे हृदय में आकर दर्शन दे देते हैं॥३४॥

जिन लोगों का चित्त निरंतर विषय-भोगों की कामना से आतुर हो रहा है, उनके लिए भगवान् की लीलाओं का कीर्तन संसार सागर से पार जाने का जहाज है। यह मेरा अपना अनुभव है॥३५॥

काम और लोभ की चोट से बार-बार घायल हुआ हृदय श्रीकृष्ण सेवा से जैसी प्रत्यक्ष शांति का अनुभव करता है, यम-नियम आदि योग-मार्गों से वैसी शांति नहीं मिल सकती॥३६॥

व्यासजी! आप निष्पाप हैं। आपने मुझसे जो कुछ पूछा था, वह सब अपने जन्म और साधना का रहस्य तथा आपकी आत्मतुष्टि उपाय मैंने बतला दिया॥३७॥

श्री सूतजी कहते हैं- शौनकजी आदि ऋषियों! देवर्षि नारद ने व्यासजी से इस प्रकार कहकर जाने की अनुमति ली और वीणा बजाते हुए स्वच्छंद विचरण करने के लिए चल पड़े॥३८॥

अहा! ये देवर्षि नारद धन्य हैं, क्योंकि ये सांगपाणि भगवान् की कीर्ति को अपनी वीणा पर गा-गाकर स्वयं तो आनंद मगन होते ही हैं, साथ-साथ इस त्रिताप तप्त जगत् को भी आनंदित करते रहते हैं॥३९॥

अश्वत्थामा द्वारा द्रौपदी के पुत्रों का मारा जाना और अर्जुन के द्वारा अश्वत्थामा का मानमर्दन (अ० 7)

श्री शौनकजी ने पूछा- सूतजी! सर्वज्ञ एवं सर्वशक्तिमान् व्यास भगवान् ने नारदजी का अभिप्राय सुन लिया। फिर उनके चले जाने पर उन्होंने क्या किया?॥१॥

श्री सूतजी ने कहा- ब्रह्मनदी सरस्वती के पश्चिम तट पर शम्याप्रास नाम का एक आश्रम है। वहाँ ऋषियों के यज्ञ चलते ही रहते हैं।।२।।

वहीं व्यासजी का अपना आश्रम है। उनके चारों ओर बेर का वन (सुंदर) है। उस आश्रम में बैठकर उन्होंने आचमन किया और स्वयं अपने मन को पूर्णतया समाहित किया।।३।।

उन्होंने भक्तियोग के द्वारा अपने मन को एकाग्र और निर्मल करके आदिपुरुष परमात्मा और उसके आश्रय से रहने वाली माया को देखा।।४।।

इसी माया से मोहित होकर यह जीव तीनों गुणों से अतीत होने पर भी अपने को त्रिगुणात्मक मान लेता है और इस मान्यता के कारण होने वाले अनर्थों को भोगता है।।५।।

इन अनर्थों की शांति का साक्षात् साधन है- केवल भगवान् का भक्तियोग। परंतु संसार के लोग इस बात को नहीं जानते। यही समझकर उन्होंने इस परमहंसों की संहिता श्रीमद्भागवत की रचना की।।६।।

इसके श्रवण मात्र से पुरुषोत्तम भगवान् श्रीकृष्ण के प्रति परम् प्रेममयी भक्ति हो जाती है, जिससे जीव के शोक, मोह और भय नष्ट हो जाते हैं।।७।।

उन्होंने इस भागवत-संहिता का निर्माण और पुनरावृत्ति करके इसे अपने निवृत्ति परायण पुत्र श्री सुकदेव जी को पढ़ाया।।८।।

श्री शौनकजी ने पूछा- श्री सुकदेव जी तो अत्यंत निवृत्ति परायण है, उन्हें किसी भी वस्तु की अपेक्षा नहीं है। वे सदा ही आत्मा में ही रमण करते हैं। फिर उन्होंने किसलिए इस विशाल ग्रंथ का अध्ययन किया।।९।।

श्री सूतजी ने कहा- जो लोग ज्ञानी हैं, जिनकी विद्या की गांठ खुल गई है और जो सदा आत्मा में ही रमण करने वाले हैं, वे भी भगवान् की हेतुरहित भक्ति किया करते हैं; क्योंकि भगवान् के गुण ही ऐसे मधुर है जो सबको अपनी ओर खींच लेते हैं।।१०।।

फिर सुकदेव जी तो भगवान् के भक्तों के अत्यंत प्रिय और स्वयं भगवान् वेदव्यास के पुत्र हैं। भगवान् के गुणों ने उनके हृदय को अपनी

ओर खींच लिया और उन्होंने उससे विवश होकर ही इस विशाल ग्रंथ का अध्ययन किया॥११॥

शौनकजी! अब मैं राजर्षि परीक्षित् के जन्म-कर्म और मोक्ष की तथा पाण्डवों के स्वर्गारोहण की कथा कहता हूँ; क्योंकि इन्हीं से भगवान् श्रीकृष्ण की अनेकों कथाओं का उदय होता है॥१२॥

जिस समय महाभारत युद्ध में कौरव और पाण्डव दोनों पक्षों के बहुत से वीर वीरगति को प्राप्त हो चुके थे और भीमसेन की गदा के प्रहार से दुर्योधन की जांघ टूट चुकी थी, तब अश्वत्थामा ने अपने स्वामी दुर्योधन का प्रिय कार्य समझकर द्रौपदी के सोते हुए पुत्रों के सिर काटकर उसे भेंट किये, यह घटना दुर्योधन को भी अप्रिय लगी; क्योंकि ऐसे नीच कर्म की सभी निंदा करते हैं॥१३-१४॥

उन बालकों की माता द्रौपदी अपने पुत्रों का निधन सुनकर अत्यंत दु:खी हो गयी। उसकी आँखों में आंसू छलछला आये- वह रोने लगी। अर्जुन ने उसे सान्तवना देते हुअे कहा॥१५॥

'कल्याणि! मैं तुम्हारे आंसू तब पोंछूँगा, जब उस आततायी ब्राह्मण धम का सिर गांडीव-धनुष के बाणों से काटकर तुम्हें भेंट करूंगा और पुत्रों की अंत्येष्टि क्रिया के बाद तुम उस पर पैर रखकर स्नान करोगी'॥१६॥

अर्जुन ने इन मीठी और विचित्र बातों से द्रौपदी को सांत्वना दी और अपने मित्र भगवान् श्रीकृष्ण की सलाह से उन्हें सारथी बनाकर कवच धारण कर अपने भयानक गांडीव धनुष को लेकर वे रथ पर सवार हुए तथा गुरुपुत्र अश्वत्थामा के पीछे दौड़ पड़े॥१७॥

बच्चों की हत्या से अश्वत्थामा का भी मन उद्विग्न हो गया था। जब उसने दूर से ही देखा कि अर्जुन मेरी ओर झपटे हुए आ रहे हैं, तब वह अपने प्राणों की रक्षा के लिए पृथ्वी पर जहाँ तक भाग सकता था, रुद्र से भयभीत सूर्य की भाँति भागता रहा॥१८॥

जब उसने देखा कि मेरे रथ के घोड़े थक गये हैं और मैं बिल्कुल अकेला हूँ, तब उसने अपने को बचाने का एकमात्र साधन ब्रह्मास्त्र ही समझा॥१९॥

यद्यपि उसे ब्रह्मास्त्र को लौटाने की विधि मालूम न थी, फिर भी प्राणसंकट देखकर उसने आचमन किया और ध्यानस्थ होकर ब्रह्मास्त्र का सन्धान किया।।२०।।

उस अस्त्र से सब दिशाओं में एक बड़ा प्रचंड तेज फैल गया। अर्जुन ने देखा अब तो मेरे प्राणों पर ही आ बनी है, तब उन्होंने श्रीकृष्ण से प्रार्थना की।।२१।।

अर्जुन ने कहा- श्रीकृष्ण! तुम सच्चिदानंद स्वरूप परमात्मा हो। तुम्हारी शक्ति अनंत है। तुम हो भक्तों को अभय देने वाले हो। जो संसार की धधकती हुई आग में जल रहे हैं, उन जीवो को उससे उबारने वाले एकमात्र तुम ही हो।।२२।।

तुम प्रकृति से परे रहने वाले आदिपुरुष साक्षात् परमेश्वर हो। अपनी चित्त-शक्ति (स्वरूप-शक्ति) से बहिरंग एवं त्रिगुणमयी माया को दूर भगाकर अपने अद्वितीय स्वरूप में स्थित हो।।२३।।

वही तुम अपने प्रभाव से माया-मोहित जीवों के लिए धर्मादि रूप कल्याण का विधान करते हो।।२४।।

तुम्हारा यह अवतार पृथ्वी का भार हरण करने के लिए और तुम्हारे अनन्य प्रेमी भक्तजनों के निरंतर स्मरण-ध्यान करने के लिए है।।२५।।

स्वयं प्रकाश स्वरूप श्रीकृष्ण! यह भयंकर तेज सब ओर से मेरी ओर आ रहा है। यह क्या है? कहाँ से क्यों आ रहा है? इसका मुझे बिल्कुल पता नहीं है!।।२६।।

भगवान् ने कहा- अर्जुन! यह अश्वत्थामा का चलाया हुआ ब्रह्मास्त्र है। यह बात समझ लो कि प्राण-संकट उपस्थित होने से उसने इसका प्रयोग तो कर दिया है, परंतु वह इस अस्त्र को लौटाना नहीं जानता।।२७।।

किसी भी दूसरे अस्त्र में इसको दबा देने की शक्ति नहीं है। तुम शस्त्रास्त्र-विद्या को भलीभाँति जानते ही हो ब्रह्मास्त्र के तेज से ही इस ब्रह्मास्त्र की प्रचंड आग को बुझा दो।।२८।।

सूतजी कहते हैं- अर्जुन विपक्षी वीरों को मारने में बड़े प्रवीण थे। भगवान् की बात सुनकर उन्होंने आचमन किया और भगवान् की परिक्रमा करके ब्रह्मास्त्र के निवारण के लिए ब्रह्मास्त्र का ही संधान किया।।२९।।

बाणों से वेश्टित उन दोनों ब्रह्मास्त्रों के तेज प्रलयकालीन सूर्य एवं अग्नि के समान आपस में टकराकर सारे आकाश और दिशाओं में फैल गये और बढ़ने लगे।।३०।।

तीनों लोकों को जलाने वाली उन दोनों अस्त्रों की बढ़ी हुई लपटों से प्रजा जलने लगी और उसे देखकर सबने यही समझा कि यह प्रलयकाल की संवर्तक अग्नि है।।३१।।

उस आग से प्रजा का और लोकों का नाश होते देखकर भगवान् की अनुमति से अर्जुन ने उन दोनों को ही लौटा लिया।।३२।।

अर्जुन की आँखें क्रोध से लाल-लाल हो रही थीं। उन्होंने झपटकर उस क्रूर अश्वत्थामा को पकड़ लिया और जैसे कोई रस्सी से पशु को बांध ले वैसे ही बांध लिया।।३३।।

अश्वत्थामा को बलपूर्वक बांधकर अर्जुन ने जब शिविर की ओर ले जाना चाहा, तब उनसे कमलनयन् भगवान् श्रीकृष्ण ने कुपित होकर कहा- "इस ब्राह्मणद्यम को छोड़ना ठीक नहीं है, इसको तो मार ही डालो"।।३४।।

इसने रात में सोये हुए निरपराध बालकों की हत्या की है।।३५।।

धर्मवेत्ता पुरुष असावधान, मतवाले, पागल, सोये हुए बालक, स्त्री, विवेकज्ञान शून्य, शरणागत, रथहीन और भयभीत शत्रु को कभी नहीं मारते।।३६।।

परंतु जो दुष्ट और क्रूर पुरुष दूसरों को मारकर अपने प्राणों का पोषण करता है, उसका तो वध ही उसके लिए कल्याणकारी है; क्योंकि वैसी आदत को लेकर यदि वह जीता है तो और भी पाप करता है और उन पापों के कारण नरकगामी होता है।।३७।।

फिर मेरे सामने ही तुमने द्रौपदी से प्रतिज्ञा की थी कि 'मानवती! जिसने तुम्हारे पुत्रों का वध किया है उसका सिर मैं उतार लाऊँगा।।३८।।

इस पापी कुलांगार आततताई ने तुम्हारे पुत्रों का वध किया है और अपने स्वामी दुर्योधन को भी दुःख पहुँचाया है। इसलिए अर्जुन इसे मार डालो।।३९।।

भगवान् श्रीकृष्ण ने अर्जुन के धर्म की परीक्षा लेने के लिए इस प्रकार प्रेरणा की, परंतु अर्जुन का हृदय महान था। यद्यपि अश्वत्थामा ने उनके पुत्रों की हत्या की थी, फिर भी अर्जुन के मन में गुरुपुत्र को मारने की इच्छा नहीं हुई।।४०।।

इसके बाद अपने मित्र और सारथी श्रीकृष्ण के साथ वे अपने युद्ध-शिविर में पहुँचे। वहाँ अपने मृत पुत्रों के लिए शोक करती हुई द्रौपदी को उसे सौंप दिया।।४१।।

द्रौपदी ने देखा कि अश्वत्थामा पशु की तरह बांधकर लाया गया है। निन्दित कर्म करने के कारण उसका मुख नीचे की ओर झुका हुआ है। अपना अनिष्ट करने वाले गुरुपुत्र अश्वत्थामा को इस प्रकार अपमानित देखकर द्रौपदी का कोमल हृदय कृपा से भर आया और उसने अश्वत्थामा को नमस्कार किया।।४२।।

गुरुपुत्र को इस प्रकार बांधकर लाया जाना सती द्रौपदी को सहन नहीं हुआ। उसने कहा- "छोड़ दो इन्हें, छोड़ दो। ये ब्राह्मण हैं हम लोगों के अत्यंत पूजनीय हैं"।।४३।।

जिनकी कृपा से आपने रहस्य के साथ सारे धनुर्वेद और प्रयोग तथा उपसंहार के साथ सम्पूर्ण शास्त्रों का ज्ञान प्राप्त किया, वे आपके आचार्य द्रोण ही पुत्र के रूप में आपके सामने खड़े हैं। उनकी अर्धांगिनी कृपी अपने वीर पुत्र की ममता से ही अपने पति का अनुगमन नहीं कर सकीं, वे अभी जीवित हैं।।४४-४५।।

महाभाग्यवान् आर्यपुत्र! आप तो बड़े धर्मज्ञ हैं। जिस गोवंश की नित्य पूजा और वंदना करनी चाहिए, उसी को व्यथा पहुँचाना, आप के योग्य कार्य नहीं हैं।।४६।।

जैसे अपने बच्चों के मर जाने से मैं दुःखी होकर रो रही हूँ और मेरी आँखों से बार-बार आंसू निकल रहे हैं, वैसे ही इनकी माता पतिव्रता गौतमी न रोयें।।४७।।

जो उच्छृखल राजा अपने को कुकृत्यों से ब्राह्मणकुल को कुपित कर देते हैं, वह कुपित ब्राह्मण कुल उन राजाओं को सपरिवार शोकाग्निी में डालकर शीघ्र ही भस्म में कर देता है।।४८।।

सूतजी ने कहा- शौनकादि ऋषियों! द्रौपदी की बात धर्म और न्याय के अनुकूल थी। उसमें कपट नहीं था, करुणा और ममता थी। अतएव राजा युधिष्ठिर ने रानी के इन हितभरे श्रेष्ठ वचनों का अभिनंदन किया।।४९।।

साथ ही नकुल, सहदेव, सात्यकि, अर्जुन, स्वयं भगवान् श्रीकृष्ण और वहाँ पर उपस्थित सभी नर-नारियों ने द्रौपदी की बात का समर्थन किया।।५०।।

उस समय क्रोधित होकर भीमसेन ने कहा, 'जिसने सोते हुए बच्चों को न अपने लिए और न अपने स्वामी के लिए, बल्कि व्यर्थ ही मार डाला, उसका तो वध ही उत्तम है'।।५१।।

भगवान् श्रीकृष्ण ने द्रौपदी और भीमसेन की बात सुनकर और अर्जुन की ओर देखकर कुछ हँसते हुए-से कहा।।५२।।

भगवान् श्रीकृष्ण बोले- 'पतित ब्राह्मण का भी वध नहीं करना चाहिए और आततायी को मार ही डालना चाहिए'- शास्त्रों में मैंने ही ये दोनों बातें कहीं हैं। इसलिए मेरी दोनों आज्ञाओं का पालन करो।।५३।।

तुम ने द्रौपदी को सांत्वना देते समय जो प्रतिज्ञा की थी उसे भी सत्य करो; साथ ही भीमसेन द्रौपदी और मुझे जो प्रिय हो, वह भी करो।।५४।।

सूतजी कहते हैं- अर्जुन भगवान् के हृदय की बात तुरंत ताड़ गये और उन्होंने अपनी तलवार से अश्वत्थामा के सिर की मणि उसके बालों के साथ उतार ली।।५५।।

बालकों की हत्या करने से वह श्री हीन तो पहले ही हो गया था, अब मणि और ब्रह्मतेज से रहित हो गया। इसके बाद उन्होंने रस्सी का बंधन खोलकर उसे शिविर से निकाल दिया।।५६।।

मूँड़ देना, धन छीन लेना और स्थान से बाहर निकाल देना- यही ब्राह्मण धर्मों का वध है। उनके लिए इससे भिन्न शारीरिक वध का विधान नहीं है।।५७।।

पुत्रों की मृत्यु से द्रौपदी और पाण्डव सभी शोकातुर हो रहे थे। अब उन्होंने अपने मरे हुए भाई बंधुओं की दाहादि अंत्येष्टि क्रिया की।।५८।।

गर्भ में परीक्षित की रक्षा, कुन्ती के द्वारा भगवान् की स्तुति और युधिष्ठिर का शोक (अ० 8)

सूतजी कहते हैं- इसके बाद पाण्डव श्रीकृष्ण के साथ जलांजलि के इच्छुक मरे हुए स्वजनों का तर्पण करने के लिए स्त्रियों को आगे करके गंगा तट पर गये।।१।।

वहाँ उन सब मृत बंधुओं को जलदान दिया और उनके गुणों का स्मरण करके बहुत विलाप किया। तदनंतर भगवान् के चरण कमलों की धूल से पवित्र गंगाजल में पुनः स्नान किया।।२।।

वहाँ अपने भाइयों के साथ कुरुपति महाराज युधिष्ठिर, धृतराष्ट्र, पुत्र शोक से व्याकुल गान्धारी, कुन्ती और द्रौपदी-सब बैठकर मरे हुए स्वजनों के लिए शोक करने लगे। भगवान् श्रीकृष्ण ने धौम्यादि मुनियों के साथ उनको सांत्वना दी और समझाया कि संसार के सभी प्राणी काल के अधीन हैं, मौत से किसी को कोई बचा नहीं सकता।।३-४।।

इस प्रकार भगवान् श्रीकृष्ण ने अजातशत्रु महाराज युधिष्ठिर को उनका वह राज्य, जो धूर्तों ने छीन लिया था, वापस दिलाया तथा द्रौपदी के केशों का स्पर्श करने से जिनकी आयु क्षीण हो गयी थी, उन दुष्ट राजाओं का वध कराया।।५।।

साथ ही युधिष्ठिर के द्वारा उत्तम सामग्रियों से तथा पुरोहितों

से तीन अश्वमेध यज्ञ कराये। इस प्रकार युधिष्ठिर के पवित्र यश को सौ यज्ञ करने वाले इंद्र के यश की तरह सब ओर फैला दिया।।६।।

इसके बाद भगवान् श्रीकृष्ण ने वहाँ से जाने का विचार किया। उन्होंने इसके लिए पाण्डवों से विदा ली और व्यास आदि ब्राह्मणों का सत्कार किया। उन लोगों ने भी भगवान् का बड़ा ही सम्मान किया। तदन्तर सात्यकि और उद्धव के साथ द्वारका जाने के लिए वे रथ पर सवार हुए। उसी समय उन्होंने देखा कि उत्तरा भय से भी विह्वल होकर सामने से दौड़ी चली आ रही है।।७-८।।

उत्तरा ने कहा- देवाधिदेव! जगदीश्वर! आप महायोगी हैं। आप मेरी रक्षा कीजिये। आपके अतिरिक्त इस लोक में मुझे अभय देने वाला और कोई नहीं है; क्योंकि यहाँ सभी परस्पर एक-दूसरे की मृत्यु के निमित्त बने रहे हैं।।९।।

प्रभो! आप सर्वशक्तिमान हैं। यह दहकते हुए लोहे का बाण मेरी ओर दौड़ा आ रहा है। स्वामिन्! यह मुझे भले ही जला डाले, परंतु मेरे गर्भ को नष्ट न करे- ऐसी कृपा कीजिये।।१०।।

सूतजी कहते हैं- भक्तवत्सल भगवान् श्रीकृष्ण उसकी बात सुनते ही जान गये कि अश्वत्थामा ने पाण्डवों के वंश को निर्बीज करने के लिए ब्रह्मास्त्र का प्रयोग किया है।।११।।

शौनकजी! उसी समय पाण्डवों ने भी देखा कि जलते हुए पाँच बाण हमारी ओर आ रहे हैं इसलिए उन्होंने भी अपने-अपने अस्त्र उठा लिए।।१२।।

सर्वशक्तिमान् भगवान् श्रीकृष्ण ने अपने अनन्य प्रेमियों पर शरणागत भक्तों पर बहुत बड़ी विपत्ति आयी जानकर अपने निज अस्त्र सुदर्शन-चक्र से उन निज जानों की रक्षा की।।१३।।

योगेश्वर श्रीकृष्ण समस्त प्राणियों के हृदय में विराजमान आत्मा हैं। उन्होंने उत्तरा के गर्भ को पाण्डवों की वंश-परंपरा चलाने के लिए अपनी माया के कवच से ढ़क दिया।।१४।।

शौनकजी! यद्यपि ब्रह्मस्त्र आमोघ है और उसके निवारण का कोई उपाय भी नहीं है, फिर भी भगवान् श्रीकृष्ण के तेज के सामने आकर वह शांत हो गया।।१५।।

यह कोई आश्चर्य की बात नहीं समझनी चाहिए; क्योंकि भगवान् तो सर्वाश्चर्यमय है, वे ही अपनी निजी शक्ति माया से स्वयं अजन्मा होकर भी इस संसार की सृष्टि, रक्षा और संहार करते हैं।।१६।।

जब भगवान् श्रीकृष्ण जाने लगे, तब ब्रह्मस्त्र की ज्वाला से युक्त अपने पुत्रों के और द्रौपदी के साथ सती कुन्ती ने भगवान् श्रीकृष्ण की इस प्रकार स्तुति की।।१७।।

कुन्ती ने कहा- आप समस्त जीवों के बाहर और भीतर एकरस स्थित हैं, फिर भी इंद्रियों और वृत्तियों से देखे नहीं जाते; क्योंकि आप प्रकृति से परे आदिपुरुष परमेश्वर हैं। मैं आपको नमस्कार करती हूँ।।१८।।

इंद्रियों से जो कुछ जाना जाता है, उसकी तह में आप विद्यमान रहते हैं और अपनी ही माया के परदे से अपने को ढके रहते हैं। मैं अबोध नारी आप अविनाशी पुरुषोत्तम को भला, कैसे जान सकती हूँ? जैसे मूढ़ लोग दूसरा भेष धारण किए हुए नट को प्रत्यक्ष देखकर भी नहीं पहचान सकते, वैसे ही आप दीखते हुए भी नहीं दीखते।।१९।।

आप शुद्ध ह्रदय वाले विचारशील जीवनमुक्त परम हंसों के ह्रदय में अपनी प्रेममयी भक्ति का सृजन करने के लिए अवतीर्ण हुए हैं। फिर हम अल्पबुद्धि स्त्रियाँ आप को कैसे पहचान सकती है।।२०।।

आप श्रीकृष्ण, वासुदेव, देवकी नंदन, नंद गोपाल के लाड़ले लाल गोविंद को हमारा बारंबार प्रणाम है।।२१।।

जिनकी नाभि से ब्रह्मा का जन्मस्थान कमल प्रकट हुआ है, जो सुंदर कमलों की माला धारण करते हैं, जिनके चरण कमलों में कमल का चिह्न है- श्रीकृष्ण! ऐसे आपको मेरा बार-बार नमस्कार है।।२२।।

हृषीकेश! जैसे आपने दुष्ट कंस के द्वारा कैद की हुई और चिरकाल से शोकग्रस्त देवकी की रक्षा की थी, वैसे ही पुत्रों के साथ मेरी भी आपने

बार-बार विपत्तियों से रक्षा की है। आप ही हमारे स्वामी हैं। आप सर्वशक्तिमान हैं। श्रीकृष्ण! कहाँ तक गिनाऊँ- विष से, लाक्षागृह की भयानक आग से, वनवास की विपत्तियों से और अनेक बार के युद्धों में अनेक महारथियों के शास्त्रों से और अभी-अभी इस अश्वत्थामा के ब्रह्मास्त्र से भी आपने ही हमारी रक्षा की है।।२३-२४।।

जगद्गुरो! हमारे जीवन में सर्वदा पद-पद पर विपत्तियां आती रहें; क्योंकि विपत्तियों में ही निश्चित रूप से आपके दर्शन हुआ करते हैं और आपके दर्शन हो जाने पर फिर जन्म-मृत्यु के चक्कर में नहीं आना पड़ता।।२५।।

ऊँचे कुल में जन्म, ऐश्वर्य, विद्या और संपत्ति के कारण जिसका घमंड बढ़ रहा है, वह मनुष्य तो आपका नाम भी नहीं ले सकता; क्योंकि आप तो उन लोगों को दर्शन देते हैं, जो अकिंचन हैं।।२६।।

आप निर्धनों के परम् धन हैं। माया का प्रपंच आपका स्पर्श भी नहीं कर सकता। आप अपने आप में ही विहार करने वाले, परम् शांतस्वरूप हैं। आप ही कैवल्य मोक्ष के अधिपति हैं। आपको मैं बार-बार नमस्कार करती हूँ।।२७।।

मैं आपको अनादि, अनन्त, सर्वव्यापक, सबके नियंता काल रूप परमेश्वर समझती हूँ। संसार के समस्त पदार्थ और प्राणी आपस में टकराकर विषमता के कारण परस्पर विरुद्ध हो रहे हैं, परंतु आप सबमें समान रूप से विचर रहे हैं।।२८।।

भगवन्! आप जब मनुष्यों की-सी लीला करते हैं, तब आप क्या करना चाहते हैं- यह कोई नहीं जानता। आपका कभी कोई न प्रिय है और न अप्रिय। आपके संबंध में लोगों की बुद्धि ही विषम हुआ करती है।।२९।।

आप विश्व के आत्मा हैं, विश्वरूप हैं। न आप जन्म लेते हैं और न कर्म ही करते हैं। फिर भी पशु-पक्षी, मनुष्य, ऋषि, जलचर आदि में आप जन्म लेते हैं और उन योनियों के अनुरूप दिव्य कर्म भी करते हैं। यह आपकी लीला ही तो है।।३०।।

जब बचपन में आपने दूध की मटकी फोड़कर यशोदा मैया को खिझा दिया था और उन्होंने आपको बांधने के लिए हाथ में रस्सी ली थी, तब आपकी आँखों में आंसू छलक आये थे, काजल कपोलों पर बह चला था, नेत्र चंचल हो रहे थे और भय की भावना से आपने अपने मुख को नीचे की ओर झुका लिया था। आपकी उस दशा का-लीला-छवि का ध्यान करके मैं मोहित हो जाती हूँ। भला, जिससे भय भी भय मानता है, उसकी यह दशा।।३१।।

आपने अजन्मा होकर भी जन्म क्यों लिया है, इसका कारण बतलाते हुए-कोई-कोई महापुरुष यों कहते हैं कि जैसे मलयाचल की कीर्ति का विस्तार करने के लिए उसमें चंदन प्रकट होता है, वैसे ही अपने प्रिय भक्त पुण्यश्लोक राजा यदु की कीर्ति का विस्तार करने के लिए ही आपने उनके वंश में अवतार गृहण किया है।।३२।।

दूसरे लोग ऐसा कहते हैं कि वसुदेव और देवकी ने पूर्व जन्म में (सुतपा और प्रश्रिन के रूप में) आपसे यही वरदान प्राप्त किया था, इसलिए आप अजन्मा होते हुए भी जगत् के कल्याण और दैत्यों के नाश के लिए उनके पुत्र बने हैं।।३३।।

कुछ और लोग ऐसा कहते हैं कि यह पृथ्वी दैत्यों के अत्यंत भार से समुद्र में डूबते हुए जहाज की तरह डगमगा रही थी- पीड़ित हो रही थी, तब ब्रह्म की प्रार्थना से उसका भार उतारने के लिए ही आप प्रकट हुए।।३४।।

कोई महापुरुष ऐसा कहते हैं कि जो लोग इस संसार में अज्ञान, कामना और कर्मों के बंधन में जकड़े हुए पीड़ित हो रहे हैं, उन लोगों के लिए श्रवण और स्मरण करने योग्य लीला करने के विचार से ही आपने अवतार गृहण किया है।।३५।।

भक्तजन बार-बार आपके चरित्र का श्रवण, गान, कीर्तन एवं स्मरण करके आनंदित होते रहते हैं; वे ही अविलम्ब आपके उस चरण कमल का दर्शन कर पाते हैं; जो जन्म-मृत्यु के प्रवाह को सदा के लिए रोक देता है।।३६।।

गोविन्द! आपका यह अवतार गौ, ब्राह्मण और देवताओं का दुःख मिटाने के लिए ही है। योगेश्वर! चराचर के गुरु भगवन्! मैं आपको नमस्कार करती हूँ।

सूतजी कहते हैं- इस प्रकार कुन्ती ने बड़े मधुर शब्दों में भगवान् की अधिकांश लीलाओं का वर्णन किया। यह सब सुनकर भगवान् श्रीकृष्ण अपनी माया से उसे मोहित करते हुए मंद-मंद मुस्कराने लगे।।४४।।

उन्होंने कुन्ती से कहा- 'अच्छा ठीक है और रथ के स्थान से वह हस्तिनापुर लौट आये। वहाँ कुन्ती और सुभद्रा आदि देवियों से विदा लेकर जब वे जाने लगे, तब राजा युधिष्ठिर ने बड़े प्रेम से उन्हें रोक लिया'।।४५।।

राजा युधिष्ठिर को अपने भाई-बंधुओं के मारे जाने का बड़ा शोक हो रहा था। भगवान् की लीला का मर्म जानने वाले व्यास आदि महर्षियों ने अनेकों इतिहास कहकर उन्हें समझाने की बहुत चेष्टा की; परंतु उन्हें सांत्वना न मिली, उनका शोक न मिटा।।४६।।

शौनकादि ऋषियों! धर्मराज राजा युधिष्ठिर को अपने स्वजनों के वध से बड़ी चिंता हुई। वह विवेकयुक्त चित्त से स्नेह और मोह के वश में होकर कहने लगे- भला मुझ दुरात्मा के हृदय में बद्धमूल हुए इस अज्ञान को तो देखो; मैंने सियार-कुत्तों के आहार इस अनात्मा शरीर के लिए अनेक अक्षौहिणी सेना का नाश कर डाला।।४७-४८।।

मैंने बालक, ब्राह्मण, संबंधी, मित्र, चाचा, ताऊ, भाई-बंधु और गुरुजनों से द्रोह किया है। करोड़ों बरसों में भी नरक से मेरा छुटकारा नहीं हो सकता।।४९।।

यद्यपि शास्त्र का वचन है कि राजा यदि प्रजा का पालन करने के लिए धर्मयुद्ध में शत्रुओं को मारे तो उसे पाप नहीं लगता, फिर भी इससे मुझे संतोष नहीं होता।।५०।।

युधिष्ठिरादि का भीष्मजी के पास जाना और भगवान् श्रीकृष्ण की स्तुति करते हुए भीष्मजी का प्राण त्याग करना

सूतजी कहते हैं- इस प्रकार राजा युधिष्ठिर प्रजाद्रोह से भयभीत हो गये। फिर सब धर्मों का ज्ञान प्राप्त करने की इच्छा से उन्होंने कुरुक्षेत्र की यात्रा की, जहाँ भीष्म पितामह शरशय्या पर पड़े हुए थे।।१।।

शौनकादि ऋषियों! उस समय उन सब भाइयों ने स्वर्णजटित रथों पर, जिनमें अच्छे-अच्छे घोड़े जुते हुए थे, सवार होकर अपने भाई युधिष्ठिर का अनुगमन किया। उनके साथ व्यास, धौम्य आदि ब्राह्मण भी थे।।२।।

शौनकजी! अर्जुन के साथ भगवान् श्रीकृष्ण भी रथ पर चढ़कर चले। उन सब भाइयों के साथ महाराज युधिष्ठिर की ऐसी शोभा हुई, मानो यक्षों से घिरे हुए स्वयं कुबेर ही जा रहे हों।।३।।

अपने अनुचरों और भगवान् श्रीकृष्ण के साथ वहाँ जाकर पाण्डवों ने देखा कि भीष्म पितामह स्वर्ग से गिरे हुए देवता के समान पृथ्वी पर पड़े हुए हैं। उन लोगों ने उन्हें प्रणाम किया।।४।।

शौनकजी! उसी समय भरतवंशियों के गौरव रूप भीष्म पितामह को देखने के लिए सभी ब्रह्मर्षि, देवर्षि की और राजर्षि वहाँ आये।।५।।

पर्वत, नारद, घौम्य, भगवान् व्यास, बृहदश्व, भरद्वाज, शिष्यों के साथ परशुराम जी, वशिष्ठ, इन्द्रप्रमद, त्रित, गृत्समद, असित, कक्षीवान् गौतम, अत्रि, विश्वमित्र, सुदर्शन तथा और भी सुकदेव आदि शुद्ध हृदय महात्मागण एवं शिष्यों के सहित कश्यप, अगिरा-पुत्र बृहस्पति आदि मुनिगण भी वहाँ पधारे।।६-७।।

भीष्म पितामह धर्म को और देशकाल के विभाग को- कहाँ किस समय क्या करना चाहिए, इस बात को जानते थे। उन्होंने उन बड़भागी ऋषियों को सम्मिलित हुआ देखकर उनका यथा योग्य सत्कार किया।।८।।

वे भगवान् श्रीकृष्ण का प्रभाव भी जानते थे। अत: उन्होंने अपनी लीला से मनुष्य का वेश धारण करके वहाँ बैठे हुए तथा जगदीश्वर के

रूप में हृदय में विराजमान भगवान् श्रीकृष्ण की बाहर तथा भीतर दोनों जगह पूजा की।।१०।।

पाण्डव बड़े विनय और प्रेम के साथ भीष्म पितामह के पास बैठ गये। उन्हें देखकर भीष्म पितामह की आँखें प्रेम के आंसुओं से भर गयीं। उन्होंने उनसे कहा- धर्मपुत्रों! हाय! हाय! यह बड़े कष्ट और अन्याय की बात है कि तुम लोगों को ब्राह्मण, धर्म और भगवान् के आश्रित रहने पर भी इतने कष्ट के साथ जीना पड़ा, जिसके तुम कदापि योग्य नहीं थे।।१२।।

अतिरथी पांडु की मृत्यु के समय तुम्हारी अवस्था बहुत छोटी थी। उन दिनों तुम लोगों के लिए कुन्ती रानी को और साथ-साथ तुम्हें भी बार-बार बहुत से कष्ट झेलने पड़े।।१३।।

जिस प्रकार बादल वायु के वश में रहते हैं, वैसे ही लोक पालों के सहित सारा संसार काल भगवान् के अधीन है। मैं समझता हूँ तुम लोगों के जीवन में ये जो अप्रिय घटनाएँ घटित हुई है वे सब उन्हीं की लीला हैं।।१४।।

नहीं तो जहाँ साक्षात् धर्मपुत्र राजा युधिष्ठिर हों गदाधारी भीमसेन और धनुर्धारी अर्जुन रक्षा का काम कर रहे हों, गांडीव धनुष हो और स्वयं श्रीकृष्ण सुहृद हों- भला, वहाँ भी विपत्ति की संभावना है?।।१५।।

ये कालरूप श्रीकृष्ण कब क्या करना चाहते हैं, इस बात को कभी कोई नहीं जानता। बड़े-बड़े ज्ञानी भी इसे जानने की इच्छा करके मोहित हो जाते हैं।।१६।।

युधिष्ठिर! संसार की ये सब घटनाएँ ईश्वरेच्छा के अधीन हैं। उसी का अनुसरण करके तुम इस अनाथ प्रजा का पालन करो; क्योंकि अब तुम ही इसके स्वामी और इसे पालन करने में समर्थ हो।।१७।।

ये श्रीकृष्ण साक्षात् भगवान् हैं। यह सब के आदि कारण और परम् पुरुष नारायण हैं। अपनी माया से लोगों को मोहित करते हुए ये यदुवंशियों में छुपकर लीला कर रहे हैं।।१८।।

इनका प्रभाव अत्यंत गूढ़ एवं रहस्यमय है। युधिष्ठिर! उसे भगवान् शंकर, देवर्षि नारद और स्वयं भगवान् कपिल ही जानते हैं।।१९।।

जिन्हें तुम अपना ममेरा भाई, प्रिय मित्र और सबसे बड़ा हितू मानते हो तथा जिन्हें तुम्हें प्रेमवश अपना मंत्री, दूत और सारथी तक बनाने में संकोच नहीं किया है, वे स्वयं परमात्मा हैं।।२०।।

इन सर्वात्मा, समदर्शी, अद्वितीय, अहंकार रहित और निष्पाप परमात्मा में ऊँचे-नीचे कार्यों की कभी किसी प्रकार की विषमता नहीं होती।।२१।।

युधिष्ठिर! इस प्रकार सर्वत्र सम होने पर भी, देखो तो सही, वे अपने अनन्य प्रेमी भक्तों पर कितनी कृपा करते हैं। यही कारण है कि ऐसे समय में जबकि मैं अपने प्राणों का त्याग करने जा रहा हूँ, इन भगवान् श्रीकृष्ण ने मुझे साक्षात् दर्शन दिया है।।२२।।

भगवत्परायण योगी पुरुष भक्तिभाव से इनमें अपना मन लगाकर और वाणी से इनके नाम का कीर्तन करते हुए शरीर का त्याग करते हैं और कामनाओं से तथा कर्म के बंधन से छूट जाते हैं।।२३।।

वे ही देव भगवान् अपने प्रसन्न हास्य और रक्तकमल के समान अरुण नेत्रों से उल्लसित मुख वाले चतुर्भुज रूप में, जिसका और लोगों को केवल ध्यान में दर्शन होता है, तब तक यहीं स्थित रहकर प्रतीक्षा करें, जब तक मैं इस शरीर का त्याग न कर दूं।।२४।।

सूतजी कहते हैं- युधिष्ठिर ने उनकी यह बात सुनकर शर-शय्या पर सोये हुए भीष्म पितामह से बहुत से ऋषियों के सामने ही नाना प्रकार के धर्मों के संबंध में अनेकों रहस्य पूछे।।२५।।

तब तत्त्ववेन्ता भीष्म पितामह ने वर्ण और आश्रम के अनुसार पुरुष के स्वभाविक धर्म और वैराग्य तथा राग के कारण विभिन्न रूप से बतलाये हुए निवृत्ति और प्रवृत्तिरूप द्विविध धर्म, दानधर्म, राजधर्म, मोक्षधर्म, स्त्रीधर्म और भगवद् धर्म- इन सबका अलग-अलग संक्षेप और विस्तार से वर्णन किया। शौनकजी! इसके साथ ही धर्म, अर्थ, काम और मोक्ष इन

चारों पुरुषार्थों का तथा इनकी प्राप्ति के साधनों का अनेकों उपाख्यान और इतिहास सुनाते हुए विभागशः वर्णन किया।।२६-२८।।

भीष्म पितामह इस प्रकार धर्म का प्रवचन कर ही रहे थे कि वह उत्तरायण का समय आ पहुँचा, जिसे मृत्यु को अपने अधीन रखने वाले भगवत्परायण योगी लोग चाहा करते हैं।।२९।।

उस समय हजारों रथियों के नेता भीष्म पितामह ने वाणी का संयम करके मन को सब ओर से हटाकर अपने सामने स्थित आदिपुरुष भगवान् श्रीकृष्ण में लगा दिया। भगवान् श्रीकृष्ण के सुंदर चतुर्भुज विगृह पर उस समय पीतांबर फहरा रहा था। भीष्म पितामह जी की आँखें उसी पर एक टक लग गयीं।।३०।।

उनको शस्त्रों की चोट से जो पीड़ा हो रही थी, वह तो भगवान् के दर्शन मात्र से ही तुरंत दूर हो गयी तथा भगवान् की विषुद्ध धारणा से उनके जो कुछ अशुभ शेष थे, वे सभी नष्ट हो गये। अब शरीर छोड़ने के समय उन्होंने अपनी समस्त इंद्रियों के वृत्ति-विलास को रोक दिया और बड़े प्रेम से भगवान् की स्तुति की।।३१।।

भीष्मजी ने कहा- अब मृत्यु के समय मैं अपनी यह बुद्धि, जो अनेक प्रकार के साधनों का अनुष्ठान करने से अत्यंत शुद्ध एवं कामनारहित हो गयी है, यदुवंश शिरोमणि अनंत भगवान् श्रीकृष्ण के चरणों में समर्पित करता हूँ, जो सदा-सर्वदा अपने आनंदमय स्वरूप में स्थित रहते हुए ही कभी विहार करने की- लीला करने की इच्छा से प्रकृति को स्वीकार कर लेते हैं, जिससे यह सृष्टि परंपरा चलती है।।३२।। जिनका शरीर त्रिभुवन-सुंदर एवं श्याम तमाल के समान साँवला है, जिस पर सूर्य-रश्मियों के समान श्रेष्ठ पीतांबर लहराता रहता है और कमल-सदृश मुख पर घुँघराली अलकें लटकती रहती हैं, अर्जुन-सखा श्रीकृष्ण में मेरी निष्कपट प्रीति हो।।३३।।

मुझे युद्ध के समय की उनकी वह विलक्षण छवि याद आती है। उनके मुख पर लहराते हुए घुँघराले बाल घोड़ों की टाप की धूल से

मटमैले हो गये थे और पसीने की छोटी-छोटी बूंदें शोभायमान हो रही थीं। मैं अपने तीखे बाणों से उनकी त्वचा को बींध रहा था। उन सुंदर कवचमण्डित भगवान् श्रीकृष्ण के प्रति मेरा शरीर, अंतःकरण और आत्मसमर्पित हो जायेगा।।३५।।

अपने मित्र अर्जुन की बात सुनकर, जो तुरंत ही पाण्डव-सेना और कौरव-सेना के बीच में अपना रथ ले आये और वहाँ स्थित होकर जिन्होंने अपनी दृष्टि से शत्रुपक्ष के सैनिकों की आयु छीन ली, उन पार्थ सखा भगवान् श्रीकृष्ण में मेरी परम् प्रीति हो। अर्जुन ने जब दूर से कौरवों की सेना के मुखिया हम लोगों को देखा, तब पाप समझकर वह अपने स्वजनों के वध से विमुख हो गया। उस समय जिन्होंने गीता के रूप में आत्मविद्या का उपदेश करके उसके सामयिक अज्ञान का नाश कर दिया, उन परम् पुरुष भगवान् श्रीकृष्ण के चरणों में मेरी प्रीति बनी रहे। मैंने प्रतिज्ञा कर ली थी कि मैं श्रीकृष्ण को शस्त्र गृहण कराकर छोड़ूंगा; उसे सत्य एवं ऊंची करने के लिए उन्होंने अपनी शस्त्र गृहण न करने की प्रतिज्ञा तोड़ी थी। उस समय वे रथ से नीचे कूद पड़े और सिंह जैसे हाथी को मारने के लिए उस पर टूट पड़ता है, वैसे ही रथ का पहिया लेकर मुझ पर झपट पड़े। उस समय वे इतने वेग से दौड़े कि उनके कंधे का दुपट्टा गिर गया और पृथ्वी कांपने लगी। मुझ आततायी ने तीखे बाण मार-मारकर उनके शरीर का कवच तोड़ डाला था, जिससे सारा शरीर लहूलुहान हो रहा था, अर्जुन के रोकने पर भी वह बलपूर्वक मुझे मारने के लिए मेरी ओर दौड़े आ रहे थे। वे ही भगवान् श्रीकृष्ण जो ऐसा करते हुए भी मेरे प्रति अनुगृह और भक्तवत्सलता से परिपूर्ण थे, मेरी एकमात्र गति हों- आश्रय हों। जिनकी लटकीली सुंदर चाल, हाव-भावयुक्त चेष्टाएँ, मधुर मुस्कान और प्रेम भरी चितवन से अत्यंत सम्मानित गोपियां रासलीला में उनके अंतर्धान हो जाने पर प्रेमोन्माद से मतवाली होकर जिनकी लीलाओं का अनुकरण करके तन्मय हो गयी थीं, उन्हीं भगवान् श्रीकृष्ण में मेरा परम् प्रेम हो। जिस समय युधिष्ठिर का राजसूय यज्ञ हो रहा था, मुनियों और बड़े-बड़े राजाओं से भरी हुई सभा में सबसे पहले सबकी ओर से इन्हीं सबके

दर्शनीय भगवान् श्रीकृष्ण की मेरी आँखों के सामने पूजा हुई थी; वे ही सब के आत्मा प्रभु आज इस मृत्यु के समय मेरे सामने खड़े हैं। जैसे एक ही सूर्य अनेक आँखों से अनेक रूपों में दीखते हैं, वैसे ही अजन्मा भगवान् श्रीकृष्ण अपने ही द्वारा रचित अनेक शरीरधारियों के हृदय में अनेक रूप से जान पड़ते हैं; वास्तव में तो वे एक ओर सबके हृदय में विराजमान हैं। उन्हीं इन भगवान् श्रीकृष्ण को मैं भेद-भ्रम से रहित होकर प्राप्त हो गया हूँ।।३५-४२।।

सूतजी कहते हैं- इस प्रकार भीष्म पितामह ने मन, वाणी और दृष्टि की वृत्तियों से आत्मस्वरूप भगवान् श्रीकृष्ण में अपने आपको लीन कर दिया। उनके प्राण वहीं विलीन हो गये और वह शांत हो गये। उन्हें अनंत ब्रह्म में लीन जानकार सब लोग वैसे ही चुप हो गये, जैसे दिन के बीत जाने पर पक्षियों का कलरव शांत हो जाता है। उस समय देवता और मनुष्य नगाड़े बजाने लगे और आकाश से पुष्पों की वर्षा होने लगी। शौनकजी! युधिष्ठिर ने उनके मृत शरीर की अंत्येष्टि क्रिया करायी और कुछ समय के लिए वे शोक मग्न हो गये। उस समय उन्होंने बड़े आनंद से भगवान् श्रीकृष्ण की उनके रहस्यमय नाम ले-लेकर स्तुति की। इसके पश्चात् अपने हृदयों को श्रीकृष्णमय बनाकर अपने-अपने आश्रमों को लौट गये। तदन्तर भगवान् श्रीकृष्ण के साथ युधिष्ठिर हस्तिनापुर चले आये और उन्होंने वहाँ अपने ताऊ धृतराष्ट्र और तपस्विनी गान्धारी को ढाढ़स बंधाया।। फिर धृतराष्ट्र की आज्ञा और भगवान् श्रीकृष्ण की अनुमति से समर्थ राजा युधिष्ठिर अपने वंश परंपरागत साम्राज्य का धर्मपूर्वक शासन करने लगे।।४३-४९।।

श्रीकृष्ण का द्वारका-गमन

शौनकजी ने पूछा- धार्मिक शिरोमणि महाराज युधिष्ठिर ने अपनी पैतृक संपत्ति को हड़प जाने के इच्छुक आततायियों का नाश करके अपने भाइयों के साथ किस प्रकार से राज्य-शासन और कौन-कौन से काम किये, क्योंकि भोगों में तो उनकी प्रवृत्ति नहीं थी ही नहीं।।१।।

सूतजी कहते हैं- सम्पूर्ण सृष्टि को उज्जीवित करने वाले भगवान् श्रीहरि! परस्पर कि कलहाग्निी से दग्ध कुरुवंश को पुनः अंकुरित कर और युधिष्ठिर को उनके राज्य सिंहासन पर बैठाकर बहुत प्रसन्न हुए।।२।।

भीष्म पितामह और भगवान् श्रीकृष्ण के उपदेशों के श्रवण से उनके अंत:करण में विज्ञान का उदय हुआ और भ्रांति मिट गयी। भगवान् के आश्रय में रहकर वे समुद्रपर्यंत सारथी सारी पृथ्वी पर इंद्र के समान शासन करने लगे। भीमसेन आदि उनके भाई पूर्ण रूप से उनकी आज्ञायों का पालन करते थे।।३।।

युधिष्ठिर के राज्य में आवश्यकतानुसार यथेष्ट वर्षा होती थी, पृथ्वी में समस्त अभीष्ट वस्तुएँ पैदा होती थीं, बड़े-बड़े थन वाली बहुत-सी गौएँ प्रसन्न रहकर गौशालाओं को दूध से सींचती रहती थीं।।४।।

नदियां, समुद्र, पर्वत, वनस्पति, लताएं और औषधियां प्रत्येक ऋतु में यथेष्ट रूप से अपनी-अपनी वस्तुएँ राजा को देती थीं।।५।।

अजातशत्रु महाराज युधिष्ठिर के राज्य में किसी प्राणी को कभी भी आधि-व्याधि अथवा दैविक, भौतिक और आत्मिक क्लेश नहीं होते थे।।६।।

अपने बंधुओं का शोक मिटाने के लिए और अपनी बहिन सुभद्रा की प्रसन्नता के लिए भगवान् श्रीकृष्ण कई महीनों तक हस्तिनापुर में ही रहे।।७।। फिर जब उन्होंने राजा युधिष्ठिर से द्वारका जाने की अनुमति माँगी, तब राजा ने उन्हें अपने हृदय से लगाकर स्वीकृति दे दी। भगवान् उनको प्रणाम करके रथ पर सवार हुए। कुछ लोगों (समान उम्र वालों) ने उनका आलिंगन किया और कुछ (कम उम्र) ने प्रणाम।।८।।

उस समय सुभद्रा, द्रौपदी, कुन्ती, उत्तरा, गान्धारी, धृतराष्ट्र, युयुत्सु, कृपाचार्य, नकुल, सहदेव, भीमसेन और सत्यवती आदि सब मूर्च्छित से हो गये। वे सांगपाणि श्रीकृष्ण का विरह नहीं सह सके।।९-१०।।

भगवद्भक्त सत्पुरुषों के संग से जिसका दु:संग छूट गया है, वह विचारशील पुरुष भगवान् के मधुर-मनोहर सुयश को एक बार भी सुन लेने पर फिर उसे छोड़ने की कल्पना भी नहीं करता। उन्हीं भगवान् के

दर्शन तथा स्पर्श से उनके साथ आलाप करने से तथा साथ ही साथ सोने, उठने, बैठने और भोजन करने से जिनका सम्पूर्ण हृदय उन्हें समर्पित हो चुका था, वे पाण्डव भला, उनका विरह कैसे सहन कर सकते थे।।११-१२।।

उनका चित्त द्रवित हो रहा था, वे सब निर्निमेष नेत्रों से भगवान्‌ को देखते हुए स्नेह बंधन से बंधकर जहाँ-तहां दौड़ रहे थे।।१३।।

भगवान्‌ श्रीकृष्ण के घर से चलते समय उनके बंधुओं की स्त्रियों ने नेत्र उत्कण्ठावश उमड़ते हुए आंसुओं से भर आये, परंतु इस भय से कहीं यात्रा के समय अशकुन न हो जाय, उन्होंने बड़ी कठिनाई से उन्हें रोक लिया।।१४।।

भगवान्‌ के प्रस्थान के समय मृदंग, भेरी, वीणा, ढोल, नरसिंगे, धुन्धरी, नगाड़े, घंटे, और दुन्दुभियाँ आदि बाजे बजने लगे।।१५।।

भगवान्‌ के दर्शन की लालसा से कुरुवंश की स्त्रियाँ अटारियों पर चढ़ गयीं और प्रेम, लज्जा एवं मुस्कान से युक्त चितवन से भगवान्‌ को देखती हुई उन पर पुष्पों की वर्षा करने लगीं।।१६।।

उस समय भगवान्‌ के प्रिय सखा घुंघराले बालों वाले अर्जुन ने अपने प्रियतम श्रीकृष्ण का वह श्वेत छत्र, जिसमें मोतियों की झालर लटक रही थी और जिसका डंडा रत्नों का बना हुआ था, अपने हाथों में ले लिया।।१७।।

उद्धव और सात्यकि बड़े विचित्र चँवर डुलाने लगे। मार्ग में भगवान्‌ श्रीकृष्ण पर चारों ओर से पुष्पों की वर्षा हो रही थी। बड़ी ही मधुर झांकी थी।।१८।।

इस जगत्‌ में जिसके स्वरूप का साक्षात्कार जितेंद्रिय योगी अपने प्राणों को वश में करके भक्ति से प्रफुल्लित निर्मल हृदय में किया करते हैं, ये श्रीकृष्ण वही साक्षात्‌ परब्रह्म हैं। वास्तव में इन्हीं की भक्ति से अंतःकरण की पूर्ण शुद्धि हो सकती है, योगादि के द्वारा नहीं। सखी! वास्तव में ये वही हैं, जिनकी सुंदर लीलाओं का गायन वेदों में और दूसरे गोपनीय शास्त्रों में व्यासादि रहस्यवादी ऋषियों ने किया है- जो एक

अद्वितीय ईश्वर हैं और अपनी लीला से जगत् की सृष्टि, पालन तथा संहार करते हैं, परंतु उनमें आसक्त नहीं होते।। जब तामसी बुद्धिवाले राजा अधर्म से अपना पेट पालने लगते हैं तब ये ही सत्त्वगुण को स्वीकार कर ऐश्वर्य, सत्य, दया और यश प्रकट करते और संसार के कल्याण के लिए युग-युग में अनेकों अवतार धारण करते हैं।। अहो! यह यदुवंश परम् प्रशंसनीय है; क्योंकि लक्ष्मीपति पुरुषोत्तम श्रीकृष्ण ने जन्म गृहण करके इस वंश को सम्मानित किया है। वह पवित्र मधुवन (व्रजमंडल) भी अत्यंत धन्य है, जिसे उन्होंने अपने शैशव एवं किशोरावस्था में घूम-फिरकर सुशोभित किया है।। बड़े हर्ष की बात है कि द्वारका ने स्वर्ग के यश का तिरस्कार करके पृथ्वी के पवित्र यश को बढ़ाया है। क्यों न हो, वहाँ की प्रजा अपने स्वामी भगवान् श्रीकृष्ण को, जो बड़े प्रेम से मंद-मंद मुस्कराते हुए उन्हें कृपादृष्टि से देखते हैं, निरंतर निहारती रहती हैं।। सखी! जिनका इन्होंने पाणिगृहण किया है, उन स्त्रियों ने अवश्य ही व्रत, स्नान, हवन आदि के द्वारा इन परमात्मा की आराधना की होगी; क्योंकि वह बार-बार इनकी उस अधर-सुधा का पान करती हैं, जिसके स्मरण मात्र से व्रज बालाएं आनंद से मूर्च्छित हो जाया करती थीं।। ये स्वयंवर में शिशुपाल आदि मतवाले राजाओं का मानमर्दन करके जिनको अपने बाहुबल से हर लाये थे तथा जिनके पुत्र प्रद्युम्न, साम्ब आदि हैं, वे रूक्मिणी आदि आठों पटरानियाँ और भौमासुर को मारकर लायी हुई जो इनकी हजारों अन्य पत्नियां हैं, वे वास्तव में धन्य हैं। क्योंकि इन सभी ने स्वतंत्रता और पवित्रता से रहित स्त्री जीवन को पवित्र और उज्ज्वल बना दिया है। इनकी महिमा का वर्णन कोई क्या करे। इनके स्वामी साक्षात् कमलनयन भगवान् श्रीकृष्ण हैं, जो नाना प्रकार की प्रिय चेष्टाओं तथा पारिजातादि प्रिय वस्तुओं की भेंट से इनके हृदय में प्रेम एवं आनंद की अभिवृद्धि करते हुए कभी एक क्षण के लिए भी इन्हें छोड़कर दूसरी जगह नहीं जाते।।१९-३०।।

हस्तिनापुर की स्त्रियाँ इस प्रकार बातचीत कर रही थीं कि भगवान् श्रीकृष्ण मंद मुस्कान और प्रेमपूर्ण चितवन से उनका अभिनंदन करते हुए वहाँ से विदा हो गये।।३१।।

अजातशत्रु युधिष्ठिर ने भगवान् श्रीकृष्ण की रक्षा के लिए हाथी, घोड़े, रथ और पैदल सेना उनके साथ कर दी; उन्हें स्नेहवश यह शंका हो को आयी थी कि कहीं रास्ते में शत्रु पर आक्रमण न कर दें।। सुदृढ़ प्रेम के कारण कुरुवंशी पाण्डव भगवान् के साथ बहुत दूर तक चले गये। वे लोग उस समय भावी विरह से व्याकुल हो रहे थे। भगवान् श्री कृष्ण ने उन्हें बहुत आगृह करके विदा किया और सात्यकि, उद्धव आदि प्रेमी मित्रों के साथ द्वारका की यात्रा की।। शौनकजी! वे कुरूजांगल, पाँचाल, शूरसेन, यमुना के तटवर्ती प्रदेश ब्रह्मवर्त, कुरुक्षेत्र, मत्स्य सारस्वत और मरुधन्व देश को पार करके सौवीर और आभीर देश के पश्चिम आनर्त्त देश में आये। उस समय अधिक चलने के कारण भगवान् के रथ के घोड़े कुछ थक से गये थे।। मार्ग में स्थान-स्थान पर लोग उपहारादि के द्वारा भगवान् का सम्मान करते, सायंकाल होने पर वे रथपर से भूमि पर उतर आते और जलाशय पर जाकर सन्ध्या-वन्दन करते। यह उनकी नित्यचर्या थी।।३१-३६।।

द्वारका में श्रीकृष्ण का राजोचित स्वागत

सूतजी कहते हैं- श्रीकृष्ण ने अपने समृद्ध आनर्त्त देश में पहुँचकर वहाँ के लोगों की विरह-वेदना बहुत कुछ शांत करते हुए अपना श्रेष्ठ पाञ्चजन्य नामक शंख बंदर बजाया।।१।।

भगवान् के होठों की लाली से लाल हुआ वह श्वेत वर्ण का शंख बजते समय उनके कर-कमलों में ऐसा शोभायमान हुआ, जैसे लाल रंग के कमलों पर बैठकर कोई राजहंस उच्च स्वर से मधुर गान-कर रहा हो।।२।।

भगवान् के शंख की वह ध्वनि संसार के भय को भयभीत करने वाली है। उसे सुनकर सारी प्रजा अपने स्वामी श्रीकृष्ण के दर्शन की लालसा से नगर के बाहर निकल आयी।।३।।

सबके मुख-कमल प्रेम से खिल उठे थे। वे हर्ष गद्गद वाणी से सुहृद और संरक्षक भगवान् श्रीकृष्ण की ठीक वैसे ही स्तुति करने लगे, जैसे

बालक अपने पिता से अपनी तोतली बोली में बातें करते हैं।। 'स्वामिन्'! हम आपके उन चरण-कमलों को सदा-सर्वदा प्रणाम करते हैं, जिनकी वंदना ब्रह्म, शंकर और इंद्र तक करते हैं, जो इस संसार में परम् कल्याण चाहने वालों के लिए सर्वोत्तम आश्रय हैं, जिनकी शरण ले लेने पर परम् समर्थ काल भी एक बाल तक बाँका नहीं कर सकता।

विश्वमान! आप ही हमारे माता, सुहृद स्वामी और पिता हैं; आप ही हमारे परम् सद्‌गुरु और आराध्यदेव हैं। आपके चरणों की सेवा से हम कृतार्थ हो रहे हैं। आप ही हमारा कल्याण करें कमलनयन श्रीकृष्ण। जब आप अपने बन्धु-बान्धवों से मिलने के लिए हस्तिनापुर अथवा मथुरा (व्रज मंडल) चले जाते हैं, तब आपके बिना हमारा एक-एक क्षण कोटि-कोटि वर्षों के समान लंबा हो जाता है। आपके बिना हमारी दशा वैसे ही हो जाती है, जैसे सूर्य के बिना आँखों की। भक्तवत्सल भगवान् श्रीकृष्ण प्रजा के मुख से ऐसे वचन सुनते हुए और अपनी कृपामयी दृष्टि से उन पर अनुगृह की वृष्टि करते हुए द्वारका में प्रविष्ट हुए। नगर के राजमार्ग, अन्यान्य सड़कें, बाजार और चौक झाड़-बहार कर सुगंधित जल से सींच दिए गये थे। और भगवान् के स्वागत के लिए बरसाये हुए फल-फूल, अक्षत-अंकर चारों ओर बिखरे हुए थे।

घरों के प्रत्येक द्वार पर दही, अक्षत, फल, ईख, जल से भरे हुए कलश, उपहार की वस्तुएँ और धूप-दीप आदि सजा दिए गये थे।

उदार शिरोमणि वसुदेव, अक्रुर, उग्रसेन अद्‌भुत पराक्रमी बलराम, प्रद्युम्न चारूदेष्ण और जाम्वतीनन्दन साम्ब ने जब यह सुना कि हमारे प्रियतम भगवान् श्रीकृष्ण आ रहे हैं, तब उनके मन में इतना आनंद उमड़ा कि उन लोगों ने अपने सभी आवश्यक कार्य- सोना, बैठना और भोजन आदि छोड़ दिये। प्रेम के आवेग से उनका हृदय उछलने लगा। वे मंगल शकुन के लिए एक गजराज को आगे करके स्वस्त्ययन- पाठ करते हुए और माँगलिक सामग्रियों से सुसज्जित ब्राह्मणों को साथ लेकर चले। षंख और तुरही आदि बाजे बजने लगे और वेदध्वनि होने लगी। वे सब हर्षित होकर रथों पर सवार हुए और बड़ी आदर बुद्धि से भगवान् की अगवानी

करने चले।। भगवान् श्रीकृष्ण ने बन्धु-बान्धवों, नागरिकों और सेवकों से उनकी योग्यता के अनुसार अलग-अलग मिलकर सबका सम्मान किया। इस प्रकार चाण्डालपर्यन्त सबको संतुष्ट करके गुरुजन, सपत्नीक ब्राह्मण और वृद्धों का तथा दूसरे लोगों का भी आशीर्वाद गृहण करते एवं नदी वंदीजनों से विरुदावली सुनते हुए सबके साथ भगवान् ने नगर में प्रवेश किया।

शौनकजी! जिस समय भगवान् राजमार्ग से जा रहे थे, उसमें द्वारका की कुल-कामिनियाँ भगवान् के दर्शन को ही परमानंद मानकर अपनी-अपनी अटारियों पर चढ़ गयीं। भगवान् का वक्ष स्थल मूर्तिमान सौंदर्य लक्ष्मी का निवास स्थान है। उनका मुखारविन्द नेत्रों के द्वारा पान करने के लिए सौंदर्य-सुधा से भरा हुआ पात्र हैं। उनकी भुजाएं लोकपालों को भी शक्ति देने वाली हैं। उनके चरण कमल भक्त परम्हंसों के आश्रय हैं। उनके अंग-अंग शोभा के धाम हैं। भगवान् की इस छवि को द्वारकावासी नित्य निरंतर निहारते रहते हैं, फिर भी उनकी आँखें एक क्षण के लिए भी तृप्त नहीं होती।। भगवान् सबसे पहले अपने माता-पिता के महल में गये। वहाँ उन्होंने बड़े आनंद से देवकी आदि सातों माताओं ने चरणों पर सिर रखकर प्रणाम किया और माताओं को उन्हें अपने हृदय से लगाकर गोद में बैठा लिया। स्नेह के कारण उनके स्तनों से दूध की धारा बहने लगी, उनका हृदय हर्ष से भी विह्वल हो गया और वे आनंद के आंसुओं से उनका अभिषेक करने लगीं।। माताओं से आज्ञा लेकर वे अपने समस्त भोग-सामग्रियों से संपन्न सर्वश्रेष्ठ भवन में गये। उसमें सोलह हजार पत्नियों के अलग-अलग महल थे।। अपने प्राणनाथ भगवान् श्रीकृष्ण को बहुत दिन बाहर रहने के बाद घर आया देखकर रानियों के हृदय में बड़ा आनंद हुआ। उन्हें अपने निकट देखकर वे एकाएक ध्यान छोड़कर उठ खड़ी हुई; उन्होंने केवल आसन ही नहीं, बल्कि उन नियमों को भी त्याग दिया, जिन्हें उन्हें पति के प्रवासी होने पर गृहण किया था। उस समय उनके मुख और नेत्रों में लज्जा छा गयी। भगवान् के प्रति उनका भाव बड़ा ही गंभीर था। उन्होंने पहले मन-ही-मन, फिर नेत्रों के द्वारा और तत्पश्चात् पुत्रों के

बहाने शरीर से उनका आलिंगन किया। शौनकजी! उस समय उनके नेत्रों में जो प्रेम के आंसू छलक गये थे, उन्हें संकोचवश उन्होंने बहुत रोका। फिर भी विवशता के कारण वे ढलक ही गये।

यद्यपि भगवान् श्रीकृष्ण एकांत में सर्वदा ही उनके पास रहते थे, तथापि उनके चरण-कमल उन्हें पद-पद पर नये-नये जान पड़ते थे। भला, स्वभाव से ही चंचल लक्ष्मी जिन्हें एक क्षण के लिए भी कभी नहीं छोड़तीं, उनकी सन्निधि से किस स्त्री को तृप्ति हो सकती है। जैसे वायु बांसों के संघर्ष से दावानल पैदा करके उन्हें जला देता है, वैसे ही पृथ्वी के भार-भूत और शक्तिशाली राजाओं में परस्पर फूट डालकर बिना शस्त्र गृहण किये ही, भगवान् श्रीकृष्ण ने उन्हें कई अक्षौहिणी सेना सहित एक-दूसरे से मरवा डाला और उसके बाद आप भी उपराम हो गये। साक्षात् परमेश्वर ही अपनी लीला से इस मनुष्यलोक में अवतीर्ण हुए थे और सहस्रों रमणी-रत्नों में रहकर उन्होंने साधारण मनुष्य की तरह क्रीड़ा की। जिनकी निर्मल और मधुर हंसी उनके हृदय के उन्मुक्त भावों को सूचित करने वाली थी, जिनकी लजीली चितवन की चोट से बेसुध होकर विश्वविजयी कामदेव ने भी अपने धनुष का परित्याग कर दिया था- वे कमनीय कामिनियाँ अपने काम-विलासों से जिनके मन में तनिक भी क्षोभ नहीं पैदा कर सकीं, उन असंग भगवान् श्रीकृष्ण को संसार के लोग अपने ही समान कर्म करते देखकर आसक्त मनुष्य समझते हैं- यह उनकी मूर्खता है। यही तो भगवान् की भगवत्ता है कि वे प्रकृति में स्थित होकर भी उसके गुणों से कभी लिप्त नहीं होते, जैसे भगवान् की शरणागत बुद्धि अपने में रहने वाले प्राकृत गुणों से लिप्त नहीं होती।। वे मूढ़ स्त्रियाँ भी श्रीकृष्ण को अपना एकांतसेवी, स्त्रीपरायण भक्त ही समझ बैठी थीं; क्योंकि वे अपने स्वामी के ऐश्वर्य को नहीं जानती थीं- ठीक वैसे ही जैसे अहंकार की वृत्तियां ईश्वर को अपने धर्म से युक्त मानती हैं।।४-३१।।

परीक्षित् का जन्म

शौनकजी ने कहा- अश्वत्थामा ने जो अत्यंत तेजस्वी ब्रह्मस्त्र चलाया

था, उससे उत्तरा का गर्भ नष्ट हो गया था, परंतु भगवान् ने उसे पुनःजीवित कर दिया।।१।।

उस गर्भ से पैदा हुए महाज्ञानी महात्मा परीक्षित् के, जिन्हें सुकदेव जी ने ज्ञानोपदेश दिया था। जन्म, कर्म, मृत्यु और उसके बाद जो गति उन्हें प्राप्त हुई, वह सब यदि आप ठीक समझें तो कहें; हम लोग बड़ी श्रद्धा के साथ सुनना चाहते हैं।।२-३।।

सूतजी ने कहा- धर्मराज युधिष्ठिर अपनी प्रजा को प्रसन्न रखते हुए पिता के समान उसका पालन करने लगे। भगवान् श्री कृष्ण के चरण कमलों के सेवन से वे समस्त भोगों से निःस्पृह हो गए थे।।४।।

शौनकादि ऋषियों! उनके पास अतुल संपत्ति थी, उन्होंने बड़े-बड़े यज्ञ किये थे तथा उनके फलस्वरूप श्रेष्ठ लोकों का अधिकार प्राप्त किया था। उनकी रानियां और भाई अनुकूल थे, सारी पृथ्वी उनकी थी, वै जंबूद्वीप के समान थे और उनकी कीर्ति स्वर्ग तक फैली हुई थी।।५।।

उनके पास भोग की ऐसी सामग्री थी, जिसके लिए देवता लोग भी लालायित रहते हैं। परंतु जैसे भूखे मनुष्य को भोजन के अतिरिक्त दूसरे पदार्थ नहीं सुहाते, वैसे ही उन्हें भगवान् के सिवा दूसरी कोई वस्तु सुख नहीं देती थी।।६।।

शौनकजी! उत्तरा के गर्भ में स्थित वह वीर शिशु परीक्षित् जब अश्वत्थामा के ब्रह्मास्त्र के तेज से जलने लगा तब उसने देखा कि उसकी आँखों के सामने एक ज्योतिर्मय पुरुष है।।७।।

वह देखने में तो अंगूठे भर का है, परंतु उसका स्वरूप बहुत ही निर्मल है। अत्यंत सुंदर श्याम शरीर है, बिजली के समान चमकता हुआ पीतांबर धारण किये हुए है, सिर पर सोने का मुकुट झिलमिला रहा है। उस निर्विकार पुरुष के बड़ी ही सुंदर लंबी-लंबी चार भुजाएं हैं। कानों में तपाये हुए स्वर्ण के सुंदर कुंडल हैं, आँखों में लालिमा है, हाथ में लूके के समान जलती हुई गदा लेकर उसे बार-बार घुमाता जा रहा है और स्वयं शिशु के चारों ओर घूम रहा है।।८-९।।

जैसे सूर्य अपनी किरणों से कोहरे को भगा देते हैं, वैसे ही वह उस गदा के द्वारा ब्रह्मस्त्र के तेज को शांत करता जा रहा था। उस पुरुष को अपने समीप देखकर वह गर्भस्थ शिशु सोचने लगा कि यह कौन है।।१०।।

इस प्रकार दस उस मास के गर्भस्थ शिशु के सामने ही धर्मरक्षक अप्रमेय भगवान् श्रीकृष्ण ब्रह्मास्त्र के तेज को शांत करके वहीं अंतर्धान हो गये।।११।।

तदन्तर अनुकूल गृहों के उदय से युक्त समस्त सद्‌गुणों को विकसित करने वाले शुभ समय में पांडु के वंशधर परीक्षित् का जन्म हुआ। जन्म के समय ही वह बालक इतना तेजस्वी दीख पड़ता था, मानो स्वयं पांडु ने ही फिर से जन्म लिया हो।।१२।।

पौत्र के जन्म की बात सुनकर राजा युधिष्ठिर मन में बहुत प्रसन्न हुए। उन्होंने धौम्य, कृपाचार्य आदि ब्राह्मणों से मंगलवाचन और जात कर्म-संस्कार करवाये।।१३।।

महाराज युधिष्ठिर दान के योग्य समय को जानते थे। उन्होंने प्रजा तीर्थ नामक काल में अर्थात् नाल काटने के पहले ही ब्राह्मणों को सुवर्ण, गौएँ, पृथ्वी, गाँव, उत्तम जाति के हाथी-घोड़े और उत्तम अन्नदान दिया।।१४।।

ब्राह्मणों ने संतुष्ट होकर अत्यंत विनयी युधिष्ठिर से कहा- 'पुरुषवंश-शिरोमणे'! काल की दुर्निवार गति से यह पवित्र पुरुवंश मिटना ही चाहता था, परंतु तुम लोगों पर कृपा करने के लिए भगवान् विष्णु ने यह बालक देकर इसकी रक्षा कर दी।।१५-१६।।

इसलिए इसका नाम विष्णुरात होगा। निस्संदेह यह बालक संसार में बड़ा यशस्वी, भगवान् का परम् भक्त और महापुरुष होगा।।१७।।

युधिष्ठिर ने कहा- महात्माओं! यह बालक क्या अपने उज्ज्वल यश से हमारे वंश के पवित्र कीर्ति महात्मा राजर्षियों का अनुसरण करेगा?।।१८।।

ब्राह्मणों ने कहा- धर्मराज! यह मनुपुत्र इक्ष्वाकु के समान अपनी प्रजा का पालन करेगा तथा दशरथनंदन भगवान् श्रीराम के समान ब्राह्मण भक्त और सत्यप्रतिज्ञ होगा।।१९।।

यह उसी नर-नरेश शिबि के समान दाता और शरणागतवत्सल होगा तथा याज्ञिकों में दुष्यंत के पुत्र भरत के समान अपने वंश का यश फैलायेगा।।२०।।

धनुर्धरों में यह सहस्रबाहु अर्जुन और अपने दादा पार्थ के समान अग्रगण्य होगा। यह अग्नि के समान दुर्धर्ष और समुद्र के समान दुस्तर होगा।।२१।।

यह सिंह के समान पराक्रमी, हिमाचल की तरह आश्रय लेने योग्य, पृथ्वी के सदृश तितिक्ष और माता-पिता के समान सहनशील होगा।।२२।।

इसमें पितामह ब्रह्म के समान क्षमता रहेगी, भगवान् शंकर की तरह कृपालु होगा और सम्पूर्ण प्राणियों को आश्रय देने में यह लक्ष्मीपति भगवान् विष्णु के समान होगा।।२३।।

यह समस्त सद्गुणों की महिमा धारण करने में श्रीकृष्ण का अनुयायी होगा, रन्ति देव के समान उदार होगा और ययाति के समान धार्मिक होगा।।२४।।

धैर्य में बलि के समान और भगवान् श्रीकृष्ण के प्रति दृढ़ निष्ठा में यह प्रह्लाद के समान होगा। यह बहुत से अश्वमेध-यज्ञों का करने वाला और वृद्धों का सेवक होगा।।२५।।

इसके पुत्र राजर्षि होंगे। मर्यादा का उल्लंघन करने वालों को यह दण्ड देगा। यह पृथ्वी माता और धर्म की रक्षा के लिए कलियुग का भी दमन करेगा।।२६।।

ब्राह्मण कुमार के शाप से तक्षक के द्वारा अपनी मृत्यु सुनकर यह सबकी आसक्ति छोड़ देगा और भगवान् के चरणों की शरण लेगा।।२७।।

राजन! व्यासनंदन शुकदेवजी से यह आत्मा के यथार्थ स्वरूप का ज्ञान प्राप्त करेगा और अंत में गंगातट पर अपने शरीर को त्याग कर निश्चय ही अभयपद प्राप्त करेगा।।२८।।

ज्योतिषशास्त्र के विशेषज्ञ ब्राह्मण राजा युधिष्ठिर को इस प्रकार बालक के जन्म लग्न का फल बताकर और भेंट-पूजा लेकर अपने-अपने घर चले गये।।२९।।

वहीं यह बालक संसार में परीक्षित् के नाम से प्रसिद्ध हुआ; क्योंकि वह समर्थ बालक गर्भ में जिस पुरुष का दर्शन पा चुका था। उसका स्मरण करता हुआ लोगों में उसी की परीक्षा करता रहा था कि देखें इनमें से कौन-सा वह है।।३०।।

जैसे शुक्लपक्ष में दिन-प्रतिदिन चंद्रमा अपनी कलाओं से पूर्ण होता हुआ बढ़ता है, वैसे ही वह राजकुमार भी अपने गुरुजनों के लालन-पालन से क्रमशः अनुदिन बढ़ता हुआ शीघ्र ही सयाना हो गया।।३१।। इसी समय स्वजनों के वध का प्रायश्चित्त करने के लिए राजा युधिष्ठिर ने अश्वमेध-यज्ञ का व भगवान् की आराधना करने का विचार किया, परंतु प्रजा से वसूल किये हुए कर और दण्ड (जुर्माने) की रकम के अतिरिक्त और धन न होने के कारण, वे बड़ी चिंता में पड़ गये।।३२।।

उनका अभिप्राय समझकर भगवान् श्रीकृष्ण की प्रेरणा से उनके भाई उत्तर दिशा में राजा मरुत और ब्राह्मणों द्वारा छोड़ा हुआ, बहुत-सा धन ले आये।।३३।।

उससे यज्ञ की सामग्री एकत्र करके धर्मभीरु महाराजा युधिष्ठिर ने तीन अश्वमेध-यज्ञों के द्वारा भगवान् की पूजा की।।३४।।

युधिष्ठिर के निमंत्रण से पधारे हुए भगवान् ब्राह्मणों द्वारा उनका यज्ञ सम्पन्न कराकर अपने सुहृद् पाण्डवों की प्रसन्नता के लिए कई महीनों तक वहीं रहे।।३५।।

शौनकजी! इसके बाद भाइयों सहित राजा युधिष्ठिर और द्रौपदी से अनुमति लेकर अर्जुन के साथ यदुवंशियों से घिरे हुए भगवान् श्रीकृष्ण ने द्वारका के लिए प्रस्थान किया।।३६।।

विदुरजी के उपदेश से धृतराष्ट्र और गान्धारी का वन में जाना (अ० 13)

सूतजी कहते हैं- विदुरजी तीर्थयात्रा में महर्षि मैत्रेय आत्मा का ज्ञान प्राप्त करके हस्तिनापुर लौट आये। उन्हें जो कुछ जानने की इच्छा थी, वह पूर्ण हो गयी थी।।१।।

विदुरजी ने मैत्रेय ऋषि से जितने प्रश्न किये थे, उनका उत्तर सुनने के पहले ही श्रीकृष्ण में अनन्य भक्ति हो जाने के कारण व उत्तर सुनने से उपराम हो गये।।२।।

शौनकजी! अपने चाचा विदुरजी को आया देख धर्मराज युधिष्ठिर, उनके चारों भाई, धृतराष्ट्र, युयुत्सु, संजय, कृपाचार्य, कुन्ती, गान्धारी, द्रौपदी, सुभद्रा, उत्तरा, कृपी तथा पाण्डव-परिवार के अन्य सभी नर-नारी और अपने पुत्रों सहित दूसरी स्त्रियाँ सब-के-सब बड़ी प्रसन्नता से, मानो मृत शरीर में प्राण आ गया हो- ऐसा अनुभव करते हुए उनकी अगवानी के लिए सामने गये। यथायोग्य आलिंगन और प्रणामादि के द्वारा सब उनसे मिले और विरहजनित उत्कंठा से कातर होकर सबने प्रेम के आंसू बहाये। युधिष्ठिर ने आसन पर बैठाकर उनका यथोचित सत्कार किया।।३-६।।

जब वह भोजन एवं विश्राम करके सुखपूर्वक आसन पर बैठे थे तब युधिष्ठिर ने विनय से झुककर सबके सामने ही उनसे कहा।।७।।

युधिष्ठिर ने कहा- चाचा जी! जैसे पक्षी अपने अंडों को पंखों की छाया के नीचे रखकर उन्हें सेते और बढ़ाते हैं, वैसे ही आप ने अत्यंत वात्सल्य से अपने कर कमलों की छत्रछाया में हम लोगों को पाला-पोसा है। बार-बार आपने हमें और हमारी माता को विषदान और लाक्षागृह के दाह आदि विपत्तियों से बचाया है। क्या आप कभी हम लोगों की भी याद करते रहे हैं?।।८।।

आपने पृथ्वी तल पर विचरण करते समय किस वृत्ति से जीवन-निर्वाह किया? आपने पृथ्वी तल पर किन-किन तीर्थों और मुख्य क्षेत्रों का सेवन किया?।।९।।

प्रभो! आप जैसे भगवान् के प्यारे भक्त स्वयं ही तीर्थस्वरूप होते हैं। आप लोग अपने हृदय में विराजमान भगवान् के द्वारा तीर्थों को भी महातीर्थ बनाते हुए विचरण करते हैं।।१०।।

चाचाजी! आप तीर्थ यात्रा करते हुए द्वारका भी अवश्य ही गये होंगे। वहाँ हमारे सुहृद एवं भाई-बंधु यादव लोग, जिनके एकमात्र आराध्य देव

श्रीकृष्ण हैं, अपनी नगरी में सुख से तो है न? आपने जाकर यदि देखा नहीं होगा तो सुना तो अवश्य ही होगा।।११।।

युधिष्ठिर के इस प्रकार पूछने पर विदुरजी ने तीर्थों और यदुवंशियों के संबंध में जो कुछ देखा, सुना और अनुभव किया था, सब क्रम से बतला दिया। केवल यदुवंश के विनाश की बात नहीं कही।।१२।।

करूण हृदय विदुरजी पाण्डवों को दुखी नहीं देख सकते थे। इसलिए उन्होंने यह अप्रिय और असह्य घटना पाण्डवों को नहीं सुनायी; क्योंकि वह तो स्वयं ही प्रकट होने वाली थी।।१३।।

पाण्डव विदुरजी का देवता के समान सेवा-सत्कार करते थे। वे कुछ दिनों तक अपने बड़े भाई धृतराष्ट्र की कल्याण-कामना से सब लोगों को प्रसन्न करते हुए सुखपूर्वक हस्तिनापुर में ही रहे।।१४।।

विदुरजी तो साक्षात् धर्मराज थे, माण्डव ऋषि के शाप से ये एक-सौ वर्ष तक के लिए शूद्र बन गये थे। इतने दिनों तक यमराज के पद पर अर्यमा थे और वही पापियों को उचित दण्ड देते थे।।१५।।

राज्य प्राप्त हो जाने पर अपने लोकपालों-सरीखे भाइयों के साथ राजा युधिष्ठिर वंशधर परीक्षित् को देखकर अपनी अतुल सम्पत्ति से आनंदित रहने लगे।।१६।।

इस प्रकार पाण्डव गृहस्थ के काम-धन्धों में रम गये और उन्हीं के पीछे एक प्रकार से यह बात भूल गये कि अनजाने में ही हमारा जीवन मृत्यु की ओर जा रहा है, अब देखते-देखते उनके सामने वह समय आ पहुँचा जिसे कोई टाल नहीं सकता था।।१७।।

परन्तु विदुरजी ने काल की गति जानकर अपने बड़े भाई धृतराष्ट्र से कहा- 'महाराज! देखिये, अब आप देखें बड़ा भयंकर समय आ गया है, झटपट यहाँ से निकल चलिए।।१८।।

हम सब लोगों के सिर पर वह सर्वसमर्थ काल मँडराने लगा है, जिसके टालने का कहीं भी कोई उपाय नहीं है।।१९।।

काल के वशीभूत होकर जीव का अपने प्रियतम प्राणों से भी बात-की बात में वियोग हो जाता है; फिर धन, जन आदि दूसरी वस्तुओं की तो बात ही क्या है।।२०।।

आपके चाचा, ताऊ, भाई, सगे-सम्बन्धी और पुत्र सभी मारे गये। आपकी उम्र भी ढ़ल चुकी, शरीर बुढ़ापे का शिकार हो गया, आप पराये घर में पड़े हुए हैं।।२१।।

ओह! इस प्राणी को जीवित रहने की कितनी प्रबल इच्छा होती है! इसी के कारण तो आप भीम का दिया हुआ टुकड़ा खाकर कुत्ते का-सा जीवन बिता रहे हैं।।२२।।

जिनको आपने आग में जलाने की चेष्टा की, विष देकर मार डालना चाहा। भरी सभा में जिनकी विवाहिता पत्नी को अपमानित किया, जिनकी भूमि और धन छीन लिए, उन्हीं के अन्न से पले हुए प्राणों को रखने में क्या गौरव है।।२३।।

आपके अज्ञान की हद हो गयी कि अब भी आप जीना चाहते हैं। परंतु आपके चाहने से क्या होगा; पुराने वस्त्रों की तरह बुढ़ापे से गला हुआ आपका शरीर आपके न चाहने पर भी क्षीण हुआ जा रहा है।।२४।।

अब इस शरीर से आपका कोई स्वार्थ सधने वाला नहीं है; इसमें फँसिये मत, इसकी ममता का बंधन काट डालिए। जो संसार के संबंधियों से अलग रहकर उनके अनजान में अपने शरीर का त्याग करता है, वही धीर कहा गया है।।२५।।

चाहे अपनी समझ से हो या दूसरे के समझाने से, जो इस संसार को दु:ख रूप समझकर इससे विरक्त हो जाता है और अपने अंत:करण को वश में करके हृदय में भगवान् को धारण कर सन्यास के लिए घर से निकल पड़ता है, वही उत्तम मनुष्य है।।२६।।

इसके आगे जो समय आने वाला है, वह प्राय: मनुष्यों के गुणों को घटानेवाला होगा, इसलिए आप अपने कुटुम्बियों से छिपकर उत्तराखंड में चले जाइये।।२७।।

जब छोटे भाई विदुर ने अंधे राजा धृतराष्ट्र को इस प्रकार समझाया, तब उनकी प्रज्ञा के नेत्र खुल गये; वे भाई-बंधुओं के स्नेह-पाशों को काटकर अपने छोटे भाई विदुर के दिखाये हुए मार्ग से निकल पड़े।।२८।।

जब पतिव्रता शुबन नंदनी गान्धारी ने देखा कि मेरे पतिदेव तो उस हिमालय की यात्रा कर रहे हैं, जो संयासियों को वैसा ही सुख देता है जैसा वीर पुरुषों को लड़ाई के मैदान में अपने शत्रु के द्वारा किये हुए न्यायोचित प्रहार से होता है, तब वे भी उनके पीछे-पीछे चल पड़ीं।।२९।।

अजातशत्रु युधिष्ठिर ने प्रातःकाल संध्यावादन तथा अग्निहोत्र करके ब्राह्मणों को नमस्कार किया और उन्हें तिल, गौ, भूमि और स्वर्ण का दान दिया। इसके बाद जब वे गुरुजनों की चरण वंदना के लिए राजमहल में गये, तब उन्हें धृतराष्ट्र, विदुर तथा गान्धारी के दर्शन नहीं हुए।।३०।।

युधिष्ठिर ने उद्विग्नचित्त होकर वहीं बैठे हुए संजय से पूछा- 'संजय! मेरे वे वृद्ध और नेत्रहीन पिता धृतराष्ट्र कहाँ हैं?।।३१।।

पुत्रशोक से पीड़ित दुखिया माता गान्धारी और मेरे परम् हितैषी चाचा विदुरजी कहाँ चले गये? ताऊजी अपने पुत्रों और बन्धु-बान्धावों के मारे जाने से दुखी थे। मैं बड़ा मन्दबुद्धि हूँ- कहीं मुझसे किसी अपराध की आशंका करके वे माता गान्धारी सहित गंगाजी में तो नहीं कूद पड़े।।३२।।

जब हमारे पिता पाण्डु की मृत्यु हो गयी थी और हम लोग नन्हे-नन्हे बच्चे थे, तब इन्हीं दोनों ताऊ और चाचा ने बड़े-बड़े दु:खों से हमें बचाया था। वह हम पर बड़ा ही प्रेम रखते थे। हाय! वे यहाँ से कहाँ चले गये।।३३।।

सूतजी कहते हैं- संजय अपने स्वामी धृतराष्ट्र को न पाकर कृपा और स्नेह की विकलता से अत्यंत पीड़ित और विरहातुर हो रहे थे। वे युधिष्ठिर को कुछ उत्तर न दे सके।।३४।।

फिर धीरे-धीरे बुद्धि के द्वारा उन्होंने अपने चित्त को स्थिर किया, हाथों से आँखों के आंसू पोछे और अपने स्वामी धृतराष्ट्र के चरणों का स्मरण करते हुए युधिष्ठिर से कहा।।३५।।

संजय बोले- कुलनन्दन! मुझे आपके दोनों-चाचा और गान्धारी के संकल्प का कुछ भी पता नहीं है। महाबाहो! मुझे तो उन महात्माओं ने ठग लिया।।३६।।

संजय इस प्रकार कह ही रहे थे कि तुम्बुरु के साथ देवर्षि नारदजी वहाँ आ पहुँचे। महाराज युधिष्ठिर ने भाइयों सहित उठकर उन्हें प्रणाम किया और उनका सम्मान करते हुए बोले-।।३७।।

युधिष्ठिर ने कहा- भगवन्! मुझे अपने दोनों चाचाओं का पता नहीं लग रहा है; न जाने वह दोनों और पुत्र-शोक से व्याकुल तपस्विनी माता गान्धारी यहाँ से कहाँ चले गये।।३८।।

भगवान्! अपार समुद्र में कर्णधार के समान आप ही हमारे पारदर्शक हैं। तब भगवान् के परम् भक्त भगवन्मय देवर्षि नारद ने कहा।।३९।।

धर्मराज तुम किसी के लिए शोक मत करो क्योंकि यह सारा जगत् ईश्वर के वश में है। सारे लोक और लोकपाल विवश होकर ईश्वर की आज्ञा का पालन कर रहे हैं। वही एक प्राणी को दूसरे से मिलाता है और वही उन्हें अलग करता है।।४०।।

जैसे बैल बड़ी रस्सी में बंधे और छोटी रस्सी से नथे रहकर अपने स्वामी का भार ढोते हैं, उसी प्रकार मनुष्य भी वर्णाश्रमादि अनेक प्रकार के नामों से वेदरूप रस्सी में बंधकर ईश्वर की ही आज्ञा का अनुसरण करते हैं।।४१।।

जैसे संसार में खिलाड़ी की इच्छा से ही खिलौनों का संयोग और वियोग होता है, वैसे ही भगवान् की इच्छा से मनुष्यों का मिलना-बिछुड़ना होता है।।४२।।

तुम लोगों को जीव रूप से नित्य मानो या देहरूप से अनित्य अथवा शुद्ध ब्रह्मरूप में नित्य-अनित्य कुछ भी न मानो- किसी भी अवस्था में मोहजन्य आसक्ति के अतिरिक्त वे शोक करने योग्य नहीं हैं।।४३।।

इसलिए धर्मराज! वे दीन-दुखी चाचा-चाची असहाय अवस्था में मेरे बिना कैसे रहेंगे, इस अज्ञानजन्य मन की निकलता को छोड़ दो।।४४।।

यह पाश्चभौतिक शरीर काल, कर्म और गुणों के वश में है। अजगर के मुंह में पड़े हुए पुरुष के समान यह पराधीन शरीर दूसरों की रक्षा ही क्या कर सकता है।।४५।।

हाथवालों के बिना हाथवाले, चार पैरवाले पशुओं के बिना पैरवाले (तृणादि) और उनमें भी बड़े जीवों के छोटे जीव आहार हैं। इस प्रकार एक जीव दूसरे जीव के जीवन का कारण हो रहा है।।४६।।

इन समस्त रूपों में जीवो के बाहर और भीतर वही एक स्वयंप्रकाश भगवान् जो सम्पूर्ण आत्माओं के आत्मा हैं, माया के द्वारा अनेकों प्रकार से प्रकट हो रहे हैं। तुम केवल उन्हीं को देखो।।४७।।

अब वे देवताओं का कार्य पूरा कर चुके हैं। थोड़ा सा काम और शेष है, उसी के लिए वे रुके हुए हैं। जब तक वह प्रभु यहाँ हैं, तब तक तुम लोग भी उनकी प्रतीक्षा करते रहो।।४८।।

धर्मराज! हिमालय के दक्षिण भाग में जहाँ सप्तर्षियों की प्रसन्नता के लिए गंगाजी ने अलग-अलग सात धाराओं के रूप में अपने को सात भागों में विभक्त कर दिया है, जिसे 'सप्तस्त्रोत' कहते हैं, वही ऋषियों के आश्रम पर धृतराष्ट्र अपनी पत्नी गान्धारी और विदुर के साथ गये हैं।।५०-५१।।

वहाँ वे त्रिकाल स्नान और विधिपूर्वक अग्निहोत्र करते हैं। अब उनके चित्त में किसी प्रकार की कामना नहीं है, वे केवल जल पीकर शांतचित्त से निवास करते हैं।।५२।।

आसन जीतकर प्राणों को वश में करके उन्होंने अपनी छहों इंद्रियों को विषयों से लौटा लिया है। भगवान् की धारणा से उनके तमोगुण, रजोगुण और सत्वगुण के मल नष्ट हो चुके हैं।।५३।।

उन्होंने अहंकार को बुद्धि के साथ जोड़कर और उसे क्षेत्रज्ञ आत्मा में लीन करके उसे भी महाकाश में घटाकाश के समान सर्वाधिष्ठान ब्रह्म में एक कर दिया है। उन्होंने अपनी समस्त इंद्रियों और मन को रोककर समस्त विषयों को बाहर से ही लौटा दिया है और माया के गुणों से

होनेवाले परिणामों को सर्वथा मिटा दिया है। समस्त कर्मों का सन्यास करके वे इस समय ठूँठ की तरह स्थिर होकर बैठे हुए हैं, अतः तुम उनके मार्ग में विघ्न रूप मत बनना।।५४-५५।।

धर्मराज! आज से पाँचवें दिन वे अपने शरीर का परित्याग कर देंगे और वह जलकर भस्म हो जायेगा।।५६।।

गार्हपत्यादि अग्नियों के द्वारा पर्णकुटी के साथ अपने पति के मृतदेह को जलते देखकर बाहर खड़ी हुई साध्वी गान्धारी भी पति का अनुगमन करती हुई उसी आग में प्रवेश कर जायेगी।।५७।।

धर्मराज! विदुरजी अपने भाई का आश्चर्यमय मोक्ष देखकर हर्षित और वियोग देखकर दुखित होते हुए वहाँ से तीर्थ-सेवन के लिए चले जायेंगे।।५८।।

देवर्षि नारद यों कहकर तुम्बरू के साथ स्वर्ग को चले गये। धर्मराज युधिष्ठिर ने उनके उपदेशों को हृदय में धारण करके शोक को त्याग दिया।।५९।।

अपशकुन देखकर महाराज युधिष्ठिर का शंका करना और अर्जुन का द्वारका से लौटना (अ० 14)

सूतजी कहते हैं- स्वजनों से मिलने और पुण्यलोक भगवान् श्रीकृष्ण अब क्या करना चाहते हैं- यह जानने के लिए अर्जुन द्वारका गए हुए थे।।१।।

कई महीने बीत जाने पर भी अर्जुन वहाँ से लौटकर नहीं आये। धर्मराज युधिष्ठिर को बड़े भयंकर अपशकुन दिखने लगे।।२।।

उन्होंने देखा, काल की गति बड़ी विकट हो गयी है। जिस समय जो ऋतु होनी चाहिए, उस समय वह नहीं होती और उनकी क्रियाएं भी उल्टी ही होती हैं। लोग बड़े क्रोधी, लोभी और असत्यपरायण हो गये हैं। अपने जीवन-निर्वाह के लिए लोग पापपूर्ण व्यापार करने लगे हैं।।३।।

सारा व्यवहार कपट से भरा हुआ होता है, यहाँ तक कि मित्रता में भी छल मिला रहता है, माता-पिता सगे-संबंधी भाई और पति-पत्नी में भी झगड़ा-टंटा रहने लगा है।।४।।

कलिकाल के आ जाने से लोगों का स्वभाव ही लोभ, दम्भ आदि अधर्म से अभिभूत हो गया है और प्रकृति में भी अत्यंत अरिष्टसूचक अपशकुन होने लगे हैं, यह सब देखकर युधिष्ठिर ने अपने छोटे भाई-बहन से कहा।।५।।

युधिष्ठिर ने कहा- भीमसेन! अर्जुन को हमने द्वारका इसलिए भेजा था कि वह वहाँ जाकर, पुण्यश्लोक भगवान् श्रीकृष्ण क्या कर रहे हैं- इसका पता लगा आये और संबंधियों से भी मिल आये।।६।।

तब से सात महीने बीत गये; किंतु तुम्हारे छोटे भाई अब तक नहीं लौट रहे हैं। मैं ठीक-ठीक यह नहीं समझ पाता हूँ कि उनके न आने का क्या कारण है?।।७।।

कहीं देवर्षि नारद के द्वारा बतलाया हुआ वह समय तो नहीं आ पहुँचा है, जिसमें भगवान् श्रीकृष्ण अपने लीला-विगृह का संवरण करना चाहते हैं?।।८।।

उन्हीं भगवान् की कृपा से हमें यह सम्पत्ति, राज्य, स्त्री, प्राण, कुल, सन्तान, शत्रुओं पर विजय और स्वर्गीद लोकों का अधिकार प्राप्त हुआ है।।९।।

भीमसेन! तुम तो मनुष्यों में व्याघ्र के समान बलवान हो; देखो तो सही आकाश में उल्कापातादि, पृथ्वी में भूकम्पादि और शरीरों में रोगादि कितने भयंकर अपशकुन हो रहे हैं। इनसे इस बात की सूचना मिलती है कि शीघ्र ही हमारी बुद्धि को मोह में डालने वाला कोई उत्पात होने वाला है।।१०।।

प्यारे भीमसेन! मेरी बायीं जाँघ और आँख, भुजा बार-बार फड़क रही हैं। हृदय जोर से धड़क रहा है। अवश्य ही बहुत जल्दी कोई अनिष्ट होने वाला है।।११।।

देखो, यह सियारिन उदय होते हुए सूर्य की ओर मुंह करके रो रही है। अरे! उसके मुंह से तो आग भी निकल रही है! यह कुत्ता बिल्कुल निर्भय-सा होकर मेरी ओर देखकर चिल्ला रहा है।।१२।।

भीमसेन! गौ आदि अच्छे पशु मुझे अपने बायें करके जाते हैं और गधे आदि वाहन मुझे रोते हुए दिखाई देते हैं।।१३।।

यह मृत्यु का दूत पेडुखी, उल्लू और उसका प्रतिपक्षी कौआ रात को अपने कर्ण-कठोर शब्दों से मेरे मन को कँपाते हुए विश्व को सूना कर देना चाहते हैं।।१४।। दिशाएँ धुँधली हो गयी हैं, सूर्य और चंद्रमा के चारों ओर बार-बार मंडल बैठते हैं। यह पृथ्वी पहाड़ों के साथ काँप उठती है, बादल बड़े जोर-जोर से गरजते हैं और जहाँ-तहां बिजली भी गिरती ही रहती है।।१५।।

शरीर को छेदनेवाली एवं धूलिवर्षा से अंधकार फैलाने वाली आंधी चलने लगी है, बादल बड़ा डरावना दृश्य उपस्थित करके सब ओर खून बरसाते हैं।।१६।।

देखो! सूर्य की प्रभा मन्द पड़ गयी है। आकाश में गृह परस्पर टकराया करते हैं। भूतों की घनी भीड़ में पृथ्वी और अंतरिक्ष में आग-सी लगी हुई है।।१७।।

बछड़े दूध नहीं पीते, गौएँ दुहने नहीं देतीं, गौशालाओं में गौएँ आंसू बहा-बहाकर रो-सी रही हैं, उनमें से पसीना चूने लगता है और वे हिलती-डोलती भी हैं। भाई! यह देश, गांव, शहर, बगीचे, खानें और आश्रम श्रीहीन और आनंदरहित हो गये हैं। पता नहीं ये हमारे किस दुःख की सूचना दे रहे हैं।।१८-१९।।

इन बड़े-बड़े उत्पातों को देखकर मैं तो ऐसा समझता हूँ कि निश्चय ही यह भाग्यहीन भूमि भगवान् के उन चरण कमलों से, जिनका सौंदर्य तथा जिनके ध्वजा, वज्र, अंकुशादि विलक्षण चिह्न और किसी में भी कहीं भी नहीं हैं, रहित हो गयी हैं।। शौनकजी! राजा युधिष्ठिर इन भयंकर उत्पातों को देखकर मन ही मन चिंतित हो रहे थे कि द्वारका से लौटकर

अर्जुन आये।। युधिष्ठिर ने देखा, अर्जुन इतने आतुर हो रहे हैं जितने पहले कभी नहीं देखे गये थे। मुंह लटका हुआ था, कमल सरीखे नेत्रों से आंसू बह रहे हैं और शरीर में बिल्कुल कान्ति नहीं है। उनको इस रूप में अपने चरणों में पड़ा देखकर युधिष्ठिर घबरा गये।

देवर्षि नारद की बातें याद करके उन्होंने सुहृदों के सामने ही अर्जुन से पूछा।।२१-२४।।

युधिष्ठिर ने कहा- 'भाई! द्वारकापुरी में हमारे स्वजन-सम्बन्धी मधु भोज, दशार्ह, आर्ह, सात्वक, अन्धक और वृष्णिवंशी यादव कुशल से तो हैं?।।२५।।

हमारे माननीय नाना शूरसेनजी प्रसन्न हैं? अपने छोटे भाई सहित मामा वसुदेव जी तो कुशलपूर्वक हैं?।।२६।।

उनकी पत्नियाँ हमारी मामी देवकी आदि सातों बहिनें अपने पुत्रों और बहुओं के साथ आनंद से तो हैं?।।२७।।

जिनका पुत्र कंस बड़ा ही दुष्ट था, वे राजा उग्रसेन अपने छोटे भाई देवक के साथ जीवित तो है न? यादवों के प्रभु बलराम जी तो आनंद से हैं?।।२८-२९।।

वृष्णिवंश के सर्वश्रेष्ठ महारथी प्रद्युम्न सुख से तो हैं? युद्ध में बड़ी फुर्ती दिखलाने वाले भगवान् अनिरुद्ध आनंद से हैं न?।।३०।।

सुषेण, चारुदेष्ण, जामवंतीनन्दन साम्ब और अपने पुत्रों के सहित ऋषभ आदि भगवान् श्रीकृष्ण के अन्य सब पुत्र भी प्रसन्न हैं न?।।३१।।

भगवान् श्रीकृष्ण के सेवक श्रतुदेव, उद्धव आदि और दूसरे सुनन्द-नन्द आदि प्रधान यदुवंशी, जो भगवान् श्रीकृष्ण और बलराम के बाहुबल से सुरक्षित हैं, सब के सब सकुशल है न? हमसे अत्यंत प्रेम करने वाले वे लोग कभी हमारा कुशल-मंगल भी पूछते हैं।।३२-३३।।

भक्तवत्सल ब्राह्मण भक्त भगवान् श्रीकृष्ण अपने स्वजनों के साथ द्वारका की सुधर्मा-सभा में सुखपूर्वक विराजते हैं न?।।३४।।

वे आदिपुरुष बलरामजी के साथ संसार के परम् मंगल, परम् कल्याण और उन्नति के लिए यदुवंश रूपी छीर सागर में विराजमान हैं। उन्हीं के बाहुबल से सुरक्षित द्वारकापुरी में यदुवंशी लोग सारे संसार के द्वारा सम्मानित होकर बड़े आनंद से विष्णु भगवान् के पार्षदों के समान विहार कर रहे हैं।।३५-३६।।

सत्य भामा आदि सोलह हजार रानियाँ प्रधान रूप से उनके चरण कमलों की सेवा में ही रत रहकर उनके द्वारा युद्ध में इन्द्रादि देवताओं को भी हराकर इन्द्राणी के भोग्य तथा उन्हीं की अभीष्ट पारिजातादि वस्तुओं का उपभोग करती हैं।।३७।।

यदुवंशी वीर श्रीकृष्ण के बाहुदण्ड के प्रभाव से सुरक्षित रहकर निर्भय रहते हैं और बलपूर्वक लायी हुई बड़े-बड़े देवताओं के बैठने योग्य सुधर्मा सभा को अपने चरणों से आक्रांत करते हैं।।३८।।

भाई अर्जुन! यह भी बताओ कि तुम स्वयं तो कुशल से हो न? मुझे तुम श्रीहीन-से दिख रहे हो; वहाँ बहुत दिनों तक रहे कहीं तुम्हारे सम्मान में तो किसी प्रकार की कमी नहीं हुई? किसी ने तुम्हारा अपमान तो नहीं कर दिया?।।३९।।

कहीं किसी ने दुर्भावपूर्ण अमंगल शब्द आदि के द्वारा तुम्हारा चित्त तो नहीं दुखाया? अथवा अपनी ओर से कुछ देने की प्रतिज्ञा करके भी तुम नहीं दे सके? तुम सदा शरणागतों की रक्षा करते आये हो; कहीं किसी भी ब्राह्मण, बालक, गौ, बूढ़े, रोगी, अबला अथवा अन्य किसी प्राणी का, जो तुम्हारी शरण में आया हो, तुमने त्याग तो नहीं कर दिया?।।४१।।

कहीं तुमने अगम्या स्त्री से समागम तो नहीं किया? अथवा गमन करने योग्य स्त्री के साथ असत्कारपूर्वक समागम तो नहीं किया? कहीं मार्ग में अपने से छोटे अथवा बराबरी वालों से हार तो नहीं गये?।।४२।।

अथवा भोजन कराने योग्य बालक और बड़ों को छोड़कर तुमने अकेले ही तो भोजन नहीं कर लिया? मेरा विश्वास है कि तुमने ऐसा कोई निन्दित काम तो नहीं किया होगा, जो तुम्हारे योग्य न हो।।४३।।

हो-न-हो अपने परम् प्रियतम अभिन्न हृदय परम् सुहृद भगवान् श्रीकृष्ण से तुम रहित हो गये हो। इसी से अपने को शुन्य मान रहे हो। इसके सिवा दूसरा कोई कारण नहीं हो सकता, जिससे तुमको इतनी मानसिक पीड़ा हो।।४४।।

कृष्ण विरह व्यथित पाण्डवों का परीक्षित् को राज्य देकर स्वर्ग सिधारना

सूतजी कहते हैं- भगवान् श्रीकृष्ण के प्यारे सखा अर्जुन एक तो पहले ही श्रीकृष्ण के विरह से कृश हो रहे थे, उस पर राजा युधिष्ठिर ने उनकी विषादग्रस्त मुद्रा देखकर उसके विषय में कई प्रकार की आशंकाएँ करते हुए प्रश्नों की झड़ी लगा दी।।१।।

शोक से अर्जुन का मुख और हृदय कमल सूख गया था, चेहरा फीका पड़ गया था। वे उन्हीं भगवान् श्रीकृष्ण के ध्यान में ऐसे डूब रहे थे, कि बड़े भाई के प्रश्नों का उत्तर भी न दे सके।।२।।

श्रीकृष्ण की आँखों से ओझल हो जाने के कारण वे बढ़ी हुई प्रेमजनित उत्कण्ठा से परवश हो रहे थे। रथ हाँकने, टहलने आदि के समय भगवान् ने उनके साथ जो मित्रता, अभिन्न हृदयता और प्रेम से भरे हुए व्यवहार किये थे, उनकी याद-पर-याद आ रही थी, बड़े कष्ट से उन्होंने अपने शोक का वेग रोका, हाथ से नेत्रों के आँसू पोंछे और फिर रूँधे हुए गले से अपने बड़े भाई महाराज युधिष्ठिर से कहा।।३-४।।

अर्जुन बोले- महाराज! मेरे ममेरे भाई अथवा अत्यंत घनिष्ठ मित्र का रूप धारण कर श्रीकृष्ण ने मुझे ठग लिया। मेरे जिस प्रबल पराक्रम से बड़े-बड़े देवता भी आश्चर्य में डूब जाते थे, उसे श्रीकृष्ण ने मुझसे छीन लिया।।५।।

जैसे यह शरीर प्राण से रहित होने पर मृतक कहलाता है, वैसे ही उनके क्षणभर के वियोग से यह संसार अप्रिय दिखने लगता है।।६।।

उनके आश्रय से द्रौपदी-स्वयंवर में राजा द्रुपद के घर से आये हुए कामोन्मत्त राजाओं का तेज मैंने हरण कर लिया, धनुष बाण से मत्स्यवेध किया और इस प्रकार द्रौपदी को प्राप्त किया।।७।।

उनकी सान्निध्यि मात्र से मैंने समस्त देवताओं के साथ इंद्र को अपने बल से जीतकर अग्निदेव को उनकी तृप्ति के लिए खांडव वन का दान कर दिया और मय दानव की निर्माण की हुई, अलौकिक कला-कौशल से युक्त मायामयी सभा प्राप्त की और आपके यज्ञ में सब ओर से आ-आकर राजाओं ने अनेकों प्रकार की भेंठे समर्पित कीं।।८।।

दस हजार हाथियों की शक्ति और बल से सम्पन्न आपके छोटे भाई भीमसेन ने उनकी ही शक्ति से राजाओं के सिर पर पैर रखने वाले अभिमानी जरासन्ध का वध किया था; तदनन्तर उन्हीं भगवान् ने उन सब बहुत से राजाओं को मुक्त किया, जिनको जरासन्ध ने महाभैरव यज्ञ में बलि चढ़ाने के लिए बंदी बना रखा था। उन सब राजाओं ने आपके यज्ञ में अनेकों प्रकार के उपहार दिये थे।।९।।

वनवास के समय हमारे वैरी दुर्योधन के षड्यंत्र से दस हजार शिष्यों को साथ बिठाकर भोजन कराने वाले महर्षि दुर्वासा ने हमें दुस्तर संकट में डाल दिया था। उस समय उन्होंने द्रौपदी के पात्र में बची हुई शाक की एक पत्ती का भोग लगाकर हमारी रक्षा की। उनके ऐसा करते ही नदी में स्नान करती हुई मुनि मण्डली को ऐसा प्रतीत हुआ मानो उनकी तो बात ही क्या, सारी त्रिलोकी ही तृप्त हो गयी हैं।।११।।

उनके प्रताप से मैंने युद्ध में पार्वती सहित भगवान् शंकर को आश्चर्य में डाल दिया तथा उन्होंने मुझको अपना पाशुपात नामक अस्त्र दिया; साथ ही दूसरे लोकपालों ने भी प्रसन्न होकर अपने-अपने अस्त्र मुझे दिये। और तो क्या, उनकी कृपा से मैं इस शरीर से स्वर्ग में गया और देवराज इंद्र की सभा में उनके बराबर आधे आसन पर बैठने का सम्मान मैंने प्राप्त किया।। यह सब जिनकी महती कृपा का फल था, उन्हीं पुरुषोत्तम भगवान् श्रीकृष्ण ने मुझे आज ठग लिया? महाराज! कौरवों की सेना

भीष्म–द्रोण आदि अजेय महामत्स्यों से पूर्ण अपार समुद्र के समान दुस्तर थी, परंतु उनका आश्रय गृहण करके अकेले ही रथ पर सवार हो मैं उस पार उसे पार कर गया। उन्हीं की सहायता से, आपको याद होगा, मैंने शत्रुओं से राजा विराट का सारा गौधन तो वापस ले ही लिया, साथ ही उनके सिरों पर चमकते हुए मणिमय मुकुट तथा अंगों के अलंकार तक छीन लिए थे।। भाई जी! द्रोणाचार्य, भीष्म, कर्ण, भूरिश्रवा, सुशर्मा, शल्य, जयद्रथ और ब्राह्लीक आदि वीरों ने मुझ पर अपने कभी न चूकने वाले अस्त्र चलाये थे; परंतु जैसे हिरण्यकशियपु आदि दैत्यों के अस्त्र–शस्त्र भगवद् भक्त प्रह्लाद का स्पर्श नहीं करते थे, वैसे ही उनके शस्त्रास्त्र मुझे छू तक नहीं सके। यह श्रीकृष्ण के भुजदण्डों की छत्रछाया में रहने का ही प्रभाव था।। श्रेष्ठ पुरुष संसार से मुक्त होने के लिए जिन के चरणकमलों का सेवन करते हैं, अपने आप तक को दे डालने वाले उन भगवान् को मुझ दुर्बुद्धि ने सारथि तक बना डाला। अहा! जिस समय मेरे घोड़े थक गये थे और मैं रथ से उतरकर पृथ्वी पर खड़ा था, उस समय बड़े–बड़े महारथी शत्रु भी मुझ पर प्रहार न कर सके; क्योंकि श्रीकृष्ण के प्रभाव से उनकी बुद्धि मारी गई थी।

सोने, बैठने, टहलने और अपने सम्बन्धों में बड़ी–बड़ी बातें करने तथा भोजन आदि करने में हम प्रायः एक साथ रहा करते थे। किसी– किसी दिन मैं व्यंग्य से उन्हें कह बैठता, 'मित्र! तुम तो बड़े सत्यवादी हो!' उस समय भी वे महापुरुष अपनी महानुभावता के कारण, जैसे मित्र अपने मित्र का और पिता अपने पुत्र का अपराध सह लेता है उसी प्रकार, मुझ दुर्बुद्धि के अपराधों को सह लिया करते थे। महाराज! जो मेरे सखा, प्रिय मित्र–नहीं–नहीं मेरे हृदय ही थे, उन्हीं पुरुषोत्तम भगवान् से मैं रहित हो गया हूँ। भगवान् की पत्नियों को द्वारका से अपने साथ ला रहा था, परंतु मार्ग में दुष्ट गोपों ने मुझे एक अबला की भाँति हरा दिया और मैं उनकी रक्षा नहीं कर सका। वही मेरा गाण्डीव धनुष है, वही बाण हैं, वही रथ है, वही घोड़े हैं और वही मैं रथी अर्जुन हूँ, जिनके सामने बड़े-बड़े राजा लोग सिर झुकाकर मिलते थे। श्रीकृष्ण के बिना ये सब एक ही क्षण में

नहीं के समान सार शुन्य हो गये- ठीक उसी तरह, जैसे भस्म में डाली हुई आहुति, कपटभरी सेवा और ऊपर से बोया हुआ बीज व्यर्थ जाता है।

राजन्! आपने द्वारका वासी अपने जिन सुहृद सम्बन्धियों की बात पूछी है, वे ब्राह्मणों के शापवष मोहग्रस्त हो गये और वारूणी मदिरा के पान से मदोन्मत होकर अपरिचितों की भाँति आपस में ही एक-दूसरे से भिड़ गये और घूँसों से मार-पीट करके सब-के-सब नष्ट हो गये। उनमें से केवल चार-पाँच ही बचे हैं।। वास्तव में यह सर्वशक्तिमान भगवान् की लीला है कि संसार के प्राणी परस्पर एक दूसरे का पालन पोषण भी करते हैं और एक-दूसरे को मार भी डालते हैं।। राजन! जिस प्रकार जलचरों में बड़े जंतु छोटों को, बलवान् दुर्बलों को एवं बड़े और बलवान् भी परस्पर एक-दूसरे को खा जाते हैं, उसी प्रकार अतिश्य बलि और बड़े यदुवंशियों के द्वारा भगवान् ने दूसरे राजाओं का संहार कराया। तत्पश्चात् यदुवंशियों द्वारा ही एक से दूसरे यदुवंशी का नाश कराके पूर्ण रूप से पृथ्वी का भार उतार दिया।

भगवान् श्रीकृष्ण ने मुझे जो शिक्षाएँ दी थीं, वे देश, काल और प्रयोजन के अनुरूप तथा हृदय के ताप को शांत करने वाली थीं; इसमें आते ही वे हमारे चित्त का हरण कर लेती हैं।

सूतजी कहते हैं- इस प्रकार प्रगाढ़ प्रेम से भगवान् श्रीकृष्ण के चरण-कमलों का चिंतन करते-करते अर्जुन की चित्तवृत्ति अत्यंत निर्मल और प्रशांत हो गयी।। उनकी प्रेममयी भक्ति भगवान् श्रीकृष्ण के चरण कमलों के अहर्निश चिंतन से अत्यंत बढ़ गयी।

भक्ति के वेग ने उनके हृदय को मथकर उसमें से सारे विकारों को बाहर निकाल दिया। ब्रह्मज्ञान की प्राप्ति से माया का आवरण भंग होकर गुणातीत अवस्था प्राप्त हो गयी। द्वैत का संशय निवृत्त हो गया। सूक्ष्म शरीर भंग हुआ। वे शोक एवं जन्म-मृत्यु के चक्र से सर्वथा मुक्त हो गये। भगवान् के स्वधाम-गमन और यदुवंशी संहार का वृत्तांत सुनकर निश्चलमति युधिष्ठिर ने स्वर्गारोहण का निश्चय किया। कुन्ती ने भी अर्जुन के मुख से यदुवंशियों के नाश और भगवान् के स्वधाम-गमन की बात सुनकर

अनन्य भक्ति से अपने हृदय को भगवान् श्रीकृष्ण में लगा दिया और सदा के लिए इस जन्म-मृत्युरूपी संसार से अपना मुंह मोड़ लिया। भगवान् श्रीकृष्ण ने लोक-दृष्टि से जिस यादव शरीर से पृथ्वी का भार उतारा था, उसका वैसे ही परित्याग कर दिया, जैसे कोई काँटे से काँटा निकालकर फिर दोनों को फेंक दे।। भगवान् की दृष्टि में दोनों ही समान थे। जैसे वे नट के समान मत्स्यादि रूप धारण करते हैं और फिर उनका त्याग कर देते हैं वैसे ही उन्होंने जिस यादव शरीर से पृथ्वी का भार दूर किया था, उसे त्याग भी दिया। जिनकी मधुर लीलाएँ श्रवण करने योग्य हैं, भगवान् श्रीकृष्ण ने जब अपने मनुष्य के-से शरीर से इस पृथ्वी का परित्याग कर दिया, उसी दिन विचारहीन लोगों को अधर्म में फँसाने वाला कलियुग आ धमका।। महाराज युधिष्ठिर से कलियुग का फैलना छिपा न रहा। उन्होंने देखा-देश में, नगर में, घरों में और प्राणियों में लोग, असत्य, छल, हिंसा आदि अधर्मों की बढ़ती हो गई है। तब उन्होंने महाप्रस्थान का निश्चय किया। उन्होंने अपने विनथी पौत्र परीक्षित् को जो गुणों में उन्हीं के समान थे, समुद्र से घिरी हुई पृथ्वी के सम्राट पद पर हस्तिनापुर में अभिषिक्त किया। उन्होंने मथुरा में शूरसेनाधिपति के रूप में अनिरुद्ध के पुत्र वज्र का अभिषेक किया।। इसके बाद समर्थ युधिष्ठिर ने प्रजापत्य यज्ञ करके आह्वनीय आदि अग्नियों को अपने में लीन कर दिया अर्थात् गृहस्थाश्रम के धर्म से मुक्त होकर उन्होंने संन्यास गृहण किया।। युधिष्ठिर ने अपने सब वस्त्राभूषण आदि वहीं छोड़ दिये एवं ममता और अहंकार से रहित होकर समस्त बंधन काट डाले। उन्होंने दृढ़ भावना से वाणी को मन में, मन को प्राणों में, प्राण को अपान में और अपान को उसकी क्रिया के साथ मृत्यु में तथा मृत्यु को पंचभूतमय शरीर में लीन कर लिया।। इस प्रकार शरीर को मृत्यु रूप अनुभव करके उन्होंने उसे त्रिगुण में मिला दिया, त्रिगुण को मूल प्रकृति में सर्वकारणरूपा प्रकृति को आत्मा में और आत्मा को अविनाशी ब्रह्म में विलीन कर दिया। उन्हें यह अनुभव होने लगा कि यह सम्पूर्ण दृश्य प्रपंच ब्रह्मस्वरूप है।। इसके पश्चात् उन्होंने शरीर पर चीर-वस्त्र धारण कर लिया, अन्न, जल का त्याग कर दिया, मौन ले लिया और केश खोलकर बिखेर लिए। वे अपने रूप को ऐसा

दिखाने लगे जैसे कोई जड़, उन्मत्त या पिशाच हो।। फिर वे बिना किसी की बात देखे तथा बहरे की तरह बिना किसी की बात सुने, घर से निकल पड़े। हृदय में उस पर ब्रह्म का ध्यान करते हुए, जिसको प्राप्त करके फिर लौटना नहीं होता, उन्होंने उत्तर दिशा की यात्रा की, जिस ओर पहले बड़े-बड़े महात्मा जन जा चुके हैं।। भीमसेन, अर्जुन आदि युधिष्ठिर के छोटे भाइयों ने भी देखा कि अब पृथ्वी में सभी लोगों को अधर्म के सहायक कलियुग ने प्रभावित कर डाला है; इसलिए वे भी श्रीकृष्ण चरणों की प्राप्ति का दृढ़ निश्चय करके अपने बड़े भाई के पीछे-पीछे चल पड़े।। उन्होंने जीवन के सभी लाभ भली-भाँति प्राप्त कर लिये थे, इसलिए यह निश्चय करके कि भगवान् श्रीकृष्ण के चरण कमल ही हमारे परम् पुरुषार्थ हैं। उन्होंने उन्हें हृदय में धारण किया।। पाण्डवों के हृदय में भगवान् श्रीकृष्ण के चरण कमलों के ध्यान से भक्ति-भाव उमड़ आया। उनकी बुद्धि सर्वथा शुद्ध होकर भगवान् श्रीकृष्ण के उस सर्वोत्कृष्ट स्वरूप में अनन्य भाव से स्थिर हो गयी; जिसमें निष्पाप पुरुष स्थिर हो पाते हैं। फलतः उन्होंने अपने विषुद्ध अंतःकरण से स्वयं ही वह गति प्राप्त की, जो विषयासक्त दुष्ट मनुष्यों को कभी प्राप्त नहीं हो सकती।। संयमी एवं श्रीकृष्ण के प्रेमावेश में मुग्ध भगवन्मय विदुरजी ने भी अपने शरीर को प्रभास-क्षेत्र में त्याग दिया। उस समय उन्हें लेने के लिए आये हुए पितरों के साथ वे अपने लोक (यमलोक) को चले गये है।। द्रौपदी ने देखा कि अब पाण्डव लोग निरपेक्ष हो गये हैं; तब वे अनन्य प्रेम से भगवान् श्रीकृष्ण का ही चिंतन करके उन्हें प्राप्त हो गयीं।। भगवान् के प्यारे भक्त पाण्डवों के महाप्रयाण की इस परम् पवित्र और मंगलमयी कथा को जो पुरुष श्रद्धा से सुनता है, वह निश्चय ही भगवान् की भक्ति और मोक्ष प्राप्त करता है।।५१।।

परीक्षित् की दिग्विजय कथा और पृथ्वी का संवाद (अ० 16)

सूतजी कहते हैं- शौनकजी! पाण्डवों के यहाँ के महाप्रयाण के पश्चात् भगवान् के परम् भक्त राजा परीक्षित् श्रेष्ठ ब्राह्मणों की शिक्षा के अनुसार पृथ्वी पर शासन करने लगे। उनके जन्म के साथ उस समय

ज्योतिषियों ने उनके संबंध में जो कुछ कहा था, वास्तव में वे सभी महान् गुण उनमें विद्यमान थे।। उन्होंने उत्तर की पुत्री इरावती से विवाह किया। उससे उन्होंने जनमेजय आदि चार पुत्र उत्पन्न किये।। तथा कृपाचार्य को आचार्य बनाकर उन्होंने गंगा के तट पर तीन अश्वमेध यज्ञ किये, जिनमें ब्राह्मणों को पुष्कल दक्षिणा दी गयी। उन यज्ञों में देवताओं ने प्रत्यक्ष रूप में प्रकट होकर अपना भाग गृहण किया था।। एक बार दिग्विजय करते समय उन्होंने देखा कि शूद्र के रूप में कलियुग राजा का वेश धारण करके एक गाय और बैल के जोड़े को ठोकरों से मार रहा है। तब मैंने उसे बलपूर्वक पकड़कर दण्ड दिया।।

शौनक जी ने पूछा- महाभाश्यवान् सूत जी! दिग्विजय के समय महाराज परीक्षित ने कलियुग को दण्ड देकर ही क्यों छोड़ दिया- मार क्यों नहीं डाला? क्योंकि राजा का वेश धारण करने पर भी था तो वह अधम शूद्र ही, जिसने गाय को लात से मारा था? यदि यह प्रसंग भगवान् श्रीकृष्ण की लीला से अथवा उनके चरण कमलो के मकरन्द-रस का पान करने वाले महानुभावों से संबंध रखता हो तो अवश्य कहिये। दूसरी व्यर्थ की बातों से क्या लाभ। उनमें तो आयु व्यर्थ नष्ट होती है।।

प्यारे सूतजी! जो लोग चाहते तो हैं मोक्ष परंतु अल्पायु होने के कारण मृत्यु से ग्रस्त हो रहे हैं। उनके कल्याण के लिए भगवान् का आवाहन करके वे यहाँ शांतिकर्म में नियुक्त हैं। जब तक यमराज यहाँ इस कर्म में नियुक्त हैं, तब तक किसी की मृत्यु नहीं होगी। मृत्यु से ग्रस्त मनुष्यलोक के जीव भी भगवान् की सुधातुल्य लीला-कथा का पान कर सकें, इसीलिए महर्षियों ने भगवान् यम को यहाँ बुलाया है।। एक तो थोड़ी आयु और दूसरे कम समझ। ऐसी अवस्था में संसार के मंद भाग्य विषयी पुरुषों की आयु व्यर्थ ही बीती जा रही है- नींद में रात और व्यर्थ के कामों में दिन।।

सूतजी ने कहा- जिस समय राजा परीक्षित् कुरुजांगल देश में सम्राट के रूप में निवास कर रहे थे, उस समय उन्होंने सुना कि मेरी सेना द्वारा सुरक्षित साम्राज्य में कलियुग का प्रवेश हो गया है। इस समाचार से उन्हें दुःख तो अवश्य हुआ परंतु यह सोचकर कि युद्ध करने का अवसर हाथ

लगा, वे इतने दुःखी नहीं हुए। इसके बाद युद्धवीर परीक्षित् ने धनुष हाथ में ले लिया।।

वे श्यामवर्ण के घोड़े से जुते हुए, सिंह की ध्वजा वाले सुसज्जित रथ पर सवार होकर दिग्विजय करने के लिए नगर से बाहर निकल पड़े। उस समय रथ, हाथी, घोड़े और पैदल सेना उनके साथ-साथ चल रही थी।। उन्होंने भद्राश्व, केतुमाल, भारत, उत्तरकुरु और किम्पुरुष आदि सभी वर्षों को जीतकर वहाँ के राजाओं से भेंट ली।। उन्हें उन देशों में सर्वत्र अपने पूर्वज महात्माओं का सुयश सुनने को मिला। उस यशोगान से पद-पद पर भगवान् श्रीकृष्ण की महिमा प्रकट होती थी।। इसके साथ ही उन्हें यह भी सुनने को मिलता था कि भगवान् श्रीकृष्ण ने अश्वत्थामा के ब्रह्मास्त्र की ज्वाला से किस प्रकार उनकी रक्षा की थी, यदुवंशी और पाण्डवों में परस्पर कितना प्रेम था तथा पाण्डवों की भगवान् श्रीकृष्ण में कितनी भक्ति थी।। जो लोग उन्हें यह चरित्र सुनाते, उन पर महामना राजा परीक्षित् बहुत प्रसन्न होते, उनके नेत्र प्रेम से खिल उठते हैं। वे बड़ी उदारता से उन्हें बहुमूल्य वस्त्र और मणियों के हार उपहार रूप में देते।। वे सुनते कि भगवान् श्रीकृष्ण ने प्रेमपरवश होकर पाण्डवों के सारथी का काम किया, उनके सभासद् बने–यहाँ तक कि उनके मन के अनुसार काम करके उनकी सेवा भी की। उनके सखा तो थे ही, दूत भी बनें। वे रात को शस्त्र गृहण करके वीरासन से बैठ जाते और शिविर का पहरा देते। उनके पीछे-पीछे चलते, स्तुति करते तथा प्रणाम करते; इतना ही नहीं, अपने प्रेमी पाण्डवों के चरणों में उन्होंने सारे जगत् को झुका दिया। तब परीक्षित् की भक्ति भगवान् श्रीकृष्ण के चरण कमलों में और भी बढ़ जाती।। इस प्रकार वे दिन-दिन पाण्डवों के आचरण का अनुसरण करते हुए दिग्विजय कर रहे थे। उन्हीं दिनों उनके शिविर से थोड़ी ही दूर पर एक आश्चर्यजनक घटना घटी। वह मैं आपको सुनाता हूँ।।१७।।

धर्म बैल का रूप धारण करके एक पैर से घूम रहा था। एक स्थान पर उसे गाय के समान उसके नेत्रों-आँसुओं के झरने झर रहे थे। उसका शरीर श्रीहीन हो गया था। धर्म पृथ्वी से पूछने लगा।।१८।।

धर्म ने कहा- कल्याणी! कुशल से तो हो न? तुम्हारा मुख कुछ-कुछ मलिन हो रहा है, तुम श्रीहीन हो रही हो, मालूम होता है तुम्हारे हृदय में कुछ न कुछ दुःख अवश्य है। क्या तुम्हारा कोई संबंधी दूर देश में चला गया है, जिसके लिए तुम इतनी चिंता कर रही हो?।।१९।।

कहीं तुम मेरी तो चिंता नहीं कर रही हो? अब इसके तीन पैर टूट गये, एक ही पैर रह गया है? संभव है, तुम अपने लिए शोक कर रही हो? कि अब शूद्र तुम्हारे ऊपर शासन करेंगे। तुम्हें इन देवताओं के लिए भी खेद हो सकता है, जिन्हें अब यज्ञों में आहुति नहीं दी जाती, अथवा उस प्रजा के लिए भी, जो वर्षा न होने के कारण अकाल एवं दुर्भिक्ष से पीड़ित हो रही है।।२०।।

देवी! क्या तुम राक्षस सरीखे मनुष्यों के द्वारा सताई हुई अरक्षित स्त्रियों एवं आर्तबालकों के लिए शोक कर रही हो? संभव है, विद्या अब कुकर्मी ब्राह्मणों के चंगुल में पड़ गई है और ब्राह्मण विप्रद्रोही राजाओं की सेवा करने लगे हैं, और इसी का तुम्हें दुःख हो।।२१।।

आज के नाममात्र के राजा तो सोलहों आने कलियुगी हो गये हैं, उन्होंने बड़े-बड़े देशों को भी उजाड़ डाला है। क्या तुम राजाओं या देशों के लिए शोक कर रही हो? आज की जनता खान-पान, वस्त्र, स्नान और स्त्री-सहवास आदि में शास्त्रीय नियमों का पालन न करके स्वेच्छाचार कर रही है, क्या इसके लिए तुम दुःखी हो?।।२२।।

माँ पृथ्वी! अब समझ में आया, हो-न-हो तुम्हें भगवान् श्रीकृष्ण की याद आ रही होगी; क्योंकि उन्होंने तुम्हारा भार उतारने के लिए ही अवतार लिया था और ऐसी लीलाएँ की थीं, जो मोक्ष का भी अवलंबन हैं। अब उनके लीला सँवरण कर लेने पर उनके परित्याग से तुम दुःखी हो रही हो।।२३।।

देवी! तुम तो धन-रत्नों की खान हो। तुम अपने क्लेश का कारण, जिससे तुम इतनी दुर्बल हो गई हो, मुझे बतलाओ। मालूम होता है, बड़े-बड़े बलवानों को भी हरा देने वाले काल ने देवताओं के द्वारा वन्दनीय तुम्हारे सौभाग्य को छीन लिया है।।२४।।

पृथ्वी ने कहा- धर्म! तुम मुझसे जो कुछ पूछ रहे हो, वह सब स्वयं जानते हो। जिन भगवान् के सहारे तुम सारे संसार को सुख पहुँचाने वाले अपने चारों चरणों से युक्त थे, जिनमें सत्य, पवित्रता, त्याग, क्षमा, दया, संतोष, सरलता, शम, दम, तप, समता, तितिक्षा, उपरति, शास्त्रविचार, ज्ञान, वैराग्य, ऐश्वर्य, वीरता, तेज, बल, स्मृति, स्वतन्त्रता, कौशल, कान्ति, धैर्य, कोमलता, निर्भीकता, विनय, शील, साहस, उत्साह, बल, सौभाग्य, गम्भीरता, आस्तिकता, कीर्ति, गौरव और निरहंकारता- ये उनतालीस अप्राकृत गुण तथा महत्त्वाकांक्षी पुरुषों के द्वारा वांछनीय (शरणागत वत्सलता आदि) और भी बहुत-से महान् गुण उनकी सेवा करने के लिए नित्य-निरंतर निवास करते हैं, एक क्षण के लिए भी उनसे अलग नहीं होते- उन्हीं समस्त गुणों के आश्रय, सौंदर्य धाम भगवान् श्रीकृष्ण ने इस समय इस लोक से अपनी लीला सँवरण कर ली और यह संसार पापमय कलियुग की कुदृष्टि का शिकार हो गया। यही देखकर मुझे बड़ा शोक हो रहा है।।२५-३०।।

अपने लिए, देवताओं में श्रेष्ठ तुम्हारे लिए देवता, पितर, ऋषि, साधु और समस्त वर्णों तथा आश्रमों के मनुष्यों के लिए मैं शोकग्रस्त हो रही हूँ।।३१।।

जिनका कृपा कटाक्ष प्राप्त करने के लिए ब्रह्म आदि देवता भगवान् के शरणागत होकर बहुत दिनों तक तपस्या करते रहे, वहीं लक्ष्मीजी अपने निवास स्थान कमल वन का परित्याग करके बड़े प्रेम से जिनके चरण कमलों की सुभग छत्रछाया का सेवन करती हैं, उन्हीं भगवान् के कमल, वज्र, अंकुश, ध्वजा आदि चिह्नों से युक्त श्रीचरणों से विभूषित होने के कारण मुझे महान् वैभव प्राप्त हुआ था और मेरी तीनों लोकों से बढ़कर शोभा हुई थी; परंतु मेरे सौभाग्य का अब अंत हो गया। भगवान् ने मुझ अभागिनी को छोड़ दिया। मालूम होता है मुझे अपने सौभाग्य पर गर्व हो गया था, इसीलिए उन्होंने मुझे यह दण्ड दिया है।।३२-३३।। जिन्होंने अपनी प्रेमभरी चितवन, मनोहर मुस्कान और मीठी-मीठी बातों से सत्यभामा आदि मधुमयी मानिनियों के मान के साथ धीरज को भी छीन लिया था

और जिनके चरण-कमलों के स्पर्श से निरंतर आनंद से पुलकित रहती थी, उन पुरुषोत्तम भगवान् श्रीकृष्ण का विरह भला कौन सह सकती है, धर्म और पृथ्वी इस प्रकार आपस में बातचीत कर ही रहे थे कि उसी समय राजर्षि परिक्षित् पूर्ववाहिनी सरस्वती के तट पर आ पहुँचे।।३४-३५।।

महाराज परीक्षित् द्वारा कलियुग का दमन

सूतजी कहते हैं- शौनकजी! वहाँ पहुँचकर राजा परीक्षित् ने देखा कि एक राजवेषधारी शूद्र हाथ में डंडा लिए हुए हैं और गाय-बैल के एक जोड़े को इस तरह पीटता जा रहा है, जैसे उसका कोई स्वामी ही न हो।।१।।

वह कमल तन्तु के समान श्वेत रंग का बैल एक पैर से खड़ा काँप रहा था तथा शूद्र की ताड़ना से पीड़ित और भयभीत होकर मूत्र-त्याग रहा था।।२।।

धर्मोपयोगी दूध, घी आदि हविष्य पदार्थों को देने वाली गाय भी बार-बार शूद्र के पैरों की ठोकरें खाकर अत्यंत दीन हो रही थी। एक तो वह स्वयं ही दुबली-पतली थी, दूसरे उसका बछड़ा भी उसके पास नहीं था। उसे भूख लगी हुई थी और उसकी आँखों से आँसू बहते जा रहे थे।।३।।

स्वर्णजड़िल रथ पर चढ़े हुए राजा परीक्षित् ने अपना धनुष चढ़ाकर मेघ के समान गंभीर वाणी से उसको ललकारा।।४।।

अरे! तू कौन है, जो बलवान होकर भी मेरे राज्य के इन दुर्बल प्राणियों को बलपूर्वक मार रहा है? तू नट की भाँति वेष तो राजा का-सा बना रखा है, परंतु कर्म से तू शूद्र जान पड़ता है।।५।।

हमारे दादा अर्जुन के साथ भगवान् श्रीकृष्ण के परमधाम पधार जाने पर इस प्रकार निर्जन स्थान में निरपराधों पर प्रहार करने वाला तू अपराधी है, अतः वध के योग्य है।।६।।

उन्होंने धर्म से पूछा- कमलनाल के समान आपका श्वेत वर्ण है। तीन पैर न होने पर भी आप एक पैर से ही चलते-फिरते हैं। यह देखकर मुझे बड़ा कष्ट हो रहा है। बतलाइये, आप क्या बैल के रूप में कोई देवता हैं?॥७॥

अभी यह भूमंडल कुरुवंशी नरपतियों के बाहुबल से सुरक्षित है। इसमें आपके सिवा और किसी भी प्राणी की आँखों से शोक के आंसू बहते मैंने नहीं देखे॥८॥

धेनुपुत्र! अब आप शोक न करें। इससे निर्भय हो जायँ। गोमाता! मैं दुष्टों को दण्ड देने वाला हूँ। अब आप रोयें नहीं। आपका कल्याण हो॥९॥

देवी! जिस राजा के राज्य में दुश्टों के उपद्रव से सारी प्रजा त्रस्त रहती है, मतवाली राजा की कीर्ति, आयु, ऐश्वर्य और परलोक नष्ट हो जाते हैं॥१०॥

राजाओं का परम् धर्म यही है कि वे दुखियों का दुःख दूर करें। यह महादुष्ट और प्राणियों को पीड़ित करने वाला है। अतः मैं अभी इसे मार डालूँगा॥११॥

सुरभिनन्दन! आप तो चार पैर वाले जीव हैं। आपके तीन पैर किसने काट डाले? श्रीकृष्ण के अनुयायी राजाओं के राज्य में कभी कोई भी आपकी तरह दुःखी न हो॥१२॥

वृषभ! आपका कल्याण हो। बताइये, आप-जैसे निरपराध साधुओं का अंग-भंग करके किस दुष्ट ने पाण्डवों की कीर्ति में कलंक लगाया है?॥१३॥

जो किसी निरपराध प्राणी को सताता है, उसे चाहे वह कहीं भी रहे, मेरा भय अवश्य होगा। दुष्टों का दमन करने से साधुओं का कल्याण ही होता है॥१४॥

जो उद्‌दण्ड व्यक्ति निरपराध प्राणियों को दुःख देता है वह चाहे साक्षात् देवता ही क्यों न हो, मैं उसके बाजूबंद से विभूषित भुजा को काट

डालूंगा। बिना आपत्तिकाल के मर्यादा का उल्लंघन करने वालों को शास्त्रानुसार दण्ड देते हुए अपने धर्म में स्थित लोगों का पालन करना राजाओं का परम् धर्म है।।१५-१६।।

धर्म ने कहा- राजन्! आप महाराज पांडु के वंशज हैं। आपका इस प्रकार दुखियों को आश्वासन देना आप के योग्य ही है; क्योंकि आपके पूर्वजों के श्रेष्ठ गुणों ने भगवान् श्रीकृष्ण को उनका सारथि और दूत आदि बना दिया था।।१७।।

नरेन्द्र! शास्त्रों के विभिन्न वचनों से मोहित होने के कारण हम उस पुरुष को नहीं जानते, जिससे क्लेशों के कारण उत्पन्न होते हैं।।१८।।

किन्हीं- किन्हीं का ऐसा भी निश्चय है कि दुःख का कारण न तो तर्क के द्वारा जाना जा सकता है और न वाणी के द्वारा बतलाया जा सकता है। राजर्षि! अब इनमें कौन-सा मत ठीक है, यह आप अपनी बुद्धि से ही विचार लीजिये।।१९।।

सूतजी कहते हैं- ऋषिश्रेष्ठ शौनकजी! धर्म का यह प्रवचन सुनकर सम्राट परीक्षित् बहुत प्रसन्न हुए, उनका खेद मिट गया।।२०।। उन्होंने शांत चित्त होकर उनसे कहा।।२१।।

परीक्षित् ने कहा- धर्म का तत्त्व जानने वाले वृषभदेव! आप धर्म का उपदेश कर रहे हैं। अवश्य ही आप वृषभ के रूप में स्वयं धर्म है।। आपने अपने को दुःख देने वाले का नाम इसलिए नहीं बताया है, कि अधर्म करने वालों को जो नरकादि प्राप्त होते हैं, वे ही चुगली करने वाले को भी मिलते हैं।।२२।।

अथवा यही सिद्धांत निश्चित है कि प्राणियों के मन और वाणी से परमेश्वर की माया के स्वरूप का निरूपण नहीं किया जा सकता।।२३।।

धर्मदेव! सत्य युग में आपके चार चरण थे- तप, पवित्रता, दया और सत्य। इस समय अधर्म के अंश गर्व, आसक्ति और मद से तीन चरण नष्ट हो चुके हैं।।२४।।

अब आपका चौथा चरण केवल 'सत्य ही बच रहा है। उसी के बल पर आप जी रहे हैं। असत्य से पुष्ट हुआ यह धर्म अधर्म रूप कलियुग उसे भी ग्रास कर लेना चाहता है।।२५।।

यह गौ माता साक्षात् पृथ्वी हैं। भगवान् ने इनका बारी बोझ उतार दिया था और ये उनके राशि-राशि सौंदर्य बिखेरने वाले चरण चिह्नों से सर्वत्र उत्सवमय हो गई थीं।।२६।।

अब ये उनसे बिछुड़ गयी हैं। ये साध्वी अभागिनी के समान नेत्रों में जल भरकर यह चिंता कर रही हैं कि अब राजा का स्वाँग बनाकर ब्राह्मणद्रोही शूद्र मुझे भोगेंगे।।२७।।

महारथी परीक्षित् ने इस प्रकार धर्म और पृथ्वी को सांत्वना दी। फिर उन्होंने अधर्म के कारणरूप कलियुग को मारने के लिए तक्षण तलवार उठाई।।२८।।

कलियुग ताड़ गया कि यह तो अब मुझे मार ही डालना चाहते हैं; झटपट उसने अपने राजचिह्न उतार डाले और भयविह्वल होकर उनके चरणों में अपना सिर रख दिया।।२९।।

परीक्षित् बड़े यशस्वी, दीनवत्सल और शरणागत रक्षक थे। उन्होंने जब कलियुग को अपने पैरों पर खड़े देखा तो कृपा करके उसको मारा नहीं, अपितु हँसते हुए-से उससे कहा।।३०।।

परीक्षित् बोले- जब तू हाथ जोड़कर शरण आ गया, तब अर्जुन के यशस्वी वंश में उत्पन्न हुए किसी भी वीर से तुझे कोई भय नहीं है। परंतु तू अधर्म का सहायक है, इसलिए तुझे मेरे राज्य में बिल्कुल नहीं रहना चाहिए।।३१।।

तेरे राजाओं के शरीर में रहने से ही लोभ, झूठ, चोरी, दुष्टता, स्वधर्मत्याग, दरिद्रता, कपट, कलह, दम्भ और दूसरे पापों की बढ़ती हो रही है।।३२।।

अत: अधर्म के साथी! इस ब्रह्मावर्त में तू एक क्षण के लिए भी न ठहरना; क्योंकि यह धर्म और सत्य का निवास स्थान है। इस क्षेत्र में यज्ञ

विधि के जानने वाले महात्मा यज्ञों के द्वारा यज्ञपुरुष भगवान् की आराधना करते रहते हैं।।३३।।

इस देश में भगवान् श्रीहरि यज्ञों के रूप में निवास करते हैं, यज्ञों के द्वारा उनकी पूजा होती है और वे यज्ञ करने वालों का कल्याण करते हैं। सर्वात्मा भगवान् वायु की भाँति समस्त चराचर जीवों के भीतर और बाहर एकरस स्थित रहते हुए उनकी कामनाओं को पूर्ण करते रहते हैं।।३४।।

सूतजी कहते हैं- परीक्षित् की आज्ञा सुनकर कलियुग सिहर उठा। यमराज के समान मारने के लिए उद्यत, हाथ में तलवार लिए हुए परीक्षित् से वह बोला।।३५।।

कलि ने कहा- सार्वभौम! आपकी आज्ञा से जहाँ कहीं भी मैं रहने का विचार करता हूँ वहीं देखता हूँ कि आप धनुष पर बाण चढ़ाये खड़े हैं। धार्मिक-शिरोमणि! आप मुझे वह स्थान बतलाइये, जहाँ मैं आपकी आज्ञा का पालन करता हुआ स्थिर होकर रह सकूँ।।३६-३७।।

सूतजी कहते हैं- कलियुग की प्रार्थना स्वीकार करके राजा परीक्षित् ने उसे चार स्थान दिये- द्यूत, मद्यपान, स्त्रीसंग और हिंसा। इन स्थानों में क्रमशः असत्य, मद, आसक्ति और निर्दयता- ये चार प्रकार के अधर्म निवास करते हैं।।३८।।

उसने और भी स्थान माँगे। तब समर्थ परीक्षित् ने उसे रहने के लिए एक और स्थान- 'सुवर्ण' (धन) दिया। इस प्रकार कलियुग के पाँच स्थान हो गये- झूठ, मद, काम, वैर और रजोगुण।।३९।।

परीक्षित् के दिये हुए इन्हीं पाँच स्थानों में अधर्म का मूल कारण कलि उनकी आज्ञाओं का पालन करता हुआ निवास करने लगा।।४०।।

इसलिए आत्मकल्याणकामी पुरुष को इन पाँचों स्थानों का सेवन कभी नहीं करना चाहिए। धार्मिक राजा-प्रजा वर्ग के लौकिक नेता और धर्मोपदेष्टा गुरुओं को तो बड़ी सावधानी से इनका त्याग करना चाहिए।।४१।।

राजा परीक्षित् ने इसके बाद मुझे वृषभ रूप धर्म के तीनों चरण-तपस्या, शौच और दया जोड़ दिये और आश्वासन देकर पृथ्वी का संवर्धन किया।।४२।।

वे ही महाराज परीक्षित् इस समय अपने राजसिंहासन पर जिसे उनके पितामह महाराज युधिष्ठिर ने वन में जाते समय उन्हें दिया था, विराजमान हैं।।४३।।

वह परम् यशस्वी सौभाग्यभाजन चक्रवर्ती सम्राट राजा परीक्षित् इस समय हस्तिनापुर में कौरव कुल की राज्यलक्ष्मी से शोभायमान हैं।।४४।।

अभिमन्युनन्दन राजा परीक्षित् वास्तव में ऐसे ही प्रभावशाली हैं, जिनके शासनकाल में आप लोग इस दीर्घकालीन यज्ञ के लिए दीक्षित हुए हैं।।४५।।

प्रथम स्कन्ध श्रीमद्भागवत सुधा (अ० 18)
राजा परीक्षित् को श्रृंगी ऋषि का शाप

सूतजी कहते हैं- अद्भुत कर्मा भगवान् श्रीकृष्ण की कृपा से राजा परीक्षित् अपनी माता की कोख में अश्वत्थामा के ब्रह्मास्त्र से जल जाने पर भी मरे नहीं।।१।। जिस समय ब्राह्मण के शाप से उन्हें ढकने के लिए तक्षक आया। उस समय वह प्राणनाथ के महान भय से भयभीत नहीं हुए। क्योंकि उन्होंने अपना चित्त भगवान् श्रीकृष्ण के चरणों में समर्पित कर रखा था। उन्होंने सबकी आसक्ति छोड़ दी।।२।। गंगा तट पर जाकर श्री शुकदेव जी से उपदेश गृहण किया और इस प्रकार भगवान् के स्वरूप को जानकर अपने शरीर को त्याग दिया।।३।। जो लोग भगवान् श्रीकृष्ण की लीला कथा कहते-कहते हैं, इस कथामृत का पान करते रहते हैं और इन दोनों ही साधनों के द्वारा उनके चरण कमलों का स्मरण करते रहते हैं, उन्हें अन्नतकाल में भी मोह नहीं होता।।४।। जब तक पृथ्वी पर अभिमन्युनंदन महाराज परीक्षित् सम्राट रहे, तब तक चारों ओर व्याप्त हो जाने पर भी कलयुग का कुछ भी प्रभाव नहीं था।।५।। वैसे तो जिस दिन जिस क्षण श्रीकृष्ण ने पृथ्वी का परित्याग किया, उसी समय पृथ्वी में अधर्म का मूल

कारण कलियुग आ गया था।।६।। भ्रमर के समान सारगृही सम्राट परीक्षित् कलियुग से कोई द्वेष नहीं रखते थे; क्योंकि इसमें यह एक बहुत बड़ा गुण है, कि पुण्य कर्म तो संकल्प मात्र से नहीं।।७।। यह भेड़िए के समान बालकों के प्रति शूरवीर और धीरवीर पुरुषों के लिए बड़ा भीरू है। यह प्रमादी मनुष्यों को अपने वश में करने के लिए ही सदा सावधान रहता है।।८।। शौनकादि ऋषियों आप लोगों को मैंने भगवान् की कथा से युक्त राजा परीक्षित् का पवित्र चरित्र सुनाया। आप लोगों ने यही पूछा था भगवान् श्रीकृष्ण कीर्तन करने योग्य बहुत-सी लीलाएँ करते हैं। इसलिए इनके गुण और लीलाओं से संबंध रखने वाली जितनी भी कथाएं हैं, कल्याण कामी पुरुषों को उन सबका सेवन करना चाहिए।।१०।।

ऋषियों ने कहा—सौम्य स्वभाव शोध जी। आप युग-युग जैसे क्योंकि मृत्यु के प्रवाह में पड़े हुए हम लोगों को आप भगवान् श्रीकृष्ण की अमृत मयी उज्ज्वल कीर्ति का श्रवण कराते हैं।।११।। यज्ञ करते-करते उसके धुएँ से हम लोगों का शरीर धूमिल हो गया है। फिर भी इस कर्म का कोई विश्वास नहीं है। इधर आप तो वर्तमान में ही भगवान् श्रीकृष्ण चंद्र के चरण कमलों का माधव और मधुर मधु पिलाकर हमें तृप्त कर रहे हैं।।१२।। आप भगवान् को ही अपने जीवन का ध्रुवतारा मानते है। इसलिए आप सब पुरुषों के एकमात्र आश्रय भगवान् के उदार और विषुद्ध चरित्रों को हम श्रद्धालु श्रोताओं के लिए विस्तार से वर्णन कीजिए।। भगवान् के परम् प्रेमी महाविद्वान! परीक्षित् ने श्री शुकदेव जी के उपदेश किए हुए जिस ज्ञान से मोक्ष स्वरूप भगवान् के चरण कमलों को प्राप्त किया, आप कृपा करके उसी ज्ञान और परीक्षित् के परम् पवित्र उपाख्यान का वर्णन कीजिए क्योंकि उसमें कोई बात छिपाकर नहीं कही होगी और भगवत् प्रेम की अद्‌भुत योगनिष्ठा का निरूपण किया गया होगा। उसमें पद-पद पर भगवान् श्रीकृष्ण की लीलाओं का वर्णन हुआ होगा। भगवान् श्रीकृष्ण के प्यारे भक्तों को वैसा प्रसंग सुनने में बड़ा रस मिलता है। सूतजी कहते हैं अहो! विलोम जाति में उत्पन्न होने पर महात्माओं की सेवा करने के कारण आज हमारा जन्म सफल हो गया क्योंकि महापुरुषों के साथ

बातचीत करने मात्र से ही नीच कुल में उत्पन्न होने की व्यथा शीघ्र ही मिट जाती है।। फिर उन लोगों की तो बात ही क्या है जो सत पुरुषों के एकमात्र आसरा भगवान् का नाम लेते हैं, भगवान् की शक्ति अनंत है। वे स्वयं अनंत हैं। वास्तव में उनके गुणों की अनंता के कारण ही उन्हें अनंत कहा गया है।। भगवान् के गुणों की समता भी जब कोई नहीं कर सकता, तब उनसे बढ़कर तो कोई हो ही कैसे सकता है उनके गुणों की यह विशेषता समझाने के लिए इतना कह देना ही पर्याप्त है कि लक्ष्मी जी अपने को प्राप्त करने की इच्छा से प्रार्थना करने वाले ब्रह्मदि देवताओं को छोड़कर भगवान् के न चाहने पर भी उनके चरण कमलों की रज का ही सेवन करती है।। सूर्य के समान प्रकाशमान महात्माओं! आप लोगों ने मुझसे जो पूछा है, वह मैं अपनी समझ के अनुसार सुनाता हूँ। जैसे पक्षी अपनी शक्ति के अनुसार आकाश में उड़ते हैं, वैसे ही विद्वान लोग भी अपनी-अपनी बुद्धि के अनुसार ही श्रीकृष्ण की लीला का वर्णन करते हैं। एक दिन राजा परीक्षित् धनुष लेकर वन में शिकार खेलने गए हुए थे। हरिणों के पीछे दौड़ते-दौड़ते थक गए और उन्हें बड़े जोर की भूख और प्यास लगी।। जब कहीं उन्हें कोई जलाशय नहीं मिला, तब वे पास के ही एक ऋषि के आश्रम में घुस गए। उन्होंने देखा कि वहाँ आँखें बंद करके शांत भाव से एक मुनि आसन पर बैठे हुए हैं। इंद्रिय, प्राण, मन और बुद्धि के निरुद्ध हो जाने से वह संसार से ऊपर उठ गये थे। जागृत, स्वप्न, सुषुप्ति-तीनों अवस्थाओं से रहित निर्विकार ब्रह्मरूप तुरीय पद में स्थित थे।। उनका शरीर बिखरी हुई जटाओं से और कृष्ण मृग चर्म से ढका हुआ था। राजा परीक्षित् ने ऐसे ही अवस्था में उनसे जल माँगा क्योंकि प्यास से उनका गला सूखा जा रहा था। जब राजा को वहाँ बैठने के लिए तिनके का आसन भी न मिला, किसी ने उन्हें भूमि पर भी बैठने को न कहा- अर्घ्य और आदर भरी मीठी बातें तो कहीं से मिलतीं- तब अपने को अपमानित-सा मानकर वे क्रोध के वश हो गये। शौनकजी! वह भूख-प्यास से छटपटा रहे थे, इसलिए एकाएक उन्हें ब्राह्मण के प्रति ईर्ष्या और क्रोध हो आया।। उनके जीवन में इस प्रकार का यह पहला ही

अवसर था, वहाँ से लौटते समय उन्होंने क्रोधवश धनुष की नोक से एक मरा सांप उठाकर ऋषि के गले में डाल दिया और अपनी राजधानी में चले गये।। उनके मन में यह बात आई कि उन्होंने जो अपने नेत्र बंद कर रखे हैं, सो क्या वास्तव में इन्होंने अपने सारी नरेंद्र दन्द्रियवृत्तियों का निरोध कर लिया है अथवा इन राजाओं से हमारा क्या प्रयोजन है, यों सोचकर उन्होंने झूठ-मूठ समाधि का ढोंग रच रखा है।। उन शमीक मुनि का पुत्र बड़ा तेजस्वी था। वह दूसरे ऋषिकुमारों के साथ पास ही खेल रहा था। जब उस बालक ने सुना कि राजा ने मेरे पिता के साथ दुर्व्यवहार किया है, तब वह इस प्रकार कहने लगा।। ''ये नरपति कहलाने वाले लोग उच्छिष्ट भोजी कौओं के समान संड-मुसंड होकर कितना अन्याय करने लगे हैं। ब्राह्मणों के दास होकर भी ये दरवाजे पर पहरा देने वाले कुत्ते के समान अपने स्वामी का ही तिरस्कार करते हैं।। ब्राह्मणों ने क्षत्रियों को अपना द्वारपाल बनाया है। उन्हें द्वार पर रहकर रक्षा करनी चाहिए, घर में घुसकर स्वामी के बर्तनों में खाने का उसे अधिकार नहीं है।। उन्मार्गगामियों के शासक भगवान् श्रीकृष्ण के परमधाम पधार जाने पर इन मर्यादा तोड़नेवालों को आज मैं दंड देता हूँ। मेरा तपोबल देखो''।।३५।। अपने साथी बालकों से इस प्रकार कहकर क्रोध से लाल-लाल आँखों वाले उस ऋषिकुमार ने कौशिकी नदी के जल से आचमन करके अपने वाणीरूपी व्रज का प्रयोग किया।।३६।। कुलांगर परीक्षित् ने मेरे पिता का अपमान करके मर्यादा का उल्लंघन किया है, इसलिए मेरी प्रेरणा से आज के सातवे दिन उसे तक्षक सर्प डस लेगा।।३७।। इसके बाद वह बालक आश्रम पर आया और अपने पिता के गले में सांप देखकर उसे बहुत बड़ा दुख हुआ तथा वह दहाड़ मारकर रोने लगा।।३८।। विप्रवर शौनकजी! शमीक मुनि ने अपने पुत्र का रोना-चिल्लाना सुनकर धीरे-धीरे अपनी आँखें खोली और देखा कि उनके गले में एक मरा सांप पड़ा है।।३९।। उसे देखकर उन्होंने अपने पुत्र से पूछा- "बेटा! तुम क्यों रो रहे हो? किसने तुम्हारा अपकार किया है?" उनके इस प्रकार पूछने पर बालक ने सारा हाल कह दिया।।४०।। ब्रह्मर्षि शमीक ने राजा के श्राप की बात

सुनकर अपने पुत्र का अभिनंदन नहीं किया। उनके दृश्टि में परीक्षित् श्राप के योग्य नहीं थे। उन्होंने कहा- ओह मूर्ख बालक है। तूने बड़ा पाप किया! खेद है कि उनकी थोड़ी-सी गलती के लिए तूने उनको इतना बड़ा दंड दिया।।४१।। तेरी बुद्धि भी अभी कच्ची है, तुझे भगवत्स्वरूप राजा को साधारण मनुष्य के समान नहीं समझना चाहिए; क्योंकि राजा के दुस्सह तेज से सुरक्षित और निर्भय रहकर ही प्रजा अपना कल्याण सम्पादन करती है।।४२।। जिस समय राजा का रूप धारण करके भगवान् पृथ्वी पर नहीं दिखाई देंगे, उस समय चोर बढ़ जायेंगे और अरक्षित भेड़ों के समान एक क्षण में ही लोगों का नाश हो जायेगा।।४३।। सम्राट परीक्षित् तो बड़े ही यशस्वी और धर्मधुरंधर हैं। उन्होंने बहुत-से अश्वमेद्य यज्ञ किये हैं और वे भगवान् के परम् प्यारे भक्त हैं; वे ही राजर्षि भूख-प्यास से व्याकुल होकर हमारे आश्रम पर आये थे। वे शाप के योग्य कदापि नहीं हैं।। इस नासमझ बालक ने हमारे निष्पाप सेवक राजा का अपराध किया है। धर्मात्मा भगवान् कृपा करके इसे क्षमा करें।। भगवान् के भक्तों में भी बदला लेने की शक्ति होती है, परंतु वे दूसरों के द्वारा किए हुए अपमान, धोखेबाजी, गाली-गलौज, आक्षेप और मार-पीट का कोई बदला नहीं लेते।। महामुनि को पुत्र के अपराध पर बड़ा पश्चात्ताप हुआ। राजा परीक्षित् ने जो उनका अपमान किया था, उस पर तो उन्होंने ध्यान ही नहीं दिया।। महात्माओं का स्वभाव ही ऐसा होता है कि जगत् में जब दूसरे लोग उन्हें सुख-दु:खादि द्वन्द्वों में डाल देते हैं तब भी वे प्राय: हर्षित या व्यवस्थित नहीं होते, क्योंकि आत्मा का स्वरूप तो गुणों से सर्वथा परे है।।५०।।

परीक्षित् का अनशन व्रत शुकदेव जी का आगमन

सूतजी कहते हैं- राजधानी में पहुँचने पर राजा परीक्षित् को अपने उस निंदनीय कर्म के लिए बड़ा पश्चात्ताप हुआ, वे अत्यंत उदास हो गये और सोचने लगे- मैंने निरपराध एवं अपना तेज छिपाये हुए ब्राह्मण के साथ अनार्य पुरुषों के समान बड़ा नीच व्यवहार किया। यह बड़े खेद की बात है।।१।। अवश्य ही उन महात्मा के अपमान के फलस्वरूप शीघ्र से शीघ्र मुझ पर कोई घोर विपत्ति आयेगी। मैं भी ऐसा ही चाहता हूँ, क्योंकि उससे

मेरे पाप का प्रायश्चित्त हो जायेगा और फिर कभी मैं ऐसा काम करने का दुस्साहस नहीं करूंगा।।२।। ब्राह्मणों की क्रोधाग्नि आज ही मेरे राज्य, सेना और भरे-पूरे खजाने को जलाकर खाक कर दें- जिससे फिर कभी मुझ दुष्ट की ब्राह्मण देवता और गौओं के प्रति ऐसी पाप बुद्धि न हो।।३।। वे इस प्रकार चिंता कर ही रहे थे, कि उन्हें मालूम हुआ-ऋषिकुमार के शाप से तक्षक मुझे डसेगा। उन्हें वह धधकती हुई आग के समान तक्षक का डसना बहुत भला मालूम हुआ। उन्होंने सोचा कि बहुत दिनों से मैं संसार में आसक्त हो रहा था, अब मुझे शीघ्र वैराग्य होने का कारण प्राप्त हो गया।।४।। वे इस लोक और परलोक के लोगों को तो पहले से ही तुच्छ और त्याज्य समझते थे। अब उनका स्वरूपत: त्याग करके भगवान् श्रीकृष्ण के चरण कमलों की सेवा को ही सर्वोपरि मानकर आमरण अनशन-व्रत लेकर वे गंगा तट पर बैठ गये।।५।। गंगा जी का जल भगवान् श्रीकृष्ण के चरण कमलों का वह पराग लेकर प्रवाहित होता है। जो श्रीमती तुलसी की गंध से मिश्रित है। यही कारण है कि वह लोकपालों के सहित ऊपर-नीचे के समस्त लोकों को पवित्र करती हैं। कौन ऐसा मरणासन्न पुरुष होगा, जो उनका सेवन न करेगा?।।६।। इस प्रकार गंगाजी के तट पर आमरण अनशन का निश्चय करके उन्होंने समस्त आसक्तियों का परित्याग कर दिया और वे मुनियों का व्रत स्वीकार करके अनन्य भाव से श्रीकृष्ण के चरण कमलों का ध्यान करने लगे।।६।। उस समय त्रिलोकी को पवित्र करने वाले बड़े-बड़े महानुभाव ऋषिमुनि अपने शिष्यों के साथ वहाँ पधारे। संतजन प्राय: तीर्थयात्रा के बहाने स्वयं उन तीर्थ स्थानों को ही पवित्र करते हैं।।७।। उस समय वहाँ पर अत्रि, वशिष्ठ, च्यवन, शरद्वान, अरिष्टनेमि, भृगु, अंगिरा, पराशर, विश्वामित्र, परशुराम, उतथ्य, इंद्रप्रमाद, इध्ववाह, मेद्यातिथि, देवल, आर्ष्टिशेण, भारद्वाज गौतम, पिप्पलाद, मैत्रेय, और्व, कवष, अगस्त्य, भगवान् व्यास, नारद तथा इनके अतिरिक्त और भी कई देवर्षि, ब्रह्मर्षि तथा अरुणादि, राजर्षि वर्यों का शुभागमन हुआ। इस प्रकार विभिन्न गोत्रों के मुख्य-मुख्य ऋषियों को एकत्र देखकर राजा ने सबका यथा योग्य सत्कार किया और उनके चरणों की धूल ले

सिर पर रखकर वंदना की।।९-११।। जब सब लोग आराम से अपने-अपने आसन पर बैठ गये, तब महाराज परीक्षित् ने उन्हें फिर से प्रणाम किया और उनके समान खड़े होकर शुद्ध हृदय से अंजुलि बाँधकर वे जो कुछ करना चाहते थे, उसे सुनाने लगे।।१२।।

राजा परीक्षित् ने कहा- अहो! समस्त राजाओं में हम धन्य हैं। धन्यतम हैं। क्योंकि अपने शील-स्वभाव के कारण हम-आप महापुरुषों के कृपापात्र बन गये हैं। राजवंश के लोग प्रायः निन्दित कार्य व कर्म करने के कारण ब्राह्मणों के चरण धोवन से दूर पड़ जाते हैं- यह कितने खेद की बात है।।१३।। मैं भी राजा हूँ। निरंतर देह-गेह में आसक्त रहने के कारण मैं भी पाप रूप ही हो गया हूँ। इसी से स्वयं भगवान् ही ब्राह्मण के शाप के रूप में मुझ पर कृपा करने के लिए पधारे हैं। यह सब वैराग्य उत्पन्न करने वाला है। क्योंकि इस प्रकार के श्राप से संसारासक्त भयभीत होकर विरक्त हो जाया करते हैं।।१४।। ब्राह्मणों! अब मैंने अपने चित्त को भगवान् के चरणों में समर्पित कर दिया है। आप लोग और माँ गंगाजी शरणागत जानकर मुझ पर अनुगृह करें, ब्राह्मण कुमार के शाप से प्रेरित कोई दूसरा कपट से तक्षक का रूप धारण कर मुझे डस ले अथवा स्वयं तक्षक आकर डस ले; इसकी मुझे तनिक भी परवाह नहीं है। आप लोग कृपा करके भगवान् की रसमयी लीलाओं का गायन करें।।१५।। मैं आप ब्राह्मणों के चरणों में प्रणाम करके पुनः यही प्रार्थना करता हूँ कि क्रमवश चाहे जिस योनि में जन्म लेना पड़े भगवान् श्रीकृष्ण के चरणों में मेरा अनुराग हो, उनके चरणाश्रित महात्माओं से विशेष प्रीति हो और जगत् के समस्त प्राणियों के प्रति मेरी एक-सी मैत्री रहे। ऐसा आप आशीर्वाद दीजिये।।१६।।

महाराज परीक्षित् परम् धीर थे। वे ऐसा दृढ़ निश्चय करके गंगा जी के दक्षिण तट पर पूर्वाग्र कुशों के आसन पर उत्तर मुख होकर बैठ गये। राज-काज का भार तो उन्होंने पहले ही अपने पुत्र जन्मेजय को सौंप दिया था।।१७।। पृथ्वी के एकछत्र सम्राट परीक्षित् जब इस प्रकार आमरण अनशन का निश्चय करके बैठ गये, तब आकाश में स्थित देवता लोग

बड़े आनंद से उनकी प्रशंसा करते हुए वहाँ पृथ्वी पर पुष्पों की वर्षा करने लगे तथा उनके नगाड़े बार-बार बजने लगे॥१८॥ सभी उपस्थित महर्षियों ने परीक्षित् के निश्चय की प्रशंसा की और 'साधु-साधु' कहकर उनका अनुमोदन किया। ऋषि लोग तो स्वभाव से ही लोगों पर अनुगृह की वर्षा करते रहते हैं; यहीं नहीं, उनकी सारी शक्ति लोक पर कृपा करने के लिए ही होती है। उन लोगों ने भगवान् श्रीकृष्ण के गुणों से प्रभावित परीक्षित् के प्रति उनके अनुरूप वचन कहे॥१९॥

राजर्षि शिरोमणि! भगवान् श्रीकृष्ण के सेवक और अनुयायी आप पाण्डुवंशियों के लिए यह कोई आश्चर्य की बात नहीं है; क्योंकि आप लोगों ने भगवान् की सन्निधि प्राप्त करने की आकांक्षा से उस राजसिंहासन का एक क्षण में ही परित्याग कर दिया, जिसकी सेवा बड़े-बड़े राजा अपने मुकुटों से करते थे॥२०॥ हम सब तब तक यहीं रहेंगे, जब तक यह भगवान् के परम् भक्त परीक्षित् अपने नश्वर शरीर को छोड़कर मायादोष एवं शोक से रहित भगवद् धाम में नहीं चले जाते'॥२१॥

ऋषियों के यह वचन बड़े ही मधुर, गंभीर, सत्य और समता से युक्त थे। उन्हें सुनकर राजा परीक्षित् ने उन योग युक्त मुनियों का अभिनंदन किया और भगवान् के मनोहर चरित्र सुनने की इच्छा से ऋषियों से प्रार्थना की॥२२॥ महात्माओं! आप सभी सब ओर से यहाँ पधारे हैं। आप सत्यलोक में रहने वाले मूर्तिमान वेदों के समान हैं। आप लोगों का दूसरों पर अनुगृह करने के अतिरिक्त, जो आपका सहज स्वभाव ही है, इस लोक या परलोक में और कोई स्वार्थ नहीं है॥२३॥। विप्रवरों! आप लोगों पर पूर्ण विश्वास करके मैं अपने कर्तव्य के संबंध में यह पूछने योग्य प्रश्न करता हूँ। आप सभी विद्वान परस्पर विचार करके बतलाइए कि सबके लिए सब अवस्थाओं में और विशेष करके थोड़े समय में मरने वाले पुरुषों के लिए अंतःकरण और शरीर से करने योग्य विषुद्ध कर्म कौन-सा है?॥२४॥ उसी समय पृथ्वी पर स्वेच्छा से विचरण करते हुए, किसी की कोई अपेक्षा न रखने वाले व्याननन्दन भगवान् श्री शुकदेव जी महाराज वहाँ प्रकट हो गये। वे वर्ण अथवा आश्रम के बाह्य चिह्नों से रहित एवं

आत्मानुभूति में संतुष्ट थे। बच्चों व स्त्रियों ने उन्हें घेर रखा था। उनका वेश अवद्यूत का था।।२५।। सोलह वर्ष की अवस्था थी। चरण, हाथ, जंघा, भुजाएं, कंधे, कपोल और अन्य सब अंग अत्यंत सुकुमार थे। नेत्र बड़े-बड़े और मनोहर थे। सुंदर भौहें थीं। इनसे मुख बड़ा शोभायमान हो रहा था, गला तो मानो सुंदर शंख ही था।।२६।। अपने तेज को छिपा रखा था, फिर भी उनके लक्षण जानने वाले मुनियों ने उन्हें पहचान लिया और वे सबके-सब अपने-अपने आसन छोड़कर उनके सम्मान के लिए उठ खड़े हुए।।२७-२८।।

राजा परीक्षित् ने अतिथि रूप से पधारे हुए श्री शुकदेवजी को सिर झुकाकर प्रणाम किया और उनकी पूजा की। उनके स्वरूप को न जानने वाले बच्चे और स्त्रियां उनकी यह महिमा देखकर वहाँ से लौट गये; सब के द्वारा सम्मानित होकर श्री शुकदेवजी श्रेष्ठ आसन पर विराजमान हुए।।२८।। गृह, नक्षत्र और तारों से घिरे हुए चंद्रमा के समान ब्रह्मर्षि, देवर्षी और राजर्षियों के समूह से आवृत श्री शुकदेवजी अत्यंत शोभायमान हुए। वास्तव में वे महात्माओं के भी आदरणीय थे।।३०।। जब प्रखर बुद्धि श्री शुकदेव जी शांत भाव से बैठ गये, तब भगवान् के परम् भक्त परीक्षित् ने उनके समीप आकर और चरणों पर सिर रखकर प्रणाम किया। फिर खड़े होकर हाथ जोड़कर नमस्कार किया। उसके पश्चात् बड़ी मधुर वाणी से उनसे यह पूछा।।३१।।

परीक्षित् ने कहा- ब्रह्मस्वरूप भगवान् आज हम बड़भागी हुए; क्योंकि अपराधी क्षत्रिय होने पर भी हमें संत-समागम का अधिकारी समझा गया। आज कृपा पूर्वक अतिथि रूप में पधार कर आपने हमें तीर्थ के तुल्य पवित्र बना दिया।।३२।। आप जैसे महात्माओं के स्मरण मात्र से ही गृहस्थों के घर तत्काल पवित्र हो जाते हैं; फिर दर्शन, स्पर्श, पादप्रक्षालन और आसन, दानादि का सुअवसर मिलने पर तो कहना ही क्या है।।३३।। महायोगिन्! जैसे भगवान् विष्णु के सामने दैत्य लोग नहीं ठहरते, वैसे ही आपकी सन्निधि से बड़े-बड़े पाप भी तुरंत नष्ट हो जाते हैं।।३४।। भगवान् श्रीकृष्ण की कृपा न होती तो आप-सरीखे एकांत

वनवासी अव्यक्त गति परम् सिद्धपुरुष स्वयं पधार कर इस मृत्यु के समय हम जैसे प्राकृत मनुष्यों को क्यों दर्शन देते।।३६।। आप योगियों के गुरुवर हैं, इसलिए मैं आपसे परम् सिद्धि के स्वरूप और साधन के संबंध में प्रश्न कर रहा हूँ। जो पुरुष सर्वथा मरणासन्न है, उसको क्या करना चाहिए।।३७।। भगवान् साथ ही यह भी बतलाइए कि मनुष्य मात्र को क्या करना चाहिए। वे किसका श्रवण, किसका जप, किसका स्मरण और भजन करें तथा किसका त्याग करें?।।३८।। भगवत् स्वरूप मुनिवर! आपका दर्शन अत्यंत दुर्लभ है; क्योंकि जितनी देर एक गाय दुही जाती है, गृहस्थों के घर पर इतनी देर भी तो आप नहीं ठहरते।।३९।। सूतजी कहते हैं- जब राजा ने बड़ी ही मधुर वाणी में इस प्रकार सम्भाषण एवं प्रश्न किये, तब समस्त धर्मों के मर्मज्ञ व्यास नन्दन भगवान् श्रीकृष्ण शुकदेवजी उनका उत्तर देने लगे।।४०।।

।। इति प्रथम स्कन्ध समाप्त ।।

ध्यान-विधि और भगवान् के विराट् स्वरूप का वर्णन

श्री शुकदेव जी ने कहा- परीक्षित् तुम्हारा लोकहित के लिए किया हुआ यह प्रश्न बहुत ही उत्तम है। मनुष्यों के लिए जितनी भी बातें सुनने, स्मरण या कीर्तन करने की हैं, उन सब में यह श्रेष्ठ है। आत्मज्ञानी महापुरुष ऐसे प्रश्न का बड़ा आदर करते हैं।।१।। राजेंद्र! जो गृहस्थ घर के काम-धंधों में उलझे रहते हैं, अपने स्वरूप को नहीं जानते, उनके लिए हजारों बातें कहने-सुनने एवं सोचने, करने की रहती है।।२।। संसार में जिन्हें अपना अत्यंत घनिष्ठ सम्बन्धी कहा जाता है, वे शरीर, पुत्र, स्त्री आदि कुछ नहीं है। असत् है; परंतु जीव उनके मोह में ऐसा पागल-सा हो जाता है, कि रात-दिन उनको मृत्यु का ग्रास होते देखकर भी चेतता नहीं है।।३-४।। इसलिए परीक्षित् जो अभय पद को प्राप्त करना चाहता है, उसे तो सर्वात्मा, सर्वशक्तिमान भगवान् श्रीकृष्ण की लीलाओं का श्रवण, कीर्तन और स्मरण करना चाहिए।।५।। मनुष्य जन्म का यही इतना ही लाभ है कि चाहे जैसे हो-ज्ञान से, भक्ति से अथवा अपने धर्म के निष्ठा से

जीवन को ऐसा बना लो, कि मृत्यु के समय भगवान् की स्मृति अवश्य बनी रहे।।६।। परीक्षित्! जो निर्गुण स्वरूप में स्थित हैं, वे बड़े-बड़े ऋषिमुनि भी प्रायः भगवान् के अनंत कल्याणमय गुणों के गुणगान में रमे रहते हैं।।७।। द्वापर के अंत में इस भगवद्रूप अथवा वेदतुल्य श्रीमद्भागवत नाम के महापुराण का अपने पिता श्रीकृष्ण द्वैपायन से मैंने अध्ययन किया था।।८।। राजर्षि! मेरी निर्गुण स्वरूप परमात्मा में पूर्ण निष्ठा है। फिर भी भगवान् श्रीकृष्ण की मधुर लीलाओं ने बलात् मेरे हृदय को अपनी ओर आकर्षित कर लिया है। यही कारण है कि मैंने इस पुराण का अध्ययन किया।।९।। तुम भगवान् के परम् भक्त हो, इसलिए तुम्हें मैं इसे सुनाऊंगा। जो इसके प्रति श्रद्धा रखते हैं, उनकी शुद्ध चित्तवृत्ति भगवान् श्रीकृष्ण के चरणों में अनन्य प्रेम के साथ बहुत शीघ्र लग जाती है।।१०।। जो लोग लोक या परलोक की किसी भी वस्तु की इच्छा रखते हैं, या इसके विपरीत संसार में दुःख का अनुभव करके जो उससे विरक्त हो गये हैं और निर्भय मोक्षपद को प्राप्त करना चाहते हैं, उन साधकों के लिए तथा योग सम्पन्न सिद्ध ज्ञानियों के लिए भी समस्त शास्त्रों का ये निर्णय है कि वे भगवान् के नामों का प्रेम संकीर्तन करें।।११।। राजर्षि खटवांग अपनी आयु की समाप्ति का समय जानकर दो घड़ी में ही सब कुछ त्याग कर भगवान् के अभय पद को प्राप्त हो गये।।१२-१३।। परीक्षित्! अभी तो तुम्हारे जीवन की अवधि सात दिन की है। इस बीच में ही तुम अपने परम् कल्याण के लिए जो कुछ करना चाहिए सब कर लो।।१४।।

मृत्यु का समय आने पर मनुष्य घबराये नहीं। उसे चाहिए कि वह वैराग्य के शस्त्र से शरीर और उससे सम्बन्ध रखने वालों के प्रति ममता को काट डाले।।१५।। धैर्य के साथ घर से निकलकर पवित्र जल में (तीर्थ के) स्नान करे और पवित्र तथा एकांत स्थान में विधि पूर्वक आसन लगाकर बैठ जाये।।१६।। तत्पश्चात् परम् पवित्र 'ओ उ म्' इन तीन मात्राओं से युक्त प्रणव का मन-ही-मन जप करे। प्राणवायु को वश में करके मन का दमन करे और एक क्षण के लिए भी प्रणव को न भूले।।१७।। बुद्धि की सहायता से मन के द्वारा इंद्रियों को उनके विषयों से

हटा ले और कर्म की वासनाओं से चंचल हुए मन को विचार के द्वारा रोककर भगवान् के मंगलमय रूप में लगाये॥१८॥ स्थिर चित्त से भगवान् के श्री विगृह में से किसी एक अंग का ध्यान करे। इस प्रकार एक-एक अंग का ध्यान करते-करते विषय वासना से रहित मन को पूर्ण रूप से भगवान् में ऐसा तल्लीन कर दे, कि फिर और किसी विषय का चिंतन ही न हो। वही भगवान् विष्णु का परम् पद है, जिसे प्राप्त करके मन भगवत् प्रेम स्वरूप आनंद से भर जाता है॥१९॥ यदि भगवान् का ध्यान करते समय मन रजोगुण से विक्षिप्त या तमोगुण से मूढ़ हो जाय तो घबरायें नहीं। धैर्य के साथ योग धारणा के द्वारा उसे वश में करना चाहिए; क्योंकि धारणा उक्त दोनों गुणों के दोषों को मिटा देती है॥२०॥ धारणा स्थिर हो जाने पर ध्यान में जब योगी अपने परम् मंगलमय आश्रय (भगवान्) को देखता है, तब उसे तुरंत ही भक्ति योग की प्राप्ति हो जाती है॥२१॥ परीक्षित् ने पूछा- ब्रह्मन्! धारणा किस साधन से किस वस्तु में किस प्रकार की जाती है और उसका क्या स्वरूप माना गया है, जो शीघ्र ही मनुष्य के मन का मैल मिटा देती है॥२२॥

श्री शुकदेव जी ने कहा- परीक्षित्! आसन, श्वास, आसक्ति और इंद्रियों पर विजय प्राप्त करके फिर बुद्धि द्वारा मन को भगवान् के स्थूल रूप में लगाना चाहिए॥२३॥ यह कार्यरूप सम्पूर्ण विश्व जो कुछ कभी था है, या होगा- सबका सब जिसमें दीख पड़ता है, वही भगवान् का स्थूल-से-स्थूल और विराट् शरीर है॥२४॥ जल, अग्नि, वायु, आकाश, अहंकार, महत्तत्त्व और प्रकृति- इन सात आवरणों से घिरे हुए इस ब्रह्मण्ड-शरीर में जो विराट् पुरुष भगवान् हैं, वे ही धारणा के आश्रय हैं, उन्हीं की धारणा की जाती है॥२५॥ तत्त्वज्ञ पुरुष उनका इस प्रकार वर्णन करते हैं- पाताल विराट् पुरुष के तलवे हैं, उनकी एड़ियां और पंजे रसातल हैं, दोनों गुल्फ एड़ी के ऊपर की गाँठे महाताल हैं, उनके पैर के पिंडे तलाताल हैं॥२६॥ विश्वमूर्ति भगवान् के दोनों घुटने सुतल हैं, जाँघे वितल और अतल हैं, पेडू भूतल है और परीक्षित्! उनके नाभि रूप सरोवर को ही आकाश कहते हैं॥२७॥ आदिपुरुष परमात्मा की छाती को

स्वर्गलोक गले को महर्लोक, मुख को जनलोक और ललाट को तपोलोक कहते हैं। उन सहस्र सिरवाले भगवान् का मस्तक समूह ही सत्यलोक है।।२८ इन्द्रादि देवता उनकी भुजाएं हैं। दिशाएं कान और श्रवणेन्द्रिय हैं। दोनों अश्विनी कुमार उनकी नासिका के छिद्र हैं; गंध घ्राणेंद्रिय हैं और धधकती हुई आग उनका मुख है।।२९।। भगवान् विष्णु के नेत्र अंतरिक्ष हैं, उनमें देखने की शक्ति सूर्य है, दोनों पलकें रात और दिन हैं, उनका भ्रूविलास ब्रह्मलोक है। तालु जल है और जिह्वा रस।।३०।। वेदों को भगवान् का ब्रह्मरंध्र कहते हैं और यम को दाढ़े। सब प्रकार के स्नेह दांत हैं और उनकी जगन्मोहिनी माया को ही उनकी मुस्कान कहते हैं। यह अनन्त सृष्टि उसी माया का कटाक्ष-विक्षेप है।।३१।।

तरह-तरह के पक्षी उनके अद्भुत रचना-कौशल हैं। स्वयम्भुव मनु उनकी बुद्धि है और मनु की संतान मनुष्य उनके निवास स्थान हैं। गंधर्व, विद्याधर, चरण और अप्सराएं उनके षड्ज आदि स्वरों की स्मृति हैं। दैत्य उनके वीर्य हैं।।३६।। ब्राह्मण मुख, क्षत्रिय भुजाएं वैश्य जंघाएँ और शूद्र उन विराट् पुरुष के चरण हैं। विविध देवताओं के नाम से जो बड़े-बड़े द्रव्यमय यज्ञ किये जाते हैं, वे उनके कर्म हैं।।३७।।

परीक्षित्! विराट् भगवान् के स्थूल शरीर का यही स्वरूप है, सो मैंने तुम्हें सुना दिया। इसी में मुमुक्ष पुरुष बुद्धि के द्वारा मन को स्थिर करते हैं; क्योंकि इससे भिन्न और कोई वस्तु नहीं है।।३८।। जैसे स्वप्न देखने वाला स्वप्नावस्था में अपने आप को ही विविध पदार्थों के रूप में देखता है, वैसे ही सबकी बुद्धि-वृत्तियों के द्वारा सब कुछ अनुभव करने वाला सर्वान्तर्यामी परमात्मा भी एक ही है। उन सत्यस्वरूप आनंदनिधि भगवान् का ही भजन करना चाहिए। अन्य किसी भी वस्तु में आसक्ति नहीं करनी चाहिए। क्योंकि यह आसक्ति जीव के अधःपतन का हेतु है।।३९।।

श्री शुकदेव जी कहते हैं- सृष्टि के प्रारंभ में ब्रह्माजी ने इसी धारणा के द्वारा प्रसन्न हुए भगवान् से वह सृष्टि विषयक स्मृति प्राप्त की थी, जो पहले प्रलयकाल में विलुप्त हो गई थी। इससे उनकी दृष्टि अमोघ और बुद्धि निश्चयात्मिका हो गयी। तब उन्होंने इस जगत् को वैसे ही रचा जैसे

कि वह प्रलय के पहले था।।१।। वेदों की वर्णन-शैली ही इस प्रकार की है, कि लोगों की बुद्धि स्वर्ग आदि निरर्थक नामों के फेर में फँस जाती है, जीव वहाँ सुख की बात वासना से स्वप्न-सा देखता हुआ भटकने लगता है; किंतु उन मायामय लोकों में कहीं भी उसे सच्चे सुख की प्राप्ति नहीं होती।।२।।

संसार-चक्र में पड़े हुए मनुष्य के लिए जिस साधन के द्वारा उसे भगवान् श्रीकृष्ण की अनन्य प्रेममयी भक्ति प्राप्त हो जाय, उसके अतिरिक्त और कोई भी कल्याणकारी मार्ग नहीं है।। भगवान् ब्रह्मा ने एकाग्रचित्त से सारे वेदों का तीन बार अनुशीलन करके अपनी बुद्धि से यही निश्चय किया कि जिसमें सर्वात्मा भगवान् श्रीकृष्ण के प्रति अनन्य प्रेम प्राप्त हो, वही सर्वश्रेष्ठ धर्म है।। समस्त चर-अचर प्राणियों में उनके आत्मा रूप से भगवान् श्रीकृष्ण ही लक्षित होते हैं; क्योंकि यह बुद्धि आदि दृश्य पदार्थ उनका अनुमान कराने वाले लक्षण हैं, वे इन सबके साक्षी एकमात्र द्रष्टा है।। परीक्षित्! इसलिए मनुष्य को चाहिए कि सब समय और सभी स्थितियों में अपने सम्पूर्ण शक्ति से भगवान् श्रीहरि का ही श्रवण, कीर्तन और स्मरण करें।।

संत पुरुष आत्मस्वरूप भगवान् की कथा का मधुर अमृत बांटते ही रहते हैं; जो अपने कान के दोनों में भर-भरकर उनका पान करते हैं, उनके हृदय से विषयों का विषैला प्रभाव जाता रहता है, वह शुद्ध हो जाता है और वे भगवान् श्रीकृष्ण के चरण कमलों की सन्निधि प्राप्त कर लेते हैं।।३३-३७।।

(द्वि. स्कन्ध)

(अ० 3)

श्री शुकदेव जी ने कहा- परीक्षित्! तुमने मुझसे जो पूछा था कि मरते समय बुद्धिमान मनुष्य को क्या करना चाहिए, उसका उत्तर मैंने तुम्हें दे दिया।।१।। जो ब्रह्मतेज का इच्छुक हो, वह बृहस्पति की; जिसे इंद्रियों की विशेष शक्ति की कामना हो, वह इंद्र की और जिसे संतान की लालसा

हो, वह प्रजापतियों की उपासना करे।।२।। जिसे लक्ष्मी चाहिए वह माया देवी की उपासना, जिसे तेज चाहिए वह अग्नि की, जिसे धन चाहिए वह वसुओं की और जिस प्रभावशाली पुरुष को वीरता की चाह हो उसे रुद्रों की उपासना करनी चाहिए।।३।। जिसे बहुत अन्न प्राप्त करने की इच्छा हो वह अदिति का; जिसे स्वर्ग की कामना हो वह अदिति के पुत्र देवताओं का, जिसे राज्य की अभिलाषा हो वह विश्वदेवों का और जो प्रजा को अपने अनुकूल बनाने की इच्छा रखता हो उसे साध्य देवताओं का आराधन करना चाहिए।।४।। आयु की इच्छा से अश्विनीकुमारों का, पुष्टि की इच्छा से पृथ्वी का और प्रतिष्ठा की इच्छा से चाह हो तो लोकमाता पृथ्वी और द्यौ (आकाश) का सेवन करना चाहिए।।५।। सौंदर्य की चाह से गन्धर्वों की, पत्नी की प्राप्ति के लिए, उर्वशी अप्सरा की और सबका स्वामी बनने के लिए ब्रह्मा की आराधना करनी चाहिए।।६।। जिसे यश की इच्छा हो वह यज्ञपुरुष की, जिसे खजाने की लालसा हो वह वरुण की; विद्या प्राप्त करने की इच्छा हो तो भगवान् शंकर की और पति-पत्नी में परस्पर प्रेम बनाये रखने के लिए पार्वतीजी की उपासना करनी चाहिए।।७।। धर्म उपार्जन करने के लिए विष्णु भगवान् की, वंश परंपरा की रक्षा के लिए पितरों की, बाधाओं से बचने के लिए यक्षों की और बलवान् होने के लिए मन्वन्तरों के अधिपति देवों को, अभिचार के लिए निर्ऋतिकों को, भोगों के लिए चंद्रमा को और निष्कामता प्राप्त करने के लिए परम् पुरुष नारायण को भजना चाहिए।।९।। और जो बुद्धिमान पुरुष है- वह चाहे निष्काम हो, समस्त कामनाओं से युक्त हो अथवा मोक्ष चाहता हो- उसे तीव्र भक्ति योग के द्वारा केवल पुरुषोत्तम भगवान् की आराधना करनी चाहिए।।१०।। जितने भी उदास उपासक हैं, उनका सबसे बड़ा हित इसी में है कि वे भगवान् के प्रेमी भक्तों का संग करके भगवान् में अविचल प्रेम प्राप्त कर लें।।११।। जो सिर कभी भगवान् श्रीकृष्ण के चरणों में झुकता नहीं, वह रेशमी वस्त्र से सुसज्जित और मुकुट से युक्त होने पर भी बोझ मात्र ही है। जो हाथ भगवान् की सेवा-पूजा नहीं करते, वे सोने के कंगन से भूषित होने पर भी मुर्दे के हाथ हैं।।१२।।

द्वि. स्कन्ध

सृष्टि वर्णन

नारदजी ने पूछा- पिताजी! आप केवल मेरे ही नहीं, सबके पिता, समस्त देवताओं से श्रेष्ठ एवं सृष्टिकर्ता हैं। आपको मेरा प्रणाम है। आप मुझे वह ज्ञान दीजिए, जिससे आत्मतत्त्व का साक्षात्कार हो जाता है।। पिताजी इस संसार का क्या लक्षण है? इसका क्या आधार है? इसका निर्माण किसने किया है? इसका प्रलय किससे होता है? यह किसके अधीन है? और वास्तव में यह क्या वस्तु है? आप इसका तत्त्व बतलाइये।। आप तो यह सब कुछ जानते हैं; क्योंकि जो कुछ हुआ है, हो रहा है या होगा, उसके स्वामी आप ही हैं। यह सारा संसार हथेली पर रखे हुए आँवले के समान आपके ज्ञान-दृष्टि के अंतर्गत ही है।। पिताजी! आपको यह ज्ञान कहाँ से मिला? आप किसके आधार पर ठहरे हुए हैं? आपका स्वामी कौन है? और आपका स्वरूप क्या है? पिताजी! आप सर्वज्ञ और सर्वेश्वर हैं। जो कुछ मैं पूछ रहा हूँ, वह सब आप कृपा करके मुझे इस प्रकार समझाइये कि जिससे मैं आपके उपदेश को ठीक-ठीक समझ सकूं।।

ब्रह्माजी ने कहा- बेटा नारद! तुमने जीवों के प्रति करुणा के भाव से भरकर यह बहुत ही सुंदर प्रश्न किया है; क्योंकि इससे भगवान् के गुणों का वर्णन करने की प्रेरणा मुझे प्राप्त हुई है।। तुमने मेरे विषय में जो कुछ कहा है, तुम्हारा वह कथन भी असत्य नहीं है। क्योंकि जब तक मुझसे परे का तत्त्व- जो स्वयं भगवान् ही हैं- जान नहीं लिया जाता, तब तक मेरा ऐसा ही प्रभाव प्रतीत होता है।। जैसे सूर्य, अग्नि, चंद्रमा, गृह, नक्षत्र और तारे उन्हीं के प्रकाश से प्रकाशित होकर जगत् में प्रकाश फैलाते हैं, वैसे ही मैं भी उन्हीं स्वयं प्रकाश भगवान् के चिन्मय प्रकाश से प्रकाशित होकर संसार को प्रकाशित कर रहा हूँ।। उन भगवान् वासुदेव की मैं वंदना करता हूँ और ध्यान भी, जिनकी दुर्जय माया से मोहित होकर लोग मुझे जगद्गुरु कहते हैं।। यह माया तो उनकी आँखों के सामने ठहरती ही नहीं, झेंपकर दूर से ही भाग जाती है। परंतु संसार के अज्ञानी जन उसी से

मोहित होकर 'यह मैं हूँ, यह मेरा है' इस प्रकार बहते रहते हैं।। भगवत् स्वरूप नारद! द्रव्य, कर्म, काल, स्वभाव और जीव- वास्तव में भगवान् से भिन्न दूसरी कोई भी वस्तु नहीं है।। वेद नारायण के परायण हैं। देवता भी नारायण के ही अंगों में कल्पित हुए हैं, और समस्त यज्ञ भी नारायण की प्रसन्नता के लिए ही हैं तथा उनसे जिन लोकों की प्राप्ति होती है, वे भी नारायण में ही कल्पित हैं।। सब प्रकार के योग भी नारायण की प्राप्ति के ही हेतु हैं। सारी तपस्याएँ नारायण की ओर ही ले जाने वाली हैं। ज्ञान के द्वारा भी नारायण ही जाने जाते हैं। समस्त साध्य और साधनों का पर्यवसान भगवान् नारायण में ही हैं।।

श्रेष्ठ ब्रह्मवित्! जिस समय ये पंचभूत इंद्रिय, मन और सत्य आदि तीनों गुणों का परस्पर संगठित न होना, तब अपने रहने के लिए भोगों के साधन रूप शरीर की रचना नहीं कर सके।। जब भगवान् ने इन्हें अपनी शक्तियों से प्रेरित किया, तब वे तत्त्व परस्पर एक-दूसरे के साथ मिल गये और उन्होंने आपस में कार्य-कारणभाव स्वीकार करके व्यष्टि-समष्टि रूप पिण्ड और ब्रह्मण्ड दोनों की रचना की।। वह ब्रह्मण्डरूप अण्डा एक सहस्र वर्ष तक निर्जीव रूप से जल में पढ़ा रहा; फिर काल, कर्म और स्वभाव को स्वीकार करने वाले भगवान् ने उसे जीवित कर दिया।। उस अण्डे को तोड़कर उसमें से वही विराट् पुरुष निकला, जिसकी जंघा, चरण, भुजाएँ, नेत्र, मुख और सिर सहस्रों की संख्या में हैं।। विद्वान पुरुष (उपासना के लिए) उसी के अंगों में समस्त लोक और उनमें रहने वाली वस्तुओं की कल्पना करते हैं। उसकी कमर से नीचे के अंगों में सातों पाताल की और उसके पेड़ू से ऊपर के अंगों में सातों स्वर्ग की कल्पना की जाती है।। ब्राह्मण इस विराट् पुरुष का मुख हैं, भुजाएँ क्षत्रिय हैं, जाँघों से वैश्य और पैरों से शूद्र उत्पन्न हुए हैं।। पैरों से लेकर कटीपर्यन्त सातों पाताल तथा भूलोक की कल्पना की गयी है; नाभि में भुवलोक की, हृदय में स्वर्गलोक की और परमात्मा के वक्षस्थल महर्लोलोक की कल्पना की गयी है।। उसके गले में जनलोक, दोनों स्तनों में तपोलोक और मस्तक में ब्रह्मा का नित्य निवास स्थान सत्यलोक है।। उस विराट् पुरुष की कमर

में अतल, जाँघों में वितल, घुटनों में पवित्र सुतलोक और जंघाओं में तलातल की कल्पना की गयी है।। एड़ी के ऊपर की गांठों में महाताल, पंजे और एड़ियों में रसातल और तलुओं में पाताल समझना चाहिए। इस प्रकार विराट् पुरुष सर्वलोकमय है।। विराट् भगवान् के अंगों में इस प्रकार भी लोकों की कल्पना की जाती है कि उनके चरणों में पृथ्वी है, नाभि में भूवर्लोक और सिर में स्वर्लोक हैं।।

द्वि. स्कन्ध

(अ० 6)

ब्रह्माजी कहते हैं- उन्हें विराट् पुरुष के मुख से वाणी और उसके अधिष्ठातृदेवता अग्नि उत्पन्न हुए हैं। सातों छन्द- उनकी सात धातुओं से निकले हैं। मनुष्यों, पितरों और देवताओं के भोजन करने योग्य अमृतमय, अन्न, सब प्रकार के रस, रसनेन्द्रिय और उसके अधिष्ठातृदेवता वरुण विराट् पुरुष की जिह्वा से उत्पन्न हुए हैं।।१।। उनके नासा छिद्रों से प्राण, अपान, व्यान, उदान, और समान- ये पाँचो प्राण और वायु तथा घ्राणेन्द्रिय से अश्विनी कुमार, समस्त औषधियाँ एवं साधारण तथा विशेष गंध उत्पन्न हुए हैं।।२।। उनकी नेत्रन्द्रिय रूप और तेज की तथा नेत्र-गोलक स्वर्ग और सूर्य की जन्मभूमि हैं। समस्त दिशाएँ और पवित्र करने वाले तीर्थ कानों से तथा आकाश और शब्द श्रोत्रेन्द्रिय से निकले हैं। उनका शरीर संसार की सभी वस्तुओं के साभाग तथा सौन्दर्य का खजाना है।।३।। सारे यज्ञ, स्पर्श और वायु उनकी त्वचा से निकले हैं; उनके रोम सभी उद्भिज्ज पदार्थों के जन्मस्थान हैं; अथवा केवल उन्हीं के, जिनसे यज्ञ सम्पन्न होते हैं।।४।। उनके केश, दाढ़ी, मूँछ और नखों से मेघ, बिजली, शिला एवं लोहा आदि धातु तथा भुजाओं से प्रायः संसार की रक्षा करने वाले लोकपाल प्रकट हुए हैं।।५।। उनका चलना-फिरना भूः, भुवः, स्वः- तीनों लोकों का आश्रय है, उनके चरण कमल प्राप्त की रक्षा करते हैं और भयों को भगा देते हैं तथा समस्त कामनाओं की पूर्ति उन्हीं से है।।६।। विराट् पुरुष का लिंग जल, वीर्य, सृष्टि, मेघ और प्रजापति का आधार है तथा

उनकी जननेंद्रिय मैथुनजनित आनंद का उद्गम है।।७।। नारदजी! विराट् पुरुष की वायु-इंद्रिय यम, मित्र और मल त्याग का तथा गुदाद्वार हिंसा, निर्ऋति, मृत्यु और नरक का उत्पत्ति स्थान है।।८।। उनकी पीठ से पराजय, अधर्म और अज्ञान, नाड़ियों से नद-नदी और हड्डियों से पर्वतों का निर्माण हुआ है।।९।। उनके उदर में मूल प्रकृति, रस, नाम की धातु तथा समुद्र, समस्त प्राणी और उनकी मृत्यु समायी हुई है। उनका हृदय ही मन की जन्मभूमि है।।१०।।

नारद! हम, तुम, धर्म, सनकादि, शंकर, विज्ञान और अंतःकरण- सब-के-सब उनके चित्त के आश्रित हैं।।११।। (कहाँ तक गिनायें-) मैं, तुम, तुम्हारे बड़े भाई सनकादि शंकर, देवता, दैत्य, मनुष्य, नाग, पक्षी, मृग, रेंगने वाले जंतु गंधर्व, अप्सराएँ, यक्ष, राक्षस, भूत-प्रेत, सर्प, पषु, पितर, सिद्ध, विद्याधर, चारण, वृक्ष और भी नाना प्रकार के जीव- जो आकाश या जल या स्थल में रहते हैं- गृह-नक्षत्र, केतु (पुच्छल तारे) तारे, बिजली और बादल ये सबके-सब विराट् पुरुष ही हैं। यह सम्पूर्ण विश्व- जो कुछ कभी था, है या होगा- सबको वह घेरे हुए है और उसके अंदर यह विश्व उसके केवल दस उंगल के परिमाण में ही स्थित है।।१२-१५।। मुनिवर! जो कुछ मनुष्य की क्रिया और संकल्प से बनता है, उससे वह परे है और अमृत एवं अभयपद (मोक्ष) का स्वामी है। यही कारण है कि कोई भी उसकी महिमा का पार नहीं पा सकता।।१७।। सम्पूर्ण लोक भगवान् के एक पादमात्र (अर्शमात्र) है तथा उनके अंशमात्र लोकों में समस्त प्राणी निवास करते हैं। भूलोक, भुवर्लोक और स्वर्गलोक के ऊपर महर्लोक है। उसके भी ऊपर जन, तप और सत्यलोकों में क्रमशः अमृत, क्षेम एवं अभय का नित्य निवास है।।१८।।

जन, तप और सत्य- इन तीनों लोकों में ब्रह्मचारी, वानप्रस्थ एवं संयासी निवास करते हैं। दीर्घकालीन ब्रह्मचर्य से रहित गृहस्थ भूलोक, भुवर्लोक और स्वर्गलोक के भीतर ही निवास करते हैं।।१९।। जैसे सूर्य अपनी किरणों से सबको प्रकाशित करते हुए भी सबसे अलग हैं, वैसे ही जिन परमात्मा से इस अण्ड की और पंचभूत, एकादश इंद्रिय एवं गुणमय

विराट् की उत्पत्ति हुई है- वे प्रभु भी इन समस्त वस्तुओं के अंदर और उनके रूप में रहते हुए भी उनसे सर्वथा अतीत हैं।।२१।।

परमात्मा का पहला अवतार विराट् पुरुष है; उसके सिवा काल, स्वभाव, कार्य, कारण, मन, पंचभूत, अहंकार तीनों गुण, इंद्रियाँ, ब्रह्मण्ड-शरीर उसका अभिमानी स्थावर और जंगम जीव सबके-सब उन अनंत भगवान् के ही रूप हैं।।४१।। मैं, शंकर, विष्णु, दक्ष आदि ये प्रजापति, तुम और तुम्हारे जैसे अन्य भक्तजन, स्वर्गलोक के रक्षक पक्षियों के राजा, मनुष्यलोक के राजा, नीचे के लोकों के राजा; गंधर्व, विद्याघर और चारणों के अधिनायक; यक्ष, राक्षस, सांप और नागों के स्वामी; महर्षि पितृपति, दैत्येन्द्र, सिद्धेश्वर, दानवराज; और भी प्रेत-पिशाच, भूत-कूक्ष्माण्ड, जल-जंतु, मृग और पक्षियों के स्वामी; एवं संसार में और भी जितनी वस्तुएँ, ऐश्वर्य, तेज, इन्द्रियबल, मनोबल, शरीरबल या क्षमा से युक्त हैं; अथवा जो भी विशेष सौंदर्य, लज्जा, वैभव तथा विभूति से युक्त हैं; एवं जितनी भी वस्तुएँ अद्भुत वर्णवाली, रूपवान् या अरूप हैं- वे सबके-सब परम् तत्त्व में भगवत्स्वरूप ही हैं।।४२।। नारद! इनके सिवा परम् पुरुष परमात्मा के परम् पवित्र एवं प्रधान-प्रधान लीलावतार भी शास्त्रों में वर्णित हैं। उनका मैं क्रमशः वर्णन करता हूँ। उनके चरित्र सुनने में बड़े मधुर एवं श्रवणेन्द्रिय के दोषों को दूर करने वाले हैं। तुम सावधान होकर उनका रस लो।।४५।।

द्वि. स्कन्ध

भगवान् के लीलावतारों की कथा

ब्रह्माजी कहते हैं- अनंत भगवान् ने प्रलय के जल में डूबी हुई पृथ्वी का उद्धार करने के लिए समस्त यज्ञमय में वराह-शरीर गृहण किया था। आदि दैत्य हिरण्याक्ष जल के अंदर ही लड़ने के लिए उनके सामने आया। जैसे इंद्र ने अपने वज्र से पर्वतों के पंख काट डाले थे। वैसे ही वराह भगवान् ने अपनी दाढ़ी से उसके टुकड़े-टुकड़े कर दिये।।१।।

फिर उन्हीं प्रभु ने रुचि नामक प्रजापति की पत्नी आकूति के गर्भ से सुयज्ञ के रूप में अवतार गृहण किया। उस अवतार में उन्होंने दक्षिणा नाम

की पत्नी से सुयम नाम के देवताओं को उत्पन्न किया और तीनों लोकों के बड़े-बड़े संकट हर लिए। इसी से स्वयम्भूव मनु ने उन्हें 'हरि' के नाम से पुकारा।।२।।

नारद! कर्दम प्रजापति के घर देवहूति के गर्भ से नौ बहिनों के साथ भगवान् ने कपिल के रूप में अवतार गृहण किया। उन्होंने अपनी माता को उस आत्मज्ञान का उपदेश किया, जिससे वे इसी जन्म में अपने हृदय के सम्पूर्ण मल- तीनों गुणों की आसक्ति का सारा कीचड़ धोकर कपिल भगवान् के वास्तविक स्वरूप को प्राप्त हो गयी।।३।।

महर्षि अत्रि भगवान् को पुत्र रूप में प्राप्त करना चाहते थे। उन पर प्रसन्न होकर भगवान् ने उनसे एक दिन कहा कि "मैंने अपने आपको तुम्हें दे दिया।" इसी से अवतार लेने पर भगवान् का नाम 'दत्त' (दत्तात्रेय) पड़ा। उनके चरण कमलों के पराग से अपने शरीर को पवित्र करके राजा यदु और सहस्रार्जुन आदि ने योग की भोग और मोक्ष दोनों ही सिद्धियां प्राप्त कीं।।४।। नारद! सृष्टि के प्रारंभ में मैंने विविध लोकों को रचने की इच्छा से तपस्या की। मेरे उस अखंड तप से प्रसन्न होकर उन्होंने 'तप' अर्थवाले 'सन' नाम से युक्त होकर सनक, सनन्दन, सनातन और सनतकुमार के रूप में अवतार गृहण किया। इस अवतार में उन्होंने प्रलय के कारण पहले कल्प के भूले हुए आत्मज्ञान का ऋषियों के प्रति यथावत् उपदेश किया, जिससे उन लोगों ने तत्काल परम् तत्त्व का अपने हृदय में साक्षात्कार कर लिया।।५।।

धर्म की पत्नी दक्षकन्या मूर्ति के गर्भ से वे नर-नारायण के रूप में प्रकट हुए। उनकी तपस्या का प्रभाव उन्हीं के जैसा है। इंद्र की भेजी हुई काम की सेना अप्सराएँ उनके सामने जाते ही अपना स्वभाव खो बैठीं। वे अपने हाव-भाव से उन आत्मस्वरूप भगवान् की तपस्या में विघ्न नहीं डाल सकीं।।६।। नारद! शंकर आदि महानुभाव अपनी रोषभरी दृष्टि से कामदेव को जला देते हैं, परंतु अपने आप को जलाने वाले असह्य क्रोध को वे जला नहीं पाते। वही क्रोध नर-नारायण के निर्मल हृदय में प्रवेश करने के पहले ही डर के मारे काँप जाता है। फिर भला, उनके हृदय में

काम का प्रवेश तो हो ही कैसे सकता है।।७।। अपने पिता राजा उत्तानपाद के पास बैठे हुए पाँच वर्ष के बालक ध्रव को उनकी सौतेली माता सुरुचि ने अपने वचन-बाणों से बेध दिया था। इतनी छोटी अवस्था होने पर भी वे उस ग्लानि से तपस्या करने के लिए वन में चले गये। उनकी प्रार्थना से प्रसन्न होकर भगवान् प्रकट हुए और उन्होंने ध्रुव को ध्रुवपद का वरदान दिया। आज भी ध्रुव के ऊपर-नीचे प्रदक्षिणा करते हुए दिव्य महर्षिगण उनकी स्तुति करते रहते हैं।।८।।

कुमार्गगामी वेन का ऐश्वर्य और पौरुष ब्राह्मणों के हुंकार रूपी वज्र से जलकर भस्म हो गया। वह नरक में गिरने लगा। ऋषियों की प्रार्थना पर भगवान् ने उसके शरीर मंथन से पृथु के रूप में अवतार धारण कर उसे नरकों से उबारा और इस प्रकार 'पुत्र' (नरक से बचाने वाला) शब्द को चरितार्थ किया। उसी अवतार में पृथ्वी को गाय बनाकर उन्होंने उससे जगत् के लिए समस्त औषधियों का दोहन किया।।९।।

राजा नाभि की पत्नी सुदेवी के के गर्भ से भगवान् ने ऋषभदेव के रूप में जन्म लिया। इस अवतार में समस्त आसक्तियों से रहित रहकर, अपनी इंद्रियों और मन को अत्यंत शांत करके एवं अपने स्वरूप में स्थित होकर समदर्शी के रूप में उन्होंने जड़ों की भाँति योगचर्या का आचरण किया। इस स्थिति को महर्षि लोग परम्हंस पद अथवा और अवद्यूर्तचर्या कहते हैं।।१०।।

इसके बाद स्वयं उन्हें यज्ञ पुरुष ने मेरे यज्ञ में स्वर्ण के समान कांति वाले हयग्रीव के रूप में अवतार गृहण किया। भगवान् का वह विगृह वेदमय, यज्ञमय और सर्वदेवमय है। उन्हीं की नासिका से श्वास के रूप में वेदवाणी प्रकट हुई।।११।।

चाक्षुत्र मन्वंतर के अंत में भावी मनु सत्यव्रत ने मत्स्य रूप में भगवान् को प्राप्त किया था। उस समय पृथ्वी रूपी नौका के आश्रय होने के कारण वे ही समस्त जीवों के आश्रय बने। प्रलय के उस भयंकर जल में मेरे मुख से गिरे हुए वेदों को लेकर वे उसी में विहार करते रहे।।१२।। जब

मुख्य-मुख्य देवता और दानव अमृत की प्राप्ति के लिए क्षीर सागर को मथ रहे थे, तब भगवान् ने कच्छप के रूप में अपनी पीठ पर मंदराचल पर्वत धारण किया। उस समय पर्वत के घूमने के कारण उसकी रगड़ से उनके पीठ की खुजलाहट थोड़ी मिट गयी, जिससे वह कुछ क्षणों तक सुख की नींद सो सके।।१३।। देवताओं का महान् भय मिटाने के लिए उन्होंने नृसिंह का रूप धारण किया। फड़कती हुई और भौहों और दाढ़ी से उनका मुख बड़ा भयावना लगता था। हिरण्यकशिपु उन्हें देखते ही हाथ में गदा लेकर उन पर टूट पड़ा। इस पर भगवान् नृसिंह ने दूर से ही उसे पकड़कर अपनी जाँघों पर डाल लिया और उसके छटपटाते रहने पर भी अपने नखों से उसका पेट फाड़ डाला।।१४।।

बड़े भारी सरोवर में महाबली ग्राह ने गजेंद्र का पैर पकड़ लिया। जब बहुत थककर वह घबरा गया, तब उसने अपने सूँड़ में कमल लेकर भगवान् को पुकारा- हे आदिपुरुष! हे समस्त लोकों के स्वामी! हे श्रवण मात्र से कल्याण करने वाले।।१५।। उसकी पुकार सुनकर अनंत शक्ति भगवान् चक्रपाणि गरुड़ की पीठ पर चढ़कर वहाँ आये और अपने चक्र से उन्होंने ग्राह का मस्तक उखाड़ डाला। इस प्रकार कृपापरवश भगवान् ने अपने शरणागत गजेंद्र की सूँड पकड़कर उस विपत्ति से उसका उद्धार किया।।१६।।

भगवान् वामन अदिति के पुत्रों में सबसे छोटे थे, परंतु गुणों की दृष्टि से वे सबसे बड़े थे। क्योंकि यज्ञ पुरुष भगवान् ने इस अवतार में बलि के संकल्प छोड़ते ही सम्पूर्ण लोकों को अपने चरणों से ही नाप लिया था। वामन बनकर उन्होंने तीन पग पृथ्वी के बहाने बलि से सारी पृथ्वी ले ली, परंतु इससे यह बात सिद्ध कर दी कि सन्मार्ग पर चलने वाले पुरुषों को याचना के सिवा और किसी उपाय से समर्थ पुरुष भी अपने स्थान से नहीं हटा सकते, ऐश्वर्य से च्युत नहीं क सकते ।।१७।। दैत्यराज बलि ने अपने सिर पर स्वयं वामन भगवान् का चरणामृत धारण किया था। ऐसी स्थिति में उन्हें जो देवताओं के राजा इंद्र की पदवी मिली, इससे कोई बलि का पुरुषार्थ नहीं था। अपने गुरु शुक्राचार्य के मना करने पर भी अपनी प्रतिज्ञा

के विपरीत कुछ भी करने को तैयार नहीं हुए और तो क्या, भगवान् का तीसरा पग पूरा करने के लिए उनके चरणों में सिर रखकर उन्होंने अपने आप को भी समर्पित कर दिया।।१८।।

नारद! तुम्हारे अत्यंत प्रेमभाव से परम् प्रसन्न होकर हंस के रूप में भगवान् ने तुम्हें योग, ज्ञान और आत्मतत्त्व को प्रकाशित करने वाले भागवत धर्म का उपदेश किया। वह केवल भगवान् के शरणागत भक्तों को ही सुगमता से प्राप्त होता है।।१९।। वे ही भगवान् धन्वंतरी अपने नाम से ही बड़े-बड़े रोगियों के रोग तत्काल नष्ट कर देते हैं। उन्होंने अमृत पिलाकर देवताओं को अमर कर दिया और दैत्यों के द्वारा हरण किए हुए यज्ञ-भाग उन्हें फिर से दिला दिये। उन्होंने ही अवतार लेकर संसार में आयुर्वेद का प्रवर्तन किया।।

मायापति भगवान् हम पर अनुगृह करने के लिए अपनी कलाओं-भरत, शत्रुघ्न और लक्ष्मण के साथ श्रीराम के रूप में इक्ष्वाकु के वंश में अवतीर्ण होते हैं। इस अवतार में अपने पिता की आज्ञा का पालन करने के लिए अपनी पत्नी और भाई के साथ वे वन में निवास करते हैं। उसी समय उनसे विरोध करके रावण उनके हाथों मरता है।।२३।। त्रिपुर विमान को जलाने के लिए शंकर के समान जिस समय भगवान् राम शत्रु की नगरी लंका को भस्म करने के लिए समुद्र तट पर पहुँचते हैं, उस समय सीता के कारण बढ़ी हुई क्रोधाग्नि से उनकी आँखे इतनी लाल हो जाती हैं, कि उनकी दृष्टि से ही समुद्र के मगरमच्छ, साँप और ग्राह आदि जीव जलने लगते हैं और भय से थर-थर-काँपता हुआ समुद्र झटपट उन्हें मार्ग दे देता है।।२४।।

जिस समय झुंड-के-झुंड दैत्य पृथ्वी को रौंद डालेंगे उस समय उसका भार उतारने के लिए भगवान् अपने सफेद और काले केश से बलराम और श्रीकृष्ण के रूप में कलावतार गृहण करेंगे। वे अपनी महिमा को प्रकट करने वाले इतने अद्‌भुत चरित्र करेंगे कि संसार के मनुष्य उनकी लीलाओं का रहस्य बिल्कुल नहीं समझ सकेंगे।।२६।। समय के फेर से लोगों की समझ कम हो जाती है, आयु भी कम होने लगती है।

उस समय जब भगवान् देखते हैं, कि अब ये लोग मेरे तत्त्व को बतलाने वाली देववाणी को समझने में असमर्थ होते जा रहे हैं, तब प्रत्येक कल्प में सत्यवती के गर्भ से व्यास के रूप में प्रकट होकर वे वेदरूपी वृक्ष का विभिन्न शाखाओं के रूप में विभाजन कर देते हैं।।३६।।

देवताओं के शत्रु दैत्यलोग भी वेदमार्ग का सहारा लेकर मयदानव के बनाये हुए अदृश्य वेगवाले नगरों में रहकर लोगों का सत्यानाश करने लगेंगे, तब भगवान् लोगों की बुद्धि में मोह और अत्यंत लोभ उत्पन्न करने वाला वेश धारण करके बुद्ध के रूप में बहुत-से उपधर्मों का उपदेश करेंगे।।३७।। कलियुग के अंत में जब सत्पुरुषों के घर भी भगवान् की कथा होने में बाधा पड़ने लगेगी; ब्राह्मण, क्षत्रिय तथा वैश्य, पाखंडी और शूद्र राजा हो जाएँगे, यहाँ तक कि कहीं भी 'स्वाहा,' 'स्वधा' और 'वषट्कार' की ध्वनि-देवता-पितरों के यज्ञ श्राद की बात तक नहीं सुनाई पड़ेगी, तब कलियुग का शासन करने के लिए भगवान् कल्कि अवतार गृहण करेंगे।।३८।।

अपनी प्रतिभा के बल से पृथ्वी के एक-एक धूलि-कण को गिन चुकने पर भी जगत् में ऐसा कौन पुरुष है, जो भगवान् की शक्तियों की गणना कर सके। जब वे त्रिविक्रम-अवतार लेकर त्रिलोकी को नाप रहे थे, उस समय उनके चरणों के अदम्य वेग से प्रकृति रूप अंतिम आवरण से लेकर सत्यलोक तक सारा ब्रह्मंड काँपने लगा था। तब उन्होंने ही अपनी शक्ति से उसे स्थिर किया था। समस्त कर्मों के फल भी भगवान् ही देते हैं। क्योंकि मनुष्य अपने स्वभाव के अनुसार जो शुभकर्म करता है, वह सब उन्हीं की प्रेरणा से होता है। इस शरीर में रहने वाले पंचभूतों के अलग-अलग हो जाने पर- जब यह शरीर नष्ट हो जाता है, तब भी इसमें रहने वाला अजन्मा पुरुष आकाश के समान नष्ट नहीं होता।।४९।। बेटा नारद! संकल्प से विश्व की रचना करने वाले शडैश्वर्य सम्पन्न श्रीहरि का मैंने तुम्हारे सामने संक्षेप में वर्णन किया। जो कुछ कार्य-कारण अथवा भाव-अभाव है, वह सब भगवान् से भिन्न नहीं हैं। फिर भी भगवान् तो इससे पृथक् भी हैं ही।।५०।। भगवान् ने मुझे जो उपदेश किया

था, वह यही 'भागवत' है। इसमें भगवान् की नीतियों विभूतियों का संक्षिप्त वर्णन है। तुम इसका विस्तार करो।।५१।।

द्वि. स्कन्ध

(अ० 8)

राजा परीक्षित् ने कहा- भगवन्! आप वेदवेत्ताओं में श्रेष्ठ हैं। मैं आपसे यह जानना चाहता हूँ कि जब ब्रह्मजी ने निर्गुण भगवान् के गुणों का वर्णन करने के लिए नारदजी को आदेश दिया, तब उन्होंने किन-किन को किस रूप में उपदेश किया? एक तो अचिन्त्य शक्तियों के आश्रय भगवान् की कथाएं ही लोगों का परम् मंगल करने वाली हैं, दूसरे देवर्षि नारद का सबको भगवत् दर्शन कराने का स्वभाव है। अवश्य ही आप उनकी बातें मुझे सुनाइये।।१-२।।

महाभाग्यवान् शुकदेवजी! आप मुझे ऐसा उपदेश कीजिये कि मैं अपने आसक्ति रहित मन को सर्वात्मा भगवान् श्रीकृष्ण में तन्मय करके अपना शरीर छोड़ सकूँ।।३।। जो लोग उनकी लीलाओं का श्रद्धा के साथ नित्य श्रवण और कथन करते हैं, उनके हृदय में थोड़े ही समय में भगवान् प्रकट हो जाते हैं।।४।।

सूतजी कहते हैं- शौनकाादि ऋषियों! जब राजा परीक्षित् ने संतों की सभा में भगवान् की लीला कथा सुनाने के लिए इस प्रकार प्रार्थना की, तब श्रीकृष्ण श्री शुकदेवजी को बड़ी प्रसन्नता हुई।। उन्होंने उन्हें वही वेदतुल्य श्रीमद्भागवत् महापुराण सुनाया, जो ब्रह्मकल्प के आरम्भ में स्वयं भगवान् ने ब्रह्माजी को सुनाया था।।

द्वि. स्कन्ध

(अ० 9)

श्री शुकदेव जी ने कहा- परीक्षित! जैसे स्वप्न में देखे जाने वाले पदार्थों के साथ उसे देखने वालों का कोई संबंध नहीं होता, वैसे ही देहादि से अतीत अनुभव स्वरूप आत्मा का माया के बिना दृश्य पदार्थों के साथ कोई संबंध नहीं हो सकता।।१।। विविध रूप वाली माया के कारण वह

विविध रूप वाला प्रतीत होता है, और जब उसके गुणों में रम जाता है तब 'यह मैं हूँ, यह मेरा है' इस प्रकार मानने लगता है।।२।। किंतु जब यह गुणों को क्षुब्ध करने वाले काल और मोह उत्पन्न करनेवाली माया- इन दोनों से परे अपने अनंत स्वरूप में मोहरहित होकर रमण करने लगता है- आत्माराम हो जाता है, तब यह 'मैं, मेरा' का भाव छोड़कर पूर्ण उदासीन- गुणातीत हो जाता है।।३।। ब्रह्माजी की निष्कपट तपस्या से प्रसन्न होकर भगवान् ने उन्हें अपने रूप का दर्शन कराया और आत्मतत्त्व के ज्ञान के लिए उन्हें परम् सत्य परम्‌ार्थ वस्तु का उपदेश किया। वही बात मैं तुम्हें सुनाता हूँ।।४।। तीनों लोक के परम् गुरु आदिदेव ब्रह्माजी अपने जन्मस्थान कमल पर बैठकर सृष्टि करने की इच्छा से विचार करने लगे। परंतु जिस ज्ञान दृष्टि से सृष्टि का निर्माण हो सकता था और जो सृष्टि व्यापार के लिए वांछनीय है, वह दृष्टि उन्हें प्राप्त नहीं हुई।।५।। एक दिन वे यही चिंता कर रहे थे कि प्रलय के समुद्र में उन्होंने व्यंजनों के सोलहवें एवं इक्कीसवे अक्षर 'त' तथा 'प' को 'तप-तप' (तप करो) इस प्रकार दो बार सुना। परीक्षित! महात्मा लोग इस तप को ही त्यागियों का धन मानते हैं।।६।। यह सुनकर ब्रह्माजी ने वक्ता को देखने की इच्छा से चारों ओर देखा, परंतु वहाँ दूसरा कोई दिखाई न पड़ा। वे अपने कमल पर बैठ गये और मुझे तप करने की प्रत्यक्ष आज्ञा मिली है ऐसा निश्चय कर और उसी में अपना हित समझकर उन्होंने अपने मन को तपस्या में लगा दिया।।७।। ब्रह्माजी तपस्वियों में सबसे बड़े तपस्वी हैं। उनका ज्ञान अमोद्य है। उन्होंने उस समय एक सहस्र दिव्य वर्ष-पर्यन्त एकाग्रचित्त से अपने प्राण, मन, कर्मेन्द्रिय और ज्ञाननेन्द्रियों को वश में करके ऐसी तपस्या की, जिससे वे समस्त लोकों को प्रकाशित करने में समर्थ हो सकें।।८।। उनकी तपस्या से प्रसन्न होकर भगवान् ने उन्हें अपना वह लोक दिखाया जो सबसे श्रेष्ठ है और जिससे परे कोई दूसरा लोक नहीं है। इस लोक में किसी भी प्रकार के क्लेश, मोह और भय नहीं हैं। जिन्हें कभी एक बार भी उनके दर्शन का सौभाग्य प्राप्त हुआ है, वे देवता बार-बार उसकी स्तुति करते रहते हैं।।९।।

वहाँ रजोगुण, तमोगुण और इनसे मिला हुआ सत्त्वगुण भी नहीं है। वहाँ न काल की दाल गलती है और न माया ही कदम रख सकती है; फिर माया के बाल-बच्चे तो जा ही कैसे सकते हैं। वहाँ भगवान् के वे पार्षद निवास करते हैं, जिनका पूजन देवता और दैत्य दोनों ही करते हैं।।१०।।

भगवान् एक सर्वोत्तम और बहुमूल्य आसन पर विराजमान हैं। पुरुष, प्रकृति, महत्तत्व, अहंकार, मन, दस इंद्रिय, शब्दादि पाँच तनमात्राएँ और पंचभूत- ये पचीस शक्तियाँ मूर्तिमान् होकर उनके चारों ओर खड़ी हैं। समग्र ऐश्वर्य, धर्म, कीर्ति, श्री, ज्ञान और वैराग्य-इन छः नित्यसिद्ध स्वरूप भूत शक्तियों से वे सर्वदा युक्त रहतो हैं। उनके अतिरिक्त और कहीं भी ये नित्य रूप से निवास नहीं करते। वे सर्वेश्वर प्रभु अपने नित्य आनंदमय स्वरूप में ही नित्य-निरंतर निमग्न रहते हैं।।१६।।

उनका दर्शन करते ही ब्रह्माजी का हृदय आनंद के उद्रेक से लबालब भर गया। शरीर पुलकित हो उठा, नेत्रों में प्रेमाश्रु छलक आये। ब्रह्माजी ने भगवान् के चरण कमलों में जो परम्हंसों के निवृत्ति मार्ग से प्राप्त हो सकते हैं, सिर झुकाकर प्रणाम किया।।१७।। ब्रह्माजी के प्यारे भगवान् अपने प्रिय ब्रह्म को प्रेम और दर्शन के आनंद में निमग्न, शरणागत तथा प्रजा-सृष्टि के लिए आदेश देने के योग्य देखकर बहुत प्रसन्न हुए। उन्होंने ब्रह्माजी से हाथ मिलाया तथा मंद मुस्कान से अलंकृत वाणी में कहा।।१८।।

श्री भगवान् ने कहा- ब्रह्माजी तुम्हारे हृदय में तो समस्त वेदों का ज्ञान विद्यमान है। तुमने सृष्टि रचना की इच्छा से चिरकाल तक तपस्या करके, मुझे भली-भाँति संतुष्ट कर दिया है। मन में कपट रखकर योग साधना करने वाले मुझे कभी प्रसन्न नहीं कर सकते।।१९।। तुम्हारा कल्याण हो। तुम्हारी जो अभिलाषा हो वही वर मुझसे माँग लो क्योंकि मैं मुँहमाँगी वस्तु देने में समर्थ हूँ। ब्रह्मजी! जीव के समस्त कल्याणकारी साधनों का विश्राम-पर्यवसान मेरे दर्शन में ही है।।२०।। तुमने मुझे देखे बिना ही उस सूने जल में मेरी वाणी सुनकर इतनी घोर तपस्या की है, इसी से मेरी इच्छा से तुम्हें मेरे लोक का दर्शन हुआ है।।२१।। तुम उस समय सृष्टि

रचना का कर्म करने में किंकर्तव्य विमूढ़ हो रहे थे। इसी से मैंने तुम्हें तपस्या करने की आज्ञा दी थी। क्योंकि निष्पाप! तपस्या मेरा हृदय और मैं स्वयं तपस्या का आत्मा हूँ।।२२।। मैं तपस्या से ही इस संसार की सृष्टि करता हूँ, तपस्या से ही इसका धारण-पोषण करता हूँ और फिर तपस्या से ही इसे अपने में लीन कर लेता हूँ। तपस्या मेरी एक दुर्लंध्य शक्ति है।।२३।।

ब्रह्माजी ने कहा- भगवान् ! आप समस्त प्राणियों के अंत:करण में साक्षी रूप से विराजमान रहते हैं। आप अपने अप्रतिहत ज्ञान से यह जानते ही हैं कि मैं क्या करना चाहता हूँ।।२४।। नाथ! आप कृपा करके मुझ याचक की यह माँग पूरी कीजिये कि मैं रूपरहित आपके सगुण और निर्गुण दोनों ही रूपों को जान सकूं।।२५।। आप मुझपर ऐसी कृपा कीजिये कि मैं सजग रहकर सावधानी से आपकी आज्ञा का पालन कर सकूं और सृष्टि की रचना करते समय भी कर्तापन आदि के अभिमान से बंध न जाऊं।।२६।।

प्रभो! आपने एक मित्र के समान हाथ पकड़कर मुझे अपना मित्र स्वीकार किया है। अत: जब मैं आपकी इस सेवा सृष्टि-रचना में लगूँ और सावधानी से पूर्व सृष्टि के गुण कर्मानुसार जीवों का विभाजन करने लगूँ तब कहीं अपने को जन्मकर्म से स्वतंत्र मानकर प्रबल अभिमान न कर बैठूं।।२९।।

श्रीभगवान् ने कहा- अनुभव, प्रेमाभक्ति और साधनों से युक्त अत्यंत गोपनीय अपने स्वरूप का ज्ञान मैं तुम्हें कहता हूँ; तुम उसे गृहण करो।।३०।। सृष्टि के पूर्व केवल मैं-ही-मैं था। मेरे अतिरिक्त न स्थूल था न सूक्ष्म और न तो दोनों का कारण अज्ञान। जहाँ यह सृष्टि नहीं है, वहाँ मैं-ही-मैं-हूँ और इस सृष्टि के रूप में जो कुछ प्रतीत हो रहा है, वह भी मैं हूँ और जो कुछ बचा रहेगा, वह भी मैं ही हूँ।।३२।। वास्तव में न होने पर भी जो कुछ अनिर्वचनीय वस्तु मेरे अतिरिक्त मुझ परमात्मा में दो चन्द्रमाओं की तरह मिथ्या ही प्रतीत हो रही है, अथवा विद्यमान होने पर भी आकाश मंडल के नक्षत्रों में राहु की भाँति जो मेरी प्रतीति नहीं होती,

इसे मेरी माया समझना चाहिए।।३३।। जैसे प्राणियों के पंचभूतरचित छोटे-बड़े शरीरों में आकाशादि पंचमहाभूत उन शरीरों के कार्य रूप से निर्मित होने के कारण प्रवेश करते भी हैं और पहले से ही उन स्थानों और रूपों में कारण रूप से विद्यमान रहने के कारण प्रवेश नहीं भी करते, वैसे ही उन प्राणियों के शरीर की दृष्टि से मैं उनमें आत्मा के रूप में प्रवेश किए हुए हूँ और आत्मदृष्टि से अपने अतिरिक्त और कोई वस्तु न होने के कारण उनमें प्रविष्ट नहीं भी हूँ।।३४।। यह ब्रह्म नहीं, यह ब्रह्म नहीं - इस प्रकार निषेध की पद्धति से और यह ब्रह्म है, यह ब्रह्म है, वही वास्तविक तत्त्व है। जो आत्मा-परमात्मा का तत्त्व जानना चाहते हैं, उन्हें केवल इतना ही जानने की आवश्यकता है।।३५।। ब्रह्माजी! तुम अविचल समाधि के द्वारा मेरे इस सिद्धांत में पूर्ण निष्ठा कर लो। इससे तुम्हें कल्प-कल्प में विविध प्रकार की सृष्टि रचना करते रहने पर भी कभी मोह नहीं होगा।।३६।।

श्री शुकदेवजी कहते हैं- लोकपितामह ब्रह्माजी को इस प्रकार उपदेश देकर अजन्मा भगवान् ने उनके देखते-ही-देखते अपने उस रूप को छुपा लिया।।३७।। जब सर्वभूत स्वरूप ब्रह्माजी ने देखा कि भगवान् ने अपने इंद्रिय गोचर स्वरूप को हमारे नेत्रों के सामने से हटा लिया है, तब उन्होंने अंजुलि बाँधकर उन्हें प्रणाम किया और पहले कल्प में जैसी सृष्टि थी, उसी रूप में इस विश्व की रचना की।।३८।। एक बार धर्मपति प्रजापति ब्रह्माजी ने सारी जनता का कल्याण हो, अपने स्वार्थ की पूर्ति के लिए विधिपूर्वक यम-नियमों को धारण किया।।३९।। उस समय उनके पुत्रों में सबसे अधिक प्रिय परम् भक्त देवर्षि नारदजी ने मायापति भगवान् की माया का तत्त्व जानने की इच्छा से बड़े संयम, विनय और सौम्यता से अनुगत होकर उनकी सेवा की। और उन्होंने सेवा से ब्रह्माजी को बहुत ही संतुष्ट कर लिया।।४०-४१।।

जब देवर्षि नारद ने देखा कि मेरे लोकपितामह पिताजी मुझ पर प्रसन्न हैं, तब उन्होंने उनसे यही प्रश्न किया, जो तुम मुझसे कह रहे हो।।४२।। उनके प्रश्न से ब्रह्माजी और भी प्रसन्न हुए। फिर उन्होंने यह दस

लक्षणवाला भागवत पुराण अपने पुत्र नारद को सुनाया जिसका स्वयं भगवान् ने उन्हें उपदेश किया था।।४३।। परीक्षित् जिस समय मेरे परम् तेजस्वी पिता सरस्वती के तट पर बैठकर परमात्मा के ध्यान में मग्न थे, उस समय देवर्षि नारदजी वही भागवत उन्हें सुनाया।।४४।। तुमने मुझसे जो यह प्रश्न किया है कि विराट् पुरुष से इस जगत् की उत्पत्ति कैसे हुई तथा दूसरे भी जो बहुत-से प्रश्न किये हैं, उन सब का उत्तर मैं उसी भागवत् पुराण के रूप में देता हूँ।।४५।।

द्वि. स्कन्ध

(अ० 10)

श्री शुकदेव जी कहते हैं- परीक्षित्! इस भागवत पुराण में सर्ग, ईशानुकथा, निरोध, मुक्ति और आश्रय- इन दस विषयों का वर्णन है।।१।। इनमें जो दसवां आश्रय तत्त्व है, उसी का ठीक-ठीक निश्चय करने के लिए कहीं श्रुति से, कहीं तात्पर्य से और कहीं दोनों के अनुकूल अनुभव से महात्माओं ने अन्य नौ विषयों का बड़ी सुगम रीति से वर्णन किया है।।२।। ईश्वर की प्रेरणा से गुरु से गुणों से क्षोभ होकर रूपांतर होने से जो आकाशादि पंचभूत, शब्दादि, तन्मात्राएँ, इंद्रियां, अहंकार और महत्तत्त्व की उत्पत्ति होती है, उसका नाम है 'विसर्ग'।।३।। प्रतिपद नाश की ओर बढ़नेवाली सृष्टि को एक मर्यादा में स्थिर रखने से भगवान् विष्णु की जो श्रेष्ठता सिद्ध होती है, उसका नाम 'स्थान' है। अपने द्वारा सुरक्षित सृष्टि में भक्तों के ऊपर उनकी जो कृपा होती है, उसका नाम 'पोषण'। मन्वन्तरों के अधिपति जो भगवत्भक्ति और प्रजापालन रूप शुद्ध धर्म का अनुष्ठान करते हैं, उसे 'मन्वन्तर' कहते हैं। जीवों की वे वासनाएँ जो कर्मों के द्वारा उन्हें बंधन में डाल देती है, 'अति' नाम से कही जाती हैं।।४।। भगवान् के विभिन्न अवतारों के और उनके प्रेमी भक्तों की विविध आख्यानों से युक्त गाथाएं 'ईशकथा' हैं।।५।। जब भगवान् योगनिद्रा स्वीकार करके शयन करते हैं, तब इस जीव का अपनी उपाधियों के साथ उनमें लीन हो जाना 'निरोध' है। अज्ञान कल्पित कर्तव्य, भोक्तृत्व आदि अनात्म भाव का परित्याग करके अपने वास्तविक स्वरूप परमात्मा में स्थित होना ही

'मुक्ति' है।।६।। परीक्षित्! इस चराचर जगत् की उत्पत्ति और प्रलय जिस तत्त्व से प्रकाशित होते हैं, वह परमब्रह्म ही है 'आश्रय' है। शास्त्रों में उसी को परमात्मा कहा गया है।।७।। जो नेत्र आदि इंद्रियों का अभिमानी द्रष्टा जीव है, वही इंद्रियों के अधिष्ठातृ-देवता सूर्य आदि के रूप में भी है और जो नेत्र गोलक आदि युक्त दृश्य देह है, वही उन दोनों को अलग-अलग करता है।।८।। इन तीनों में यदि एक का भी अभाव हो जाय तो दूसरे दो की उपलब्धि नहीं हो सकती। अतः जो इन तीनों को जानता है, वह परमात्मा ही सबका अधिष्ठान 'आश्रय' तत्त्व है। जिसका आश्रय वह स्वयं ही है, दूसरा कोई नहीं।।९।। जब पूर्वोक्त विराट् पुरुष ब्रह्मण्ड को फोड़कर निकला, तब वह अपने रहने का स्थान ढूंढने लगा और स्थान की इच्छा से उस शुद्ध-संकल्प पुरुष ने अत्यंत पवित्र जल की सृष्टि की।।१०।। विराट् पुरुष रूप 'नर' से उत्पन्न होने के कारण ही जल का नाम नार पड़ा और उस अपने उत्पन्न किये हुए 'नार' में वह पुरुष एक हजार वर्षों तक रहा, इसी से उसका नाम 'नारायण' हुआ।।११।। उन नारायण भगवान् की कृपा से ही द्रव्य, कर्म, काल, स्वभाव और जीव आदि की सत्ता है। उनकी उपेक्षा कर देने पर और किसी का अस्तित्त्व नहीं रहता।।१२।। उन अद्वितीय भगवान् नारायण ने योगनिद्रा से जागकर अनेक होने की इच्छा की। तब अपनी माया से उन्होंने अखिल ब्रह्मंड के बीज स्वरूप अपने सुवर्णमय वीर्य को तीन भागों में विभक्त कर दिया- अधिदैव, अध्यात्म और अधिभूत। परीक्षित्! विराट् पुरुष का एक ही वीर्य तीन भागों में कैसे विभक्त हुआ, तो सुनो।।१३-१४।। विराट् पुरुष के हिलने-डोलने पर उनके शरीर में रहने वाले आकाश से इंद्रियबल, मनोबल और शरीरबल की उत्पत्ति हुई। उनसे इन सबका राजा प्राण उत्पन्न हुआ।।१५।। जैसे सेवक अपने स्वामी राजा के पीछे-पीछे चलते हैं, वैसे ही सबके शरीरों में प्राण के प्रबल रहने पर ही सारी इंद्रियाँ प्रबल रहती हैं। और जब वह सुस्त पड़ जाता है तब सारी इंद्रियाँ भी सुस्त हो जाती हैं।।१६।। जब प्राण जोर से आने-जाने लगा, तब विराट् पुरुष को भूख-प्यास का अनुभव हुआ। खाने-पीने की इच्छा करते ही सबसे पहले

उनके शरीर में मुख प्रकट हुआ।।१७।। मुख से तालु और ताबु से रसनेन्द्रिय प्रकट हुई। इसके बाद अनेकों प्रकार के रस उत्पन्न हुए, जिन्हें रसना गृहण करती है।।१८।। जब उनकी इच्छा बोलने की हुई तब वाक्इंद्रिय, उसके अधिष्ठातृ-देवता, अग्नि और उनका विषय बोलना- ये तीनों प्रकट हुए। इसके बाद बहुत दिनों तक उस जल में ही वे रुके रहे।।१९।। श्वास के वेग से नासिकाछिद्र प्रकट हो गये। जब उन्हें सूँघने की इच्छा हुई, तब उनकी नाक घ्राणेन्द्रिय आकर बैठ गयी और उसके देवता गंध को फैलाने वाले वायुदेव प्रकट हुए।।२०।। पहले उनके शरीर में प्रकाश नहीं था; फिर जब उन्हें अपने को तथा दूसरी वस्तुओं को देखने की इच्छा हुई, तब नेत्रों के छिद्र, उनका अधिष्ठातृ सूर्य और नेत्रेन्द्रिय प्रकट हो गये। इन्हीं से रूप का गृहण होने लगा।।२१।। जब वेदरूप ऋषि विराट् पुरुष को स्तुतियों के द्वारा जगाने लगे, तब उन्हें सुनने की इच्छा हुई। उसी समय कान, उनकी अधिष्ठातृ देवता दिशाएँ और श्रोतेन्द्रिय प्रकट हुई। इसी से शब्द सुनाई पड़ता है।।२२।। जब उन्होंने वस्तुओं की कोमलता, कठिनता, हलकापन, भारीपन, उष्णता और शीतलता आदि जाननी चाहीं। तब उनके शरीर में चर्म प्रकट हुआ। पृथ्वी में जैसे वृक्ष निकल आते हैं, उसी प्रकार उस चर्म में रोएँ पैदा हुए और उसके भीतर बाहर रहने वाला वायु भी प्रकट हो गया। स्पर्श गृहण करने वाली त्वचा-इंद्रिय भी साथ-ही-साथ शरीर में चारों ओर लिपट गई और उससे उन्हें स्पर्श का अनुभव होने लगा।।२३।। जब उन्हें अनेकों प्रकार के कर्म करने की इच्छा हुई, तब उनके हाथ उग आये। उन हाथों में गृहण करने की शक्ति हस्तेन्द्रिय तथा उनके अधिदेवता इंद्र प्रकट हुए और दोनों के आश्रय से होने वाला गृहणरूप कर्म भी प्रकट हो गया।।२४।। जब उन्हें अभीष्ट स्थान पर जाने की इच्छा हुई, तब उनके शरीर में पैर उग आये। चरणों के साथ ही चरण-इंद्रिय के अधिष्ठातृ रूप में वहाँ स्वयं यज्ञपुरुष भगवान् विष्णु स्थित हो गये और उन्हीं में चलना रूप कर्म प्रकट हुआ। मनुष्य इसी चरणेन्द्रिय से चलकर यज्ञ-सामग्री एकत्र करते हैं।।२५।। सन्ताप, रति और स्वर्ग-भोग की कामना होने पर विराट् पुरुष के शरीर

में लिंग की उत्पत्ति हुई। उसमें उपस्थेन्द्रिय और प्रजापति देवता तथा इन दोनों के आश्रय रहने वाले कामसुख का आविर्भाव हुआ।।२६।। जब उन्हें मलत्याग की इच्छा हुई, तब गुदाद्वार प्रकट हुआ। तत्पश्चात् उसमें वायुइंद्रिय और मित्र-देवता उत्पन्न हुए। उन्हीं दोनों के द्वारा मलत्याग की क्रिया सम्पन्न होती है।।२७।। अपानमार्ग द्वारा एक शरीर से दूसरे शरीर में जाने की इच्छा होने पर नाभिद्वार प्रकट हुआ। उससे अपान और मृत्यु देवता प्रकट हुए। इन दोनों के आश्रय से ही प्राण और अपान का विद्रोह यानी मृत्यु होती है।।२८।। जब उन्होंने अपनी माया पर विचार करना चाहा, तब हृदय की उत्पत्ति हुई, तब उससे मनरूपी इंद्रिय और मन से उसका देवता चंद्रमा तथा विषय कामना और संकल्प प्रकट हुए।।३०।। विराट् पुरुष के शरीर में पृथ्वी, जल और तेज से सात धातुएँ प्रकट हुई- त्वचा, चर्म, रुधिर, मेद, मज्जा और अस्थि। इस प्रकार आकाश, जल और वायु से प्राणों की उत्पत्ति हुई।।३१।। श्रोत्रादि सब इंद्रियाँ शब्दादि विषयों को गृहण करने वाली हैं। वे विषय अहंकार से उत्पन्न हुए हैं। मन सब विकारों का उत्पत्ति स्थान है और बुद्धि समस्त पदार्थों का बोध कराने वाली है।।३२।। मैंने भगवान् के इस स्थूल रूप का वर्णन तुम्हें सुनाया है। यह बाहर की ओर से पृथ्वी, जल, तेज, वायु, आकाश, अहंकार, महत्तत्त्व और प्रकृति- इन आठ आवरणों से घिरा हुआ है।।३३।। इससे परे भगवान् का अत्यंत सूक्ष्म रूप है। वह अव्यक्त निर्विशेष, आदि मध्य और अंत से रहित एवं नित्य है। वाणी और मन की वहाँ तक पहुँच नहीं है।।३४।। सत्त्व की प्रधानता से देवता, रजोगुण की प्रधानता से मनुष्य और तमोगुण की प्रधानता से नारकीय योनियाँ मिलती हैं। इन गुणों में भी जब एक-दूसरे दो गुणों से अभिभूत हो जाता है, तब प्रत्येक गति के तीन-तीन भेद और हो जाते हैं।।४१।।

वे भगवान् जगत् के धारण-पोषण के लिए धर्ममय विष्णु रूप स्वीकार करके देवता, मनुष्य और पशु-पक्षी आदि रूपों में अवतार लेते हैं तथा विश्व का पालन-पोषण करते हैं।।४२।। प्रलय का समय आने पर वे ही भगवान् अपने बनाये हुए इस विश्व को कालाग्नि स्वरूप रुद्र का

रूप गृहण करके अपने में वैसे ही लीन कर लेते हैं, जैसे वायु मेघमाला को।।४३।। परीक्षित्! महात्माओं ने अचिन्त्यैश्वर्य भगवान् का इसी प्रकार वर्णन किया है। परंतु तत्त्वज्ञानी पुरुषों को केवल इस सृष्टि पालन और प्रलय करने वाले रूप में ही उनका दर्शन नहीं करना चाहिए; क्योंकि वे तो इससे परे भी हैं।।४४।। यह मैंने ब्रह्माजी के महा कल्प का अवान्तर कल्पों के साथ वर्णन किया है। सब कल्पों में सृष्टि-क्रम एक-सा ही है। अंतर है तो केवल इतना ही कि महाकल्प के प्रारम्भ में प्रकृति से क्रमशः महतत्त्वादि की उत्पत्ति होती है और कल्पों के प्रारंभ में प्राकृत सृष्टि तो ज्यों-की-त्यों रहती ही है, चराचर प्राणियों की विकृत सृष्टि नवीन रूप से होती है।।४६।। परीक्षित्! काल का परिणाम, कल्प और उसके अंतर्गत मनवन्तरों का वर्णन आगे चलकर करेंगे। अब तुम पाद्म कल्प का वर्णन सावधान होकर सुनो।।४७।। शौनकजी ने पूछा- सूतजी! आपने हम लोगों से कहा था कि भगवान् के परम् भक्त विदुरजी ने अपने अति दुस्त्यज कुटुम्बियों को भी छोड़कर पृथ्वी के विभिन्न तीर्थों में विचरण किया था।।४८।। इस यात्रा में मैत्रेय ऋषि के साथ अध्यात्म के संबंध में उनकी बातचीत कहाँ हुई थी मैत्रेयजी ने उनके प्रश्न करने पर किस तत्त्व का उपदेश किया।।४९।।

सूतजी! आपका स्वभाव बड़ा सौम्य है। आप विदुरजी का वह चरित्र हमें सुनाइये। उन्होंने अपने भाई बंधुओं को क्यों छोड़ा और फिर उनके पास क्यों लौट आये।।५०।।

सूतजी ने कहा- शौनकादि ऋषियों! राजा परीक्षित् ने भी यही बात पूछी थी। उसके प्रश्नों के उत्तर में श्री शुकदेवजी महाराज ने जो कुछ कहा था, वही मैं आप लोगों से कहता हूँ। सावधान होकर सुनिए।।५१।।

।। इति द्वि. स्कन्ध समाप्त ।।

तृतीय स्कन्ध (अ० 1)
उद्धव और विदुर की भेंट

श्री शुकदेव जी ने कहा- परीक्षित्! जो बात तुमने पूछी है, वही पूर्वकाल में अपने सुख-समृद्धि से पूर्ण घर को छोड़कर वन में गए हुए विदुरजी ने भगवान् मैत्रेय जी से पूछी थी।।१।। जब सर्वेश्वर भगवान् श्रीकृष्ण पांडवों के दूत बनकर गये थे, तब वे दुर्योधन के महलों को छोड़कर उन्हीं विदुरजी के घर में उन्हें अपना ही समझकर बिना बुलाये चले गये थे।।२।।

राजा परीक्षित् ने पूछा- प्रभो! यह तो बतलाइये कि भगवान् मैत्रेय के साथ विदुरजी का समागम कहाँ और किस समय हुआ।।३।। पवित्र आत्मा विदुर ने महात्मा मैत्रेयजी से कोई साधारण प्रश्न नहीं किया होगा; क्योंकि उसे तो मैत्रेयजी- जैसे साधु शिरोमणि ने अभिनंदनपूर्वक उत्तर देकर महिमान्वित किया था।।४।।

सूतजी कहते हैं- सर्वज्ञ शुकदेव जी ने राजा परीक्षित् के इस प्रकार पूछने पर अति प्रसन्न होकर कहा- सुनो।।५।।

श्री शुकदेव जी कहने लगे- परीक्षित्! यह उन दिनों की बात है, जब अंधे राजा धृतराष्ट्र ने अन्याय पूर्वक अपने दुष्ट पुत्रों का पालन-पोषण करते हुए अपने छोटे भाई पांडु के अनाथ बालकों को लाक्षा भवन में भेजकर आग लगवा दी।।६।। जब उनकी पुत्रवधू और महाराज युधिष्ठिर की पटरानी द्रौपदी की दुःशासन ने भरी सभा में केश खींचे व अपमान किया, उस समय द्रौपदी की आँखों से आँसुओं की धारा बह चली और उस प्रवाह से उसके वक्षस्थल पर लगा हुआ केसर भी बह चला; किंतु धृतराष्ट्र ने अपने पुत्र को उस कर्म से नहीं रोका।।७।। दुर्योधन ने सत्यपरायण और भोले-भाले युधिष्ठिर का राज्य जुए में अन्याय से जीत लिया और उन्हें वन में निकाल दिया। किंतु वन से लौटने पर प्रतिज्ञानुसार जब उन्होंने अपना न्यायोचित पैतृक भाग माँगा, तब भी मोहवश उन्होंने उन अजात-शत्रु युधिष्ठिर को उनका हिस्सा नहीं दिया।।८।। महाराज युधिष्ठिर के भेजने पर जब जगद्गुरु भगवान् श्रीकृष्ण ने कौरवों की सभा

में हित भरे सुमधुर वचन कहे, जो भीष्मादि सज्जनों को अमृत-से लगे, पर कुरु राज ने उनके कथन को कुछ भी आदर नहीं दिया। देते कैसे? उनके तो सारे पुण्य नष्ट हो चुके थे।।९।। फिर जब सलाह के लिए विदुरजी को बुलाया गया, तब मंत्रियों में श्रेष्ठ विदुरजी ने राजभवन में जाकर बड़े भाई धृतराष्ट्र के पूछने पर उन्हें वह सम्मति दी, जिसे नीति-शास्त्र के जानने वाले पुरुष 'विदुरनीति' कहते हैं।।१०।। उन्होंने कहा—महाराज! आप अजातशत्रु महात्मा युधिष्ठिर को उनका हिस्सा दे दीजिये। वे आपके न सहने वाले अपराध को भी सह रहे हैं। भीमरूप काले नाग से तो आप भी बहुत डरते हैं; देखिये, वह अपने छोटे भाइयों के सहित बदला लेने के लिए बड़े क्रोध से फुफकारें मार रहा है।।११।। आपको पता नहीं, भगवान् श्रीकृष्ण ने पांडवों को अपना लिया है। यह यदुवीरों के आराध्य देव इस समय अपनी राजधानी द्वारकापुरी में विराजमान हैं। उन्होंने पृथ्वी के सभी बड़े-बड़े राजाओं को अपने अधीन कर लिया है तथा ब्राह्मण और देवता भी उन्हीं के पक्ष में हैं।।१२।। जिसे आप पुत्र मानकर पाल रहे हैं तथा जिसकी हाँ-में-हाँ मिलाते जा रहे हैं, उस दुर्योधन के रूप में तो मूर्तिमान दोष ही आपके घर में घुसा बैठा है। यह तो साक्षात् भगवान् श्रीकृष्ण से विमुख होकर श्रीहीन हो रहे हैं, अतएव यदि आप अपने कुल की कुशल चाहते हैं तो इस दुष्ट को तुरंत ही त्याग दीजिये।।१३।। विदुरजी का ऐसा सुंदर स्वभाव था कि साधुजन भी उसे प्राप्त करने की इच्छा करते थे। किंतु उनकी यह बात सुनते ही दुःशासन और शकुनि के सहित दुर्योधन के होठ अत्यंत क्रोध से फड़कने लगे और उसने उनका तिरस्कार करते हुए कहा- "अरे! इस कुटिल दासीपुत्र को यहाँ किसने बुलाया है? यह जिनके टुकड़े खा-खाकर जीता है, उन्हीं के प्रतिकूल होकर शत्रु का काम बनाना चाहता है। इसके प्राण तो मत लो, परंतु इसे हमारे नगर से तुरंत बाहर निकाल दो।।११-१५।।" भाई के सामने ही कानों में बाण के समान लगने वाले इन अत्यंत कठोर वचनों से मर्माहत होकर भी विदुरजी ने कुछ बुरा न माना और भगवान् की माया को प्रबल समझकर अपना धनुष राजद्वार पर रख वे हस्तिनापुर से चल

दिये।।१६।। जहाँ-जहाँ भगवान् की प्रतिमाओं से सुशोभित तीर्थस्थान, नगर, पवित्र वन, पर्वत, निकुंज और निर्मल जल से भरे हुए नदी-सरोवर आदि थे, उन सभी स्थानों में वे अकेले ही विचरते रहे।।१८।। वे अवधूत-वेश में स्वच्छन्दतापूर्वक पृथ्वी पर विचरते थे, जिससे आत्मीय-जन उन्हें पहचान न सकें। वे शरीर को सजाते न थे, पवित्र और साधारण भोजन करते, शुद्ध वृत्ति से जीवन-निर्वाह करते, प्रत्येक तीर्थ में स्नान करते जमीन पर सोते और भगवान् को प्रसन्न करने वाले व्रतों का पालन करते रहते थे।।१९।।

इस प्रकार भारतवर्ष में ही विचरते-विचरते जब तक वे प्रभास क्षेत्र में पहुँचे, तब तक भगवान् श्रीकृष्ण की सहायता से महाराज युधिष्ठिर पृथ्वी का एकच्छत्र अखंड राज्य करने लगे थे।।२०।। वहाँ उन्होंने अपने कौरव बंधुओं का विनाश समाचार सुना, जो आपस की कलह के कारण परस्पर लड़-भिड़कर उसी प्रकार नष्ट हो गये थे, जैसे अपनी ही रगड़ से उत्पन्न हुई आग से बसों का सारा जंगल जलकर खाक हो जाता है। यह सुनकर वे शोक करते हुए चुपचाप सरस्वती के तीर पर आये।।२१।। वहाँ उन्होंने त्रित, उशना, मनु , पृथ्वी, अग्नि, असित, वायु, सुदास, गौ, गुह और श्राद्धदेव के नाम से प्रसिद्ध गयारह तीर्थों का सेवन किया।।२२।। इनके सिवा पृथ्वी में ब्राह्मण और देवताओं के स्थापित किए हुए जो भगवान् विष्णु के और भी अनेकों मंदिर थे, जिनके शिखरों पर भगवान् के प्रधान आयुध चक्र के चिह्न थे और जिनके दर्शनमात्र से श्रीकृष्ण का स्मरण हो आता था; उनका भी सेवन किया।।२३।। वहाँ से चलकर वे धन-धान्यपूर्ण सौराष्ट्र, सौवीर, मत्स्य और कुरुआंजल आदि देशों में होते हुए जब कुछ दिनों में यमुना-तट पर पहुँचे तब वहाँ उन्होंने परम् भागवत् उद्धवजी का दर्शन किया।।२४।। वे भगवान् श्रीकृष्ण के प्रख्यात सेवक और अत्यंत शांत स्वभाव थे। वे पहले बृहस्पतिजी के शिष्य रह चुके थे। विदुरजी ने उन्हें देखकर प्रेम से गाढ़ आलिंगन किया और उनसे अपने आराध्य भगवान् श्रीकृष्ण और उनके आश्रित अपने स्वजनों का कुशल समाचार पूछा।।२५।।

विदुरजी कहने लगे- उद्धवजी! पुराणपुरुष बलरामजी और श्रीकृष्ण ने अपने ही नाभिकमल से उत्पन्न हुए ब्रह्माजी की प्रार्थना से इस जगत् में अवतार लिया है। वह पृथ्वी का भार उतारकर सबको आनंद देते हुए अब श्रीवासुदेवजी के घर कुशल से रह रहे हैं न?।।२६।। प्रियवर! हम कुरुवंशियों के परम सुहृद और पूज्य वसुदेवजी जो पिता के समान उदारतापूर्वक अपनी कुंती आदि बहनों को उनके स्वामियों का संतोष कराते हुए उनकी सभी मनचाही वस्तुएँ देते आये हैं, आनंदपूर्वक हैं न?।।२७।। प्यारे उद्धवजी! यादवों के सेनापति वीरवर प्रद्युम्न जी तो प्रसन्न हैं न जो पूर्व जन्म में कामदेव थे तथा जिन्हें देवी रुक्मिणी जी ने ब्राह्मणों की आराधना करके भगवान् से प्राप्त किया था।।२८।। सात्वत, वृष्णि, भोज और दाशार्हवंशी यादवों के अधिपति महाराज उग्रसेन तो सुख से हैं न, जिन्होंने राज्य पाने की आशा का सर्वथा परित्याग कर दिया था किंतु कमलनयन भगवान् श्रीकृष्ण ने जिन्हें फिर से राज्य सिंहासन पर बैठाया।।२९।। सौम्य! अपने पिता श्रीकृष्ण के समान समस्त रथियों में अग्रगण्य श्रीकृष्ण तनय साम्ब सकुशल तो है? ये पहले पार्वतीजी के द्वारा गर्भ में धारण किये हुए स्वामी कार्तिक हैं। अनेकों व्रत करके जामवंती ने इन्हें जन्म दिया था।।३०।। जिन्होंने अर्जुन से रहस्ययुक्त धनुर्विद्या की शिक्षा पायी है, वे सात्यकि तो कुशलपूर्वक हैं? वे भगवान् श्रीकृष्ण की सेवा से अनायास ही भगवत्जनों की उस महान स्थिति पर पहुँच गये हैं, जो बड़े-बड़े योगियों को भी दुर्लभ है।।३१।।

उद्धव जी! भगवान् श्रीकृष्ण जन्म और कर्म से रहित हैं, फिर भी दुष्टों का नाश करने के लिए और लोगों को अपनी ओर आकर्षित करने के लिए उनके लिए उनके दिव्य जन्म-कर्म हुआ करते हैं। नहीं तो भगवान् की तो बात ही क्या- दूसरे जो लोग गुणों से पार हो गये हैं, उनमें भी ऐसा कौन है, जो इस कर्माधीन देह के बंधन में पड़ना चाहेगा।।४४।। अतः मित्र! जिन्होंने अजन्मा होकर भी अपनी शरण में आये हुए समस्त लोकपाल और आज्ञाकारी भक्तों का प्रिय करने के लिए यदुकुल में जन्म लिया है, उन पवित्र कीर्ति श्रीहरि की बातें सुनाओ।।४५।।

श्री शुकदेव जी कहते हैं- जब विदुरजी ने परम् भक्त उद्धव से इस प्रकार उनके प्रियतम श्रीकृष्ण से संबंध रखने वाली बातें पूछीं, तब उन्हें अपने स्वामी का स्मरण हो आया और हृदय भर जाने के कारण कुछ भी उत्तर न दे सके।।१।। जब ये पाँच वर्ष के थे, तब बालकों की तरह खेल में ही श्रीकृष्ण की मूर्ति बनाकर उनकी सेवा-पूजा में ऐसे तनमय हो जाते थे कि कलेवे के लिए माता के बुलाने पर भी उसे छोड़कर नहीं जाना चाहते थे।।२।। अब तो दीर्घकाल से उन्हीं की सेवा में रहते-रहते ये बूढ़े हो चले थे; अतः विदुरजी के पूछने से उन्हें अपने प्यारे प्रभु के चरणकमलों का स्मरण हो आया- उनका चित्त विरह से व्याकुल हो गया। फिर वे कैसे उत्तर दे सकते थे।।३।। उनके सारे शरीर में रोमाँच हो आया तथा मुँदे हुए नेत्रों से प्रेम के आंसुओं की धारा बहने लगी। उद्धव जी को इस प्रकार प्रेम-प्रवाह में डूबे हुए देखकर विदुरजी ने उन्हें कृतकृत्य माना।।५।। कुछ समय बाद जब उद्धवजी भगवान् के प्रेमधाम से उतरकर पुनः धीरे-धीरे संसार में आये, तब अपने नेत्रों को पोंछकर भगवान् की लीलाओं का स्मरण हो आने से विस्मित हो विदुरजी से इस प्रकार कहने लगे।।६।।

उद्धव जी बोले- विदुरजी! श्रीकृष्ण रूपी सूर्य के छिप जाने से हमारे घरों को कालरूप अजगर ने खा डाला है, वे श्रीहीन हो गये हैं; अब मैं उनकी क्या कुशल सुनाऊं।।७।। ओह! यह मनुष्य लोक बड़ा ही अभागा है; इसमें भी यादव तो नितांत भाग्यहीन हैं, जिन्होंने निरंतर श्रीकृष्ण के साथ रहते हुए भी उन्हें नहीं पहचाना-जिस तरह अमृमय चंद्रमा के समुद्र में रहते समय मछलियाँ उन्हें नहीं पहचान सकीं थी।।८।। यादव लोग मन के भाव को ताड़ने वाले, बड़े समझदार और भगवान् के एक ही स्थान में रहकर क्रीड़ा करने वाले थे, तो भी उनके समस्त विश्व के आश्रय, सर्वान्तर्यामी श्रीकृष्ण को एक श्रेष्ठ यादव ही समझा।।९।। किंतु भगवान् की माया से मोहित इन यादवों और इनसे व्यर्थ का वैर ठाननेवाले शिशुपाल आदि के अवहेलना और निंदासूचक वाक्यों से भगवत्प्राण महानुभावों की बुद्धि भ्रम में नहीं पड़ती थी।।१०।। जिन्होंने कभी तप नहीं

किया, उन लोगों को भी इतने दिनों तक दर्शन देकर अब उनकी दर्शन लालसा को तृप्त किये बिना ही वे भगवान् श्रीकृष्ण अपने त्रिभुवन-मोहन श्रीविग्रह को छिपाकर अंतर्धान हो गये हैं और इस प्रकार उन्होंने मानो उनके नेत्रों को ही छीन लिया है।।११।।

धर्मराज युधिष्ठिर के राजसूय यज्ञ में जब भगवान् के नयनाभिराम रूप पर लोगों की दृष्टि पड़ी थी, तब त्रिलोकी ने यही माना था कि मानव शरीर सृष्टि की रचना में विधाता की जितनी चतुराई है, तब इसी रूप में पूरी हो गई है।।१३।। चराचर जगत् और प्रकृति के स्वामी भगवान् ने जब अपने शांत रूप महात्माओं को अपने ही घोर रूप असुरों से सताये जाते देखा, तब वे करुणा भाव से द्रवित हो गये और अजन्मा होने पर भी अपने अंश बलरामजी के साथ काष्ठ में अग्नि के समान प्रकट हुए।।१५।। अजन्मा होने पर भी वासुदेवजी के यहाँ जन्म लेने की लीला करना, सबको अभय देने वाले होने पर भी मानो कंस के भय से व्रज में जाकर छिपे रहना और अनंत पराक्रमी होने पर भी काल भवन के सामने मथुरा पुरी को छोड़कर भाग जाना-भगवान् की ये लीलाएँ याद, आ-आकर मुझे बेचौन कर डालती हैं।।१६।। उन्होंने जो देवकी-वसुदेव की चरण वंदना करके कहा था- 'पिताजी, माताजी! कंस का बड़ा भय रहने के कारण मुझसे आपकी सेवा न बन सकी, आप मेरे इस अपराध पर ध्यान न देकर मुझ पर प्रसन्न हो।" श्रीकृष्ण की ये बातें जब याद आती हैं तब आज भी मेरा चित्त अत्यंत व्यथित हो जाता है।।७।।

स्वयं भगवान् श्रीकृष्ण तीनों लोकों के अधीश्वर हैं। उनके समान भी कोई नहीं है, उनसे बढ़कर तो कौन होगा। वे अपने स्वत:सिद्ध ऐश्वर्य से ही सर्वदा पूर्णकाम हैं। इन्द्रदि असंख्य लोकपालगण नाना प्रकार की भेंटें ला-लाकर अपने-अपने मुकुटों के अग्रभाग से उनके चरण रखने की चौकी को प्रणाम किया करते हैं।।२१।।

विदुरजी! वे ही भगवान् श्रीकृष्ण राजसिंहासन पर बैठे हुए उग्रसेन के सामने खड़े होकर निवेदन करते थे, 'देव'! हमारी प्रार्थना सुनिये। उनके इस सेवा-भाव की याद आते ही हम जैसे सेवकों का चित्त अत्यंत व्यथित

हो जाता है।।२२।। ब्रह्माजी की प्रार्थना से पृथ्वी का भार उतारकर उसे सुखी करने के लिए कंस के कारागार में वसुदेव-देवकी के यहाँ भगवान् ने अवतार लिया था।।२५।।

वे व्रजवासियों की दृष्टि आकृष्ट करने के लिए अनेकों बाल-लीला उन्हें दिखाते थे। कभी रोने-से लगते, कभी हँसते और कभी सिंह-शावक के समान मुग्ध-दृष्टि से देखते।।२८।।

कालियानाग का दमन कर के विष मिला हुआ जल पीने से मरे हुए ग्वालबालों और गौओं को जीवित कर उन्हें कालियदह का निर्दोष जल पीने की सुविधा कर दी।।३१।। भगवान् श्रीकृष्ण ने बढेद्द हुए धन का सद्व्यय करवाने की इच्छा से श्रेष्ठ ब्राह्मणों द्वारा नंद बाबा से गोवर्धन-पूजारूप गोयज्ञ करवाया।। भद्र! इससे अपना मान भंग होने के कारण जब इंद्र ने क्रोधित होकर व्रज का विनाश करने के लिए मूसलाधार जल बरसाना आरम्भ किया तब भगवान् ने करुणावश खेल ही खेल में छत के समान गोवर्धन पर्वत को उठा लिया और अत्यंत घबराये हुए व्रजवासियों की तथा उनके पशुओं की रक्षा की।।३३।। संध्या के समय जब सारे वृंदावन में शरद् के चंद्रमा की चांदनी छिटक जाती, तब श्रीकृष्ण उसका सम्मान करते हुए मधुर गान करते और गोपियों के मंडल की शोभा बढ़ाते हुए उनके साथ रास-विहार करते।।३४।। एक बार द्वारकापुरी में खेलते हुए यदुवंशी और भोजवंषी बालकों ने खेल-खेल में कुछ मुनीश्वरों को चिढ़ा दिया। तब यादव कुल का नाश ही भगवान् को अभीष्ट है- यह समझकर ऋषियों ने बालकों को शाप दे दिया।।३५।। इसके कुछ महीने बाद भी विवश वृष्णि, भोज और अंधकवंशी यादव बड़े हर्ष से रथों पर चढ़कर प्रभास क्षेत्र को गये।। वहाँ स्नान करके उन्होंने सोना, चांदी, शय्या, वस्त्र, मृगचर्म, कम्बल, पालकी, रथ, हाथी, कन्याएँ और ऐसी भूमि जिससे जीविका चल सके तथा नाना प्रकार के सरस अन्न भी भगवदर्पण करके ब्राह्मणों को दिये। इसके पश्चात् गौ और ब्राह्मणों के लिए ही प्राण धारण करने वाले उन वीरों ने पृथ्वी पर सिर टेककर उन्हें प्रणाम किया।।३७-३८।।

उद्धवजी से विदा होकर विदुरजी का मैत्रेय ऋषि के पास जाना (अ० 4)

उद्धवजी ने कहा- फिर ब्राह्मणों की आज्ञा पाकर यादवों ने भोजन किया और वारुणी मदिरा पी। उससे उनका ज्ञान नष्ट हो गया और वे दुर्वचनों से एक-दूसरे के हृदय को चोट पहुँचाने लगे।।१।। मदिरा के नशे से उनकी बुद्धि बिगड़ गयी और जैसे आपस की रगड़ से बाँसों में आग लग जाती है, उसी प्रकार सूर्यास्त होते-होते उनमें मार-काट होने लगी।।२।। भगवान् अपनी माया की उस विचित्र गति को देखकर सरस्वती के जल से आचमन करके एक वृक्ष के नीचे बैठ गये।।३।। इससे पहले ही शरणागतों का दुःख दूर करने वाले भगवान् श्रीकृष्ण ने अपने कुल का संहार करने की इच्छा होने पर मुझसे कह दिया था कि तुम बदरिकाश्रम चले जाओ।।४।।

विदुरजी! इससे यद्यपि मैं उनका आशय समझ गया था, तो भी स्वामी के चरणों का वियोग न सह सकने के कारण मैं उनके पीछे-पीछे प्रभास क्षेत्र में पहुँच गया।।५।। वहाँ मैंने देखा कि जो सबके आश्रय हैं, किंतु जिनका कोई और आश्रय नहीं है, वे प्रियतम प्रभु शोभाधाम श्याम सुंदर सरस्वती के तट पर अकेले ही बैठे हैं।।६।। द्विय विषुद्ध-सत्त्वमय अत्यंत सुंदर श्याम शरीर है, शांति से भरी रतनारी आँखें हैं। उनकी चारों भुजाएं और रेशमी पीतांबर देखकर मैंने उनको दूर से ही पहचान लिया।।७।। वे एक पीपल के छोटे-से वृक्ष का सहारा लिए बायीं जाँघ पर दायाँ चरण कमल रखे बैठे थे। भोजन-पान का त्याग कर देने पर भी वे आनन्द से प्रफुल्लित हो रहे थे।।८।। इसी समय व्यासजी के प्रिय मित्र परम् भागवत् सिद्ध मैत्रेय जी लोकों में स्वच्छन्द विचरते हुए वहाँ आ पहुँचे।।९।। मैत्रेय मुनि भगवान् के अनुरागी भक्त हैं। आनन्द और भक्तिभाव से उनकी गर्दन झुक रही थी। उनके सामने श्रीहरि ने प्रेम एवं मुस्कानयुक्त चितवन से मुझे आनन्दित करते हुए कहा।।१०।।

श्री भगवान कहने लगे- मैं तुम्हारी अभिलाषा जानता हूँ, इसलिए मैं तुम्हें वह साधन देता हूँ, जो दूसरों के लिए अत्यंत दुर्लभ है। उद्धव!

तुम पूर्व जन्म में वसु थे। विश्व की रचना करने वाले प्रजापतियों और वसुओं के यज्ञ में मुझे पाने की इच्छा से ही तुमने मेरी आराधना की थी।।११।। साधु स्वभाव उद्धव! संसार में तुम्हारा यह अंतिम जन्म है। क्योंकि इसमें तुमने मेरा अनुगृह प्राप्त कर लिया है, अब मैं लोक को छोड़कर अपने धाम में जाना चाहता हूँ। इस समय यहाँ एकांत में तुमने अपनी अनन्य भक्ति के कारण ही मेरा दर्शन पाया है, यह बड़े सौभाग्य की बात है।।१२।। पूर्वकाल में पद्मकल्प के आरंभ में मैंने अपने नाभि-कमल पर बैठे हुए ब्रह्म को अपनी महिमा के प्रकट करने वाले जिस श्रेष्ठ ज्ञान का उपदेश किया था और जिसे विवेकी लोग 'भागवत्' कहते हैं, वही मैं तुम्हें देता हूँ।।१३।। विदुरजी! मुझ पर तो प्रतिक्षण उन परम् पुरुष की कृपा बरसा करती थी। इस समय उनके इस प्रकार आदरपूर्वक कहने से स्नेहवश मुझे रोमाँच हो आया, मेरी वाणी गद्गद हो गयी और नेत्रों से आँसुओं की धारा बहने लगी। उस समय मैंने हाथ जोड़कर उनसे कहा-।।१४।। स्वामिन्! आपके चरण-कमलों की सेवा करने वाले पुरुषों को इस संसार में अर्थ, धर्म, काम, मोक्ष- इन चारों में से कोई भी पदार्थ दुर्लभ नहीं है; तथापि मुझे उनमें से किसी की इच्छा नहीं है। मैं तो केवल आपके चरणकमलों की सेवा के लिए ही लालायित रहता हूँ।।१५।। प्रभों! आप निस्पृह होकर भी कर्म करते हैं, अजन्मा होकर भी जन्म लेते हैं, कालरूप होकर भी शत्रु के डर से भागते हैं और द्वारका के किले में जाकर छिपे रहते हैं तथा स्वात्माराम होकर भी सोलह हजार स्त्रियों के साथ रमण करते हैं- इन विचित्र चरित्रों को देखकर विद्वानों की बुद्धि भी चक्कर में पड़ जाती है।।१६।। देव! आपका स्वरूप ज्ञान सर्वथा अबाध और अखंड है। फिर भी आप सलाह लेने के लिए मुझे बुलाकर जो भोले मनुष्यों की तरह बड़ी सावधानी से मेरी सम्मति पूछा करते थे, प्रभो! आपकी वह लीला मेरे मन को मोहित-सा कर देती है।।१७।। स्वामिन्! अपने स्वरूप का गूढ़ रहस्य प्रकट करने वाला जो श्रेष्ठ एवं समग्र ज्ञान आपने ब्रह्माजी को बतलाया था, वह यदि मेरे समझने योग्य हो तो मुझे भी सुनाइये, जिससे मैं भी इस संसार-दुःख को सुगमता से पार कर जाऊँ।।१८।।

जब मैंने इस प्रकार अपने हृदय का भाव निवेदित किया, तब परम् पुरुष कमलनयन भगवान् श्रीकृष्ण ने मुझे अपने स्वरूप की परम् स्थिति का उपदेश दिया।।१९।। इस प्रकार पूज्यपाद गुरु श्रीकृष्ण से आत्मतत्त्व की उपलब्धि का साधन सुनकर तथा उन प्रभु के चरणों की वंदना और परिक्रमा करके मैं यहाँ आया हूँ। इस समय उनके विरह से मेरा चित्त अत्यंत व्याकुल हो रहा है।।२०।। विदुरजी! पहले तो उनके दर्शन पाकर मुझे आनंद हुआ था, किंतु अब तो मेरे हृदय को उनकी विरहव्यथा अत्यंत पीड़ित कर रही है। अब मैं उनके प्रिय क्षेत्र बदरिकाश्रम को जा रहा हूँ, जहाँ भगवान् श्रीकृष्ण नारायण देव और नर- ये दोनों ऋषि लोगों पर अनुगृह करने के लिए दीर्घकालीन सौम्य दूसरों को सुख पहुँचाने वाली एवं कठिन तपस्या कर रहे हैं।।२१-२२।।

श्री शुकदेव जी कहते हैं- इस प्रकार उद्धव जी के मुख से अपने प्रिय बंधुओं के विनाश का असह्य समाचार सुनकर परम् ज्ञानी विदुरजी को शोक उत्पन्न हुआ, उसे उन्होंने ज्ञान द्वारा शांत कर दिया।।२३।। जब भगवान श्रीकृष्ण के परिकरों में प्रधान महाभागवत उद्धवजी बदरिकााश्रम की ओर जाने लगे, तब कुरुक्षेत्र श्रेष्ठ विदुरजी ने श्रद्धा पूर्वक उनसे पूछा।।२४।।

विदुरजी ने कहा- उद्धवजी! योगेश्वर भगवान् श्रीकृष्ण ने अपने स्वरूप के गूढ़ रहस्य को प्रकट करने वाला जो परम् ज्ञान आपसे कहा था, वह आप हमें भी सुनाइये; क्योंकि भगवान् के सेवक तो अपने सेवकों का कार्य सिद्ध करने के लिए ही विचार करते हैं।।२५।।

उद्धव जी ने कहा- उस तत्त्व ज्ञान के लिए आपको मुनिवर मैत्रेयजी की सेवा करनी चाहिए। इस सत्यलोक को छोड़ते समय मेरे सामने स्वयं भगवान् ने ही आपको उपदेश करने के लिए उन्हें आज्ञा दी थी।।२६।।

श्री शुकदेव जी कहते हैं- इस प्रकार विदुरजी के साथ विष्णु मूर्ति भगवान् श्रीकृष्ण के गुणों की चर्चा होने से उस कथामृत के द्वारा उद्धवजी का वियोगजनित महान् ताप शांत हो गया। यमुनाजी के तीर पर उनकी वह

रात्रि एक क्षण के समान बीत गयी। फिर प्रातःकाल होते ही वे वहाँ से चल दिये।।२७।।

राजा परीक्षित् ने पूछा– भगवान् ! वृष्णिकुल और भोजवंश के सभी रथी और यूथपतियों के भी यूथपति नष्ट हो गये थे। यहाँ तक कि त्रिलोकी नाथ श्रीहरि को भी वह रूप छोड़ना पड़ा था। फिर उन सबके मुखिया उद्धवजी ही कैसे बचे रहे?।।२८।।

श्री शुकदेवजी ने कहा– जिनकी इच्छा कभी व्यर्थ नहीं होती, उन श्रीहरि ने ब्राह्मणों के शापरूप काल के बहाने अपने कुल का संहार कर अपने श्री विगृह को त्यागते समय विचार किया।।२९।। अब इस लोक से मेरे चले जाने पर संयमी शिरोमणि उद्धव ही मेरे ज्ञान को गृहण करने के सच्चे अधिकारी हैं।।३०।। उद्धव मुझसे अणुमात्र भी कम नहीं हैं, क्योंकि वे आत्मजयी हैं, विषयों से कभी विचलित नहीं हुए। अतः लोगों को मेरे ज्ञान की शिक्षा देते हुए वे यहीं रहें।।३१।। वेदों के मूल कारण जगद्गुरु श्रीकृष्ण के इस प्रकार आज्ञा देने पर उद्धव जी बदरिकााश्रम में जाकर समाधि योग द्वारा श्रीहरी की आराधना करने लगे।।३२।। कुरुश्रेष्ठ परीक्षित्! परमात्मा श्रीकृष्ण लीला से ही अपना श्री विगृह प्रकट किया था और लीला से ही उसे अंतर्धान भी कर दिया। उनका वह अंतर्धान होना भी धीर पुरुषों का उत्साह बढ़ाने वाला तथा दूसरे पशुतुल्य पुरुषों के लिए अत्यंत दुष्कर था। परम् भागवत उद्धवजी के मुख से उनके प्रशंसनीय कर्म और इस प्रकार अंतर्धान होने का समाचार पाकर तथा यह जानकर कि भगवान् ने परमधाम जाते समय समय मुझे भी स्मरण किया था, विदुरजी उद्धवजी के चले जाने पर प्रेम से विह्वल होकर रोने लगे।।३३–३५।। इसके पश्चात् सिद्ध शिरोमणि विदुरजी यमुना तट से चलकर कुछ दिनों में गंगा जी के किनारे जा पहुँचे, जहाँ श्री मैत्रेयजी रहते थे।।३६।।

विदुरजी का प्रश्न और मैत्रेयजी का सृष्टि क्रम वर्णन (अ० 5)

श्री शुकदेव जी कहते हैं– परम् ज्ञानी मैत्रेय मुनि (हरिद्वार क्षेत्र में) विराजमान थे। भगवद् भक्ति से शुरू हुए हृदयवाले विदुरजी उनके

पास जा पहुँचे और उनके साधु स्वभाव से आत्यायित होकर उन्होंने पूछा।।१।।

विदुरजी ने कहा- भगवान् ! संसार में सब लोग सुख के लिए कर्म करते हैं; परंतु उनमें न तो उन्हें सुख ही मिलता है और न दुःख ही दूर होता है, बल्कि उससे भी उनके दुख की वृद्धि ही होती है। अतः इस विषय में क्या करना उचित है, यह आप मुझे कृपा करके बतालाइये।।२।। जो लोग दुर्भाग्यवश भगवान् श्रीकृष्ण से विमुख अधर्मपरायण और अत्यंत दुखी हैं; उन पर कृपा करने के लिए ही आप जैसे भाग्यशाली भगवत् भक्त संसार में विचरा करते हैं।।३।। साधु शिरोमणि! आप मुझे उस शांतिप्रद साधन का उपदेश दीजिये, जिसके अनुसार आराधना करने से भगवान् अपने भक्तों के भक्तिभूत ह्दय में आकर विराजमान हो जाते हैं और अपने स्वरूप का अपरोक्ष अनुभव कराने वाले सनातन ज्ञान प्रदान करते हैं।।४।। त्रिलोकी के नियंता और परम् स्वतंत्र श्रीहरि अवतार लेकर जो-जो लीलाएं करते हैं; जिस प्रकार अकर्ता होकर भी उन्होंने कल्प के आरंभ में ही इस सृष्टि की रचना की, जिस प्रकार इसे स्थापित कर वे जगत् के जीवों की जीविका का विधान करते हैं, फिर जिस प्रकार वे योगेश्वर प्रभु एक होने पर भी इस ब्रम्हांड में अंतर्यामी रूप से अनु प्रविष्ट होकर अनेक रूपों में प्रकट होते हैं- वह सब रहस्य आप हमें समझाइये।।५-६।। ब्राह्मणों, गौ और देवताओं के लिए जो अनेकों अवतार धारण करके लीला से ही नाना प्रकार के दिव्य कर्म करते हैं, वे भी हमें सुनाइये यशस्वियों के मुकुटमणि श्रीहरि के लीलामृत का पान करते-करते हमारा मन तृप्त नहीं होता।।७।। हमें यह भी सुनाइये कि उन समस्त लोकपतियों के स्वामी श्रीहरि ने लोकों को, लोकपालों और लोकालोक पर्वत से बाहर के भागों को, जिनमें ये सब प्रकार के प्राणियों के अधिकारानुसार भिन्न-भिन्न भेद प्रतीत हो रहे हैं, किन तत्त्वों से रचा है।।८।। मुझे तो उन शोचनीयों के भी शोचनीय अज्ञानी पुरुषों के लिए निरंतर खेद रहता है, जो अपने पिछले पापों के कारण श्रीहरि की कथाओं से विमुख रहते हैं। हाय! काल भगवान् उनके अमूल्य जीवन को काट रहे

हैं और वे वाणी, देह और मन से व्यर्थ वाद-विवाद, व्यर्थ चेष्टा और व्यर्थ चिंतन में लगे रहते हैं।।१४।। आप दीनों पर कृपा करने वाले हैं; अतः भौंरा जैसे फूलों में से रस निकाल लेता है, उसी प्रकार इन लौकिक कथाओं में से इनकी सारभूता परम् कल्याणकारी पवित्र कीर्ति श्री हरि की कथाएं कल्याण के लिए सुनाइये।।१५।।

उन सर्वेश्वर में संसार की उत्पत्ति स्थिति और संहार करने के लिए अपनी मायाशक्ति को स्वीकार कर राम-कृष्णादि अवतारों के द्वारा जो अनेकों अलौकिक लीलाएँ की हैं, वे सब मुझे सुनाइये।।१६।।

श्री शुकदेव जी कहते हैं- जब विदुरजी ने जीवों के कल्याण के लिए इस प्रकार प्रष्न किया, तब तो मुनिश्रेश्ठ भगवान् मैत्रेय जी ने उनकी बड़ाई करते हुए यों कहा।।१७।।

श्रीमैत्रेयजी बोले- साधु स्वभाव विदुरजी! आपने सब जीवों पर अत्यंत अनुगृह करके यह बड़ी अच्छी बात पूछी है। आपका चित्त सर्वदा श्रीभगवान् में ही लगा रहता है, तथापि इससे संसार में भी आपका बहुत सुयश फैलेगा।।१८।। आप श्रीव्यासजी के औरस पुत्र हैं; इसलिए आपके लिए यह कोई बड़ी बात नहीं है कि आप अनन्य भाव से सर्वेश्वर श्रीहरि के ही आश्रित हो गये हैं।।१९।। आप प्रजा को दंड देने वाले भगवान् यम ही हैं। माँडव ऋषि का शाप होने के कारण ही आपने श्रीव्यासजी के वीर्य से उनके भाई विचित्र वीर्य की भोगपत्नी दासी के गर्भ से जन्म लिया है।।२०।। आप सर्वदा ही श्रीभगवान् और उनके भक्तों का अत्यंत प्रिय हैं; इसलिए भगवान् ने निजधाम पधारते समय मुझे आपको ज्ञानोपदेश करने की आज्ञा दे गये हैं।।२१।।

आज नाचीज जो भी है सब आपकी ही तो देन है एक किसान के बेटे को यहाँ तक पहुँचाना सब आप ही तो हैं- एक नाचीज को एक इंसान बनाया सब आप ही तो हैं। मैं आप का गुणगान करता रहूँ आखिरी सांस तक यही तमन्ना इस नाचीज के चरणों में है आपके,----- मैं प्रभु तुझे प्यार करता हूँ इंतजार करता हूँ- मेरी किस्मत में ये मिलन है या नहीं- ये मैं क्या जानूं----

प्रभु हैं- अपनी लीला कर रहे हैं जो भी उनकी लीला में शरीक है वह सौभाग्यशाली है तर जाएगा भगवान से जिनका मन लग जाय उसका कल्याण पूर्ण संभव है- खुदाई करो- कंकड़-मिला-पत्थर-मिला फिर पानी मिला यानी सफलता प्राप्त हुई। यह सब सकाम भक्ति से ही प्राप्त होगी- हमारो धन राधा कृष्ण राधा डगर-डगर नगर-नगर ढूंढ़ता रहा हूँ तू मुझे मैं ये नादान न जाने ये बैठे हैं हृदय में मेरे ये राम----

संसार में प्रेम भी स्वार्थवश होता है। किसी के दर्द की दवा बनो कष्ट तो हर इंसान देता है--

भगवान् गीता में कह रहे हैं मन का लगना कठिन है परंतु वश में आ सकता है- अभ्यास करने से अर्जुन मन को भक्त मुझ मे लगता है उस जीव का कल्याण अवश्य होगा-

अकेले ज्ञान मार्ग से ज्ञानी सफलता प्राप्त नहीं कर सकता है बीच में ही पतन हो जाता है।

ज्ञात- ज्ञेय- ज्ञान तीनों समाप्त हो जाये एक ज्ञानी भी भक्ति के बिना आनंद प्राप्त नहीं कर सकता (वेदव्यास)

नारदजी ने वेदव्यासजी को कहा आपको कृष्ण भगवान की भक्ति करनी चाहिए तभी आपको मानसिक शांति प्राप्त होगी--

व्यासजी ने ऐसा ही किया और इसके उपरांत सभी वेदों का सार भागवत ग्रंथ रचना करी कृष्ण भगवान् का पूर्ण आशीर्वाद प्राप्त हुआ....

भगवान कृष्ण की ओर चलना श्रेय मार्ग है मायिक जगत् पर चलना प्रेम मार्ग है। यानी संसारी मार्ग में खो जाना वह प्रेम मार्ग है। शरीर भी तब-तक ठीक जब तक आप उचित देखभाल करें। अगर हम संसार को भूल जाएंगे- शरीर नहीं रहेगा यदि हम भगवान को भूल जाएंगे उपभोग नहीं कर पायेंगे श्रेय मार्ग से भटक जाएंगे अन्न से तीन चीज बनना-मन-रस मज्जा इत्यादि बनती है- परंतु सात्विक खाना ही आत्मा व शरीर को स्वच्छ व पुष्ट रखता है- आत्मा शरीर के बगैर नहीं रहती व शरीर भी आत्मा के बगैर नहीं रहती है- आत्म भगवान नित्य है।

जीव सात्विक (शुभ) कार्य कभी-कभी करता है तामसिक कार्य (बुरे कर्म) जीव अधिकतर करता रहता है- यही तो माया का जाल है- जीव 24 घंटे में कितना समय प्रभु को मन से स्मरण करता है वही जीव के लिए उत्तम समय है वह जीव के उत्तम खाते में जाएगा बाकी समय संसारी- जितने क्षण आप हरि में लगे है आप पाप नहीं कर रहे हैं।

धृतराष्ट्र ने श्रीकृष्ण प्रभुजी से प्रश्न किया- प्रभु! मैंने कौन से पाप किए कि मेरे 100 पुत्र मारे गए पानी पिलाने वाला भी कोई नहीं। ऐसे कौन से पाप किये- प्रभु बोलते हैं कि आपको कितने जन्म के पाप याद हैं धृतराष्ट्र को तीन जन्म के पाप याद थे उसके बाद के नहीं, प्रभु कहते हैं इससे पूर्व के जन्मों की आपको स्मरण नहीं है अतः आपके अनंत पाप ही होंगे जीव के पाप अनंत होते हैं-

भगवान की भक्ति स्मरण करते रहने पर प्रभु माफ कर देते हैं वे इतने दयालु हैं- अतः जीव को चाहिए कि वह सोच समझकर व्यवहार करे।

जो तुम्हारी बुराई प्रकट करे- आंगन कुटी छवाय- (तुलसीदास) स्वामी रामतीर्थ जैसे संत मन पर अधिकार रखने के लिए अनेक प्रयोग करते थे- अतः मन पर कंट्रोल अति आवश्यक है। सफलता प्राप्ति तभी होगी द्वीय वस्तु को खरीद (कोई) नहीं सकता- मायिक मन से भक्ति करने पर मन शुद्ध होना शुरू होता है फिर गुरु की कृपा से मन रूपी बर्तन को गुरु कृपा से ही बनाया जाता है भगवान व महापुरुष में मन लगता है तभी द्वीय मन प्राप्त होता है यह लाखों-करोड़ों में एक को ही मिलता है भगवान प्रेम के ही अधिकार में हो जाते हैं प्रभु प्रेम सर्वोपरि है।

भजन

हे प्रभु मुझे बता दो चरणों में कैसे आऊं माया के बंधनों से छुटकारा कैसे पाऊं न जानूं कोई पूजन-अज्ञानू हूँ हे भगवान कृपा करो कि बंधनों से छूट जाऊं अच्छा हूँ या बुरा हूँ जैसा भी हूँ तुम्हारा ठुकराओ ना मुझे अब-चरणों में शीश झुकाऊं---

हे प्रभु मुझे बताओ----

बाकी के सभी पथ मार्मिक हैं- कभी द्वीय प्रेम प्राप्त नहीं होगा- जब तक काम-क्रोध-लोभ के बंधन में जीव बंधा है 84 लाख में घूमता रहता है- प्रेम करने के लिए प्रेम करना होता है जब इस स्तर पर जेल पहुँच जाता है अवश्य प्रभु की कृपा होती है।

हमारी गलती यह है कि हम किसी वस्तु में सुख मान बैठते हैं जब वह प्राप्त नहीं होता तो हम दुखी हो जाते हैं-- जो ज्ञानी है भक्त है वह हर समय खुश रहता है- समझो उसे कोई गाली दे तो वह समझता है मुझे नहीं शरीर को गाली दी है कुछ असर नहीं। जीव को यह सोचना चाहिए कि वह शरीर नहीं आत्मा है-

शंकर तेरी जटा में बहती है गंगा धारी

निंदक नियरे राखिये।।

आंगन कुटी छवाय।।

महात्मा बुद्ध की किसी ने सुबह से शाम तक बुराई करने का कार्य किया। शाम को बुद्ध भगवान ने शिष्यों से कहा कि इन्हें कुछ खाने के लिए दे दो। शिष्य कहते हैं प्रभु आप किस मिट्टी के बने हैं बुद्ध कहते हैं! यह देता रहा हमने इससे कुछ लिया ही नहीं क्यों परवाह करते हो-

सुख- दो प्रकार का सुख होता है एक माया का सुख दूसरा भगवान का सुख। सुसुक्ती अवस्था यानी सो के उठे तो जीव को बहुत सुख महसूस होता है यह सात्विक सुख, भाई-बहन का सुख खान-पान का सुख सभी जीवों को यह सुख प्राप्त होता है। भगवान सच्चिदानंद हैं- जीव मायाधीन है, भगवान को आनंद भी कहते हैं वह चेतन होता है- सात्विक आनंद घटता जाता है अतः अलौकिक सुख के लिए प्रयत्न करना होगा- यानी भगवान में मन लगाना होगा मन की बुद्धि को समझाकर प्रेरित करना होगा।

तुलसीदास- मोह-सा कौन कुटिल कामी यानी जीव में अनेक दोष-अहंकार कमियां होती हैं परंतु स्वीकार नहीं करता। तुलसीदास जी तो स्वयं स्वीकार कर रहे हैं अतः जीव अपने दोष इत्यादि स्वीकार कर प्रभु का चिंतन करे। किसी अच्छे संत व गुरु का चयन करके शब्द में उच्च स्तर की राह पर चले तो नित्य व निष्काम भावना से प्रभु का स्मरण अनन्य भाव से करे निश्चय ही प्रभु के समीप आप जा पाओगे- अंतः करण शुद्ध हो जाएगा आगे वाले कार्य गुरु व भगवान स्वयं करेंगे- मन स्वयं शुद्ध करना होगा 99 प्रतिशत लोग यह नहीं जानते कि स्मरण व भक्ति मन से करनी होती है।

होली का चरित्र

प्रह्लाद चरित्र विवरण भगवान में अनेक अध्यायों में पढ़ने को मिलता है। ब्रह्माजी ने अपने शरीर के दो हिस्से करके मनु-सतरूपा बनाए। सतरूपा पत्नी अदिति- से देवता पैदा हुए दिति से कुछ नहीं हुआ- कश्यप ऋषि दिति के पति थे। कश्यप ऋषि से कामान्ध होकर दिति ने (जो कि तप में थे) पुत्र प्राप्ति के लिए उकसाया न चाहते हुए परिणामस्वरूप हिरणयाक्ष्य - व हिरणाकश्यपु पैदा हुए जो कि राक्षस वंश की शुरुआत करती है।

हिरणाकश्यपु तप करने चले गए क्योंकि इससे पूर्व हिरणयाक्ष्य का वध इंद्र के द्वारा युद्ध में कर दिया गया था- अतः तप के उपरांत युद्ध करने का निश्चय उनके भाई हिरणाकश्यपु ने मन में प्रण किया और तप करने चले गये- पीछे से इंद्र ने उनके राज्य पर हमला करके महल आदि में लूटपाट करी व तप पर गये हिरणाकश्यप की पत्नी कयाधू को बंदी बनाकर ले चले। कयाधु गर्भवती थी। उनके पेट में प्रह्लाद पल रहे थे- रास्ते में नारदजी मिल गये उन्होंने कहा इंद्र तुम यह क्या कर रहे हो? आपको मालूम होना चाहिए इनके पेट में बहुत ऊंची हस्ती पल रही है और उच्च सत्ता तुम्हें बक्सेगी नहीं अतः इन्हें तुरंत मुक्त करो, मुक्त करवाकर अपनी कुटी में कयाधु को नारदजी ने रख लिया और प्रह्लाद

के पेट रहते हुए शास्त्रों का ज्ञान व प्रवचन दिए जिससे प्रह्लाद को माँ के पेट में ही शास्त्र ज्ञान व प्रभु कृपा प्राप्त हुई।

महापुरुष को जपने के लिए उनके जैसी शक्ति चाहिए नहीं तो शरणागत हो जाय प्रभु प्राप्ति के लिए गुरु ही एक रास्ता है उनकी शरणागत आवश्यक हैं तभी आप यानी जीव प्रभु के करीब पहुँच सकता है। भोले बालक बन के प्रभु को पुकारना होगा, साधना करनी होगी यही गुरु तत्त्व का निरूपण है।

भोला जीव और सांसारिक आनंद को आनंद समझता है यह उसकी बहुत बड़ी भूल है यह आनंद तो क्षणिक है यह असली सुख नहीं- यह थोड़ा व घटने वाला- जैसे सूर्य उगता है और छिप जाता है ये इस प्रकार का सुख है अतः असली सुख व आनंद प्रभु पथ पर चलने पर वह भी किसी विद्वान गुरु की संगत में ध्यान व भक्ति करने पर ही आनंद प्राप्त किया जा सकता है- नहीं तो मनुष्य शरीर पाकर भी जीव अधूरा ही रहेगा कभी भी उसे असली आनंद प्राप्त नहीं हो सकता 84 लाख में ही घूमता रहेगा।

व्यक्ति की इच्छाओं का कोई अंत नहीं है भगवान कृष्ण कह रहे हैं सभी कर्मों को मुझमें अर्पित कर दो व निष्काम कर्म करो- बंधन ही हमें मुश्किल में डालते हैं सांस-सांस में प्रभु का नाम आना चाहिए दम्भ-घमंड को छोड़कर प्रभु ध्यान ही जीव के लिए लाभदायक है-

भगवान बुद्ध कह रहे हैं मैं तो अब शून्य हूँ बुद्धम शरणम गच्छामि जीव मुझे नहीं कह रहे हैं मैं इन्हें रोक नहीं पाऊंगा मैं तो अब सिर्फ द्वार हूँ मुझ द्वार के मार्फत उस निराकार भगवान को ही कह रहे हैं।

जीव माया आज (सदा) है- वेद एक तत्त्व है भगवान फिर वेद कह रहा है जीव-माया भगवान एक तत्त्व है सदा है- भगवान सबका शासक है- माया भगवान के बिना हिल नहीं सकती।

अहंकार जीव के लिए जहर है ऐसे जीव जो अहंकारयुक्त हैं काम क्रोध युक्त हैं, प्रभु उनसे दूर हो जाते हैं। जो मनुष्य दोष बुद्धिरहित होकर प्रभु स्मरण करते हैं प्रभु कृपा प्राप्त होगी।

इंसान के अंदर अपने जीवन की सबसे चमत्कारी ढंग से जीने की क्षमता होती है बशर्ते वह अपने अंदर मौजूद सृजन के स्रोत के संपर्क में रहे।

पांच इंद्रियों से परे आपको जो भी अनुभव होता है वह भौतिक वास्तविकता से जुड़ा नहीं होता। वह एक अलग आयाम में होता है। आप उसे भगवान कहना चाहें, तो भगवान कह सकते हैं। यदि आप उसे शक्ति कहना चाहें तो शक्ति कह सकते हैं। या आप उसे बस मैं कहना चाहते हैं, तो आप उसे 'मैं' भी कह सकते हैं।

"काम वासना शरीर में है तो ठीक है- पैसे पर्स में हैं तो ठीक है समस्या तब है जब वह आपके दिमाग पर हावी हो जाय।"

ईश्वर आपसे किसी चीज की अपेक्षा नहीं करते। इसलिए ईश्वर से प्रेम करना बहुत आसान है। इस काल में यदि आप अपने आसपास किसी से दोस्ती करना चाहें तो उसके लिए कोई ना कोई मूल्य देना पड़ सकता है। इस चुनौती को लेने के लिए आपके अंदर बड़े साहस की जरूरत है।

"यदि आप जीवन में कामयाब होकर अव्वल आना चाहते हैं तो अपनी क्षमताओं को विकसित करके पूर्ण रूप से उनका उपयोग करते हुए काम में लग जायं।"

"समस्याएँ खुद-ब-खुद नहीं आतीं, जाने-अनजाने में आप खुद पैदा कर लेते हैं। बिगड़ी बात पर चिंता किए बिना जो करने योग्य है उसके लिए योजना बनाएँ। पूर्ण रूप से उस पर लगकर काम करके देखिए। आपकी समझ में आ जाएगा भय निरर्थक था।"

"जीव यदि संकल्प व साधना अपनी अंतरात्मा में धारण कर ले तो हर स्तर पर उपलब्धि प्राप्त होगी चंचल मन भी अधीन हो जायेगा।"

भगवान कहते हैं जो पूर्णतया मेरी शरण में आयेगा मन-बुद्धि से प्रभु स्वयं उस जीव की हर प्रकार से रक्षा करते हैं यही उपदेश उन्होंने अर्जुन को दिया। अर्जुन गुप्त से भी गुप्त बात सुन- अपनी बुद्धि, मन मेरे में लगाकर धर्म-वरम की बात छोड़कर मेरी शरणमें आ तुझे किसी प्रकार

का दाग व कष्ट नहीं होगा। सारी जिम्मेदारी मेरी होगी मेरा लोक प्राप्त होगा।

जैसे भूमि कई प्रकार की होती है ऊसर व उपजाऊ उसी प्रकार जीव का मन व बुद्धि उपजाऊ भूमि की तरह है। निश्चय ही जीव प्रभु के समीप होगा न कि संसार के। हर व्यक्ति का स्वभाव भी अलग-अलग होता है चाहे वह जुड़वाँ ही पैदा क्यों न हो- प्रकृति भाई-भाई पिता और बेटे की भी अलग- अलग होती है जब जीव अपनी प्रतिभा को प्रकट करते है तभी उसकी प्रतिभा प्रकट होती है- जैसे गुलाब का फूल-कमल नहीं हो सकता गुलाब ही रहेगा- गेहूँ चावल नहीं हो सकता गेहूँ ही रहेगा- अत: हर जीव की अपनी प्रतिभा होती है- स्वयं जानिये आप क्या हैं- किसी की नकल न करें- किसी आकर्षण में न आयें। अपनी प्रकृति अपने स्वभाव के अनुसार ही कार्य करें।

बुद्धि व अलग-अलग होते हैं जो ठान लेता है- बुद्धि भी उसके अधीन हो जाती है अत: मन पर जीव का अधिकार होना अति आवश्यक है। मन जिस जीव के अधिकार में है यह पूर्ण सत्य है वह जीव हर क्षेत्र में सफलता प्राप्त करेगा।।

भक्त रसखान- रसखान एक पान की दुकान पर रोजाना जाते थे- एक दिन उन्हें दुकान पर लड्डू गोपाल का सुंदर चित्र देखा- दुकानदार से कहा कि इतना सुंदर बालक का चित्र इसको जूती क्यों नहीं पहनाई- दुकानदार ने कहा आप ही पहना दो एक-दो दिन के बाद सुंदर सी छोटी-छोटी जूतियां वह लेकर आया और दुकानदार से कहा यह बालक कहाँ मिलेगा मैं उसको स्वयं पहनाऊंगा- नाम भी बता दो। दुकानदार ने कहा इनका नाम श्याम है और वृंदावन में मिलेगा- रसखान कई दिन के सफर के बाद वृंदावन पहुँच गए और जने-जने से पूछ रहे हैं मेरे श्याम कहाँ मिल पायेंगे- कोई उन्हें श्याम के नाम से नहीं बता पाया आखिर एक समझदार व्यक्ति उन्हें मिला पूछा उनका हुलिया बताओ- बताओ कैसे हैं? रसखान ने घुंघराले बाल मोर मुकुट मोहित करने वाला रंग-रूप है उनका। भद्र पुरुष ने कहा- अरे यही तो हैं अपने बांके बिहारी हाथ

में चरण पादुका लेकर गाते-गाते जा रहा है रसखान पुजारी से कह रहा है कहाँ है मेरे श्याम- पुजारी उन्हें अंदर नहीं जाने देता- परंतु रसखान व्याकुल होकर श्याम-श्याम पुकार रहे हैं हाथ में सुंदर जूती लेकर परंतु कोई भी उनकी मदद नहीं कर रहा- अंततः प्रभु बालक रूप में रसखान के सम्मुख प्रकट होते हैं पैरों में छाले पड़े हैं सिर पर मुकुट रसखान प्रभु के पैरों को पकड़कर पपोल रहे हैं कह रहे हैं कि इतने छाले तुम्हारे पैरों में पड़ गये हैं मुझे बहुत दुख हो रहा है कब से तुम्हें ढूंढ रहा हूँ प्रभु कह रहे हैं भक्त जिस छवि को हृदय में बनाकर मुझे याद करता है मैं उसी रूप में मिलता हूँ प्रभु रसखान पर भरपूर प्यार बरसा रहे हैं।

"भगवान कृष्ण ने गीता में बार-बार स्पष्ट रूप से प्रकट किया है कि मैं अपने भक्तों का पूर्णतया ठेका लेता हूँ मेरे भक्तों का कोई बाल भी बांका नहीं कर सकता।"

मन में समुद्र की लहरों की तरह इच्छाएं उत्पन्न होती रहती हैं इनमें एक इच्छा सभी प्रकार के ऐश्वर्य व्यंजन अच्छे-अच्छे सभी प्रकार के भोग-विलास ये सब तामसिक इच्छाएं हैं- शरीर को ही सब कुछ मानता है जीव महत्त्वकांक्षी इच्छा राजसी इच्छा होती है यह सब कुछ पाना चाहता है।

सात्विक इच्छा कभी-कभी जीव छुए की तरह गिर जाता है, कभी मुक्त हो जाता है, कभी संतुष्ट होता है, कभी असंतुष्ट होता है मेरे पास यह है- वह नहीं है- अतः इच्छाओं से मुक्त होना अनिवार्य है तभी जीव प्रभु पथ पर अग्रसर हो सकता है- इच्छाएं इस प्रकार अड़ंगा डालती हैं जैसे सूर्य पर बादल छा जाते हैं, प्रकाश छुप जाता है। इसी प्रकार इच्छाओं का वासनाओं का घेरा जीव को घेर लेता है।

प्रह्लाद भगवान से यह वर माँग रहे हैं कि मुझे कभी आपसे माँगना ना पड़े ऐसी बुद्धि दें- यानी सच्चा भक्त कभी माँगता नहीं- भगवान का निरंतर स्मरण करना जीव के हितकारी हैं। श्रीकृष्ण में भक्ति ही बस यही एक मार्ग है (भागवत) ऋषभ के 100 पुत्र थे- उनमें व योगेश्वर कहीं भी विचरण करते थे- राजा मिमीदेह यज्ञ कर रहे थे वे वहाँ पहुँचे राजा

उनसे पूछते हैं कल्याण का मार्ग बताने की कृपा करें। योगेश्वर बताते है, सिर्फ एक मार्ग हैं- वह भक्ति तभी माया से जीव का विछोह होगा- जीव एक प्रकार से भगवान से पीठ किये होता है। सम्मुख होना ही कल्याण भागवत में प्रभु कह रहे हैं- मेरी व गुरु की भक्ति करो कल्याण होगा माया भाग जाएगी-ज्ञान-योग कर्म धर्म सब भगवान के निमित्त होता है। जो मेरे निमित्त हो वही ज्ञान वही भक्ति (भागवत) गीता में भगवान कृष्ण के बहुत सारे नाम हैं- कहते हैं 1008 जरूर हैं और एक नाम योगेश्वर है- भगवान कह रहे हैं आसक्ति मोह का त्याग करके मन का संतुलन बनाकर ही योग है- योगस्थ होकर प्रभु से जुड़कर योग करें तथा दुनिया में बसो पर फँसो नहीं- वाद को विवाद में न बदलने दें- वस्तुओं का उपयोग करो उसमें अपने प्राण न बसाओ (भगवान कृष्ण) माया के जाल में जिस प्रकार फंसा हुआ है कि परमात्मा का नाम लेने की फुर्सत ही नहीं है तो कल्याण कैसे होगा हम अपने स्वरूप को भूल गए हैं मैं कौन हूँ मैं इस धरा पर कैसे आया यह सब भूल बैठा है जो सांसारिक वस्तुएँ हैं उनसे संपर्क साधने में लगे रहते हैं जीव प्रभु को भूल बैठा है। जीव का चित्त निर्मल होना चाहिए तत्पश्चात् उत्तम सोच पैदा होगी-

भागवत- सिर्फ भक्ति मार्ग से ही भगवत् प्राप्ति हो सकती है वह भी अच्छे गुरु के सान्निध्य में- सभी जीवों को यह प्रतिज्ञा करनी चाहिए कि वह अपना जीवन व्यर्थ न गँवाए एक दूसरे की बुराई इत्यादि में संलिप्त होकर अपना ही अहित करते हैं- हर समय प्रभु को याद करें, उनका स्मरण करें तो यह जीवन उस जीव का जरूर सफल होगा यह सब शास्त्रोंक्त है-इस कलियुग में जीव ज्यादा से ज्यादा प्रभु स्मरण करेगा वह मरणोपरांत प्रभु के धाम को प्राप्त करेगा।

जो बुद्धि से भी परे है वह आत्मा है

बुद्धि को शक्ति आत्मा से ही मिलती है- मन जहाँ होगा इंद्रियां वहीं चली जायेंगी- अतः मन के ऊपर शक्ति है बुद्धि की- इंद्रिय-मन-बुद्धि जिस जीव के द्वारा नियंत्रित हो जायेगी जीव सफल हो जायेगा। अहंकार

व्यक्ति का दमन करता है, अहंकार झुकाना पसंद करता है विनम्रता स्वयं झुकना नम्र जीव भी प्रभु को प्यारे लगते हैं। भगवान कृष्ण कह रहे हैं गीता में जो मैं ज्ञान इसके माध्यम से दे रहा हूँ उसे जो जीव सुनेगा-सुनायेगा वह मेरा प्रिय होगा। उतावला जीव जल्दी चोट खा जाता है। जो जीव संतुलन बनाकर अपने कार्य करता है वह जीव सफलता की ओर अग्रसर रहता है।

मानव देह में ही ज्ञान की प्राप्ति जीव कर सकता है वरना 84 लाख योनि में एक कल्प तक घूमना पड़ेगा- स्वर्गवासी भी मानव के लिए तरसते हैं क्योंकि वहाँ सिर्फ भोग हैं और कोई गारंटी नहीं वहाँ कब तक रहेंगे अतः भक्ति का अवसर मानव देह में ही है।

गरुड़ पुराण में लिखा है तत्त्वज्ञान मनुष्य शरीर से ही प्राप्त हो सकता है- वेद कह रहा है तीन ही तो तत्त्व हैं ब्रह्म-जीव-माया अतः केवल भगवान को जान लो तो जीव व माया का ज्ञान हो जायेगा।

भगवान स्वार्थ से ही सोते हुए वेद प्रकट हुए चौथे अध्याय (गीता) में प्रभु ज्ञान व कर्म में समन्वय स्थापित करने का ज्ञान दे रहे हैं समझा रहे हैं-

सफलता-असफलता के बीच समन्वय बनाते रहना चाहिए- अपना उद्धार स्वयं करो- आप स्वयं के मित्र हो व आप स्वयं के शत्रु हो यदि इंद्रियों पर आप जीत प्राप्त कर लेते हैं तो इंद्रियां आपके मित्र वरना आपकी शत्रु। हर वर्ष मनुष्य का शरीर कुछ न कुछ बदलता है पर जीव का स्वभाव नहीं बदलता उस पर गौर करना आवश्यक है। अहम इंद्रो ना पराजिते- यानी ऐसे इंद्र की तरह अपराजित बनो।

वेद- भगवान को सिर्फ भगवान ही जान सकता है। भगवान के बाद सबसे बुद्धिमान कौन है- वह ब्रह्मा है- एक हजार वर्ष ब्रह्मा समाधि लगाकर यह जानने का प्रयास किया कि भगवान कौन है वह नहीं जान सका नारद से ब्रह्मा कह रहे हैं- जब मैं नहीं जानता प्रभु को तो कोई भी देवताओं को जानने का स्तर ही नहीं है।

ब्रह्मा कहते हैं- जो ये कहे मैं भगवान को जानता हूँ वह पागल है- भगवान की बुद्धि से ही भगवान को जान सकते हो- अतः भगवान को कोई नहीं जान सकता (वेद)।

इंद्रिय-मन-बुद्धि मायिक के- भगवान द्विय है (वेद)।

कठोपनिषद्- करोड़ों वर्षों तक आप परिश्रम करो फिर भी कोई भगवान को नहीं जान सकता।

अपनी साधना में प्रभु की कृपा से ही साधक भगवान को जान सकता है (वेद)।

भगवान कृष्ण- अर्जुन! मैं तुम्हें दे रहा हूँ- वह सबसे पहले मैंने सूर्य को दिया। सूर्य ने इक्ष्वाकु व मनु को दिया। इसकी जड़ें बहुत गहरी हैं- साधक को अपनी साधना बड़ी बुद्धिमानी से करनी चाहिए।

गीता- भगवान कृष्ण कह रहे हैं- जो मेरी शरण में आयेंगे केवल उनकी माया से मुक्ति प्राप्ति होगी- ज्ञानी भी माया को पार नहीं कर सकता- वह आखिर के स्तर पर पहुँच कर नीचे गिर जाता है- अतः कौन-सा मार्ग है जिससे भगवान को जान सकते हैं भगवत् प्राप्ति हो- कर्म-ज्ञान नहीं केवल भक्ति से ही भगवत् प्राप्ति हो सकती है- (भागवत)।

शंकराचार्य- भी कह रहे हैं- मोक्ष चाहते हो तो केवल भक्ति करो जो जीव यह सोचते हैं कि शास्त्राध्यन से प्रभु को जाना जा सकता है भगवत् कृपा होगी यह असत्य है।

वास्तविक गुरु प्राप्त हो और उस पर पूरा भरोसा करके गुरु आज्ञा से अनुपालन करते हुए मार्ग पर चलते हुये अवश्य भगवत् प्राप्ति होगी।

ब्रह्माजी ने भी वेदों का अध्ययन तीन बार करते हुए भगवत् कृपा पाने का प्रयास किया परंतु असफलता ही हाथ लगी। अंत में ब्रह्माजी ने संदेश दिया कि केवल भगवान कृष्ण की भक्ति से ही भगवत् प्राप्ति हो सकती है।

गुरु व शिष्य में स्नेह पूर्ण संबंध होते हैं। प्रेम पूर्ण संबंध होने पर व गुरु यह परख ले शिष्य परिपूर्ण है तो गुरु के उद्‌गार आत्मा व बुद्धि से शिष्य कल्याण व कामयाबी के रास्ते दिखलाने के लिए प्रकट होते हैं जैसे भगवान कृष्ण ने उनका मार्गदर्शन किया।

सुखदेव परमहंस परीक्षित को भागवत ज्ञान कराते हुए गजेंद्र-ग्राह की कथा सुनाते हुए कहते हैं- अन्ततः भगवान/कृष्ण विष्णुजी को पुकारे जाने पर प्रभु प्रकट होकर अपने भक्तों को बचाते हैं, अपने चक्र द्वारा ग्राह का वध करके- जबकि उसका परिवार अपनी कोशिश करके उसे मरने के लिए छोड़ गये- अतः भगवान अपने भक्तों की रक्षा करते हैं।

प्रभु रामचंद्रजी मर्यादा पुरुषोत्तम हैं। कृष्ण भगवान बांके बिहारी- धरा पर आने की पृष्ठभूमि या कहें औचित्य भिन्न था।

जीव को कभी अवसाद यानी निराशा में नहीं जाना चाहिए। हमेशा प्रसन्न रहना सीखो। तनावमुक्त रहना फायदेमंद है- एवं प्रभु ध्यान करें- कहें प्रभु सब आप ही तो हैं जैसे रखना है आप ही रखेंगे मेरा कार्य आपके आशीर्वाद से कर्म करते रहना अतः स्वयं के मित्र बनो।

वर्णाश्रम धर्म ऋषियों ने संसार चलाने के लिए बनाया- इस पर चलने वाले जीव को ज्यादा से ज्यादा कुछ समय के लिए स्वर्ग प्राप्त हो जायेगा। जीव की अदृश्य शक्ति को पहचानने का प्रयास करना चाहिए- जैसे नल में चल रहे पानी को कोई नल उखाड़ ले जाय और दूरस्थ गांव में ले जाकर यह समझे कि इससे पानी आ जाएगा यह भ्रम है क्योंकि उसको यह नहीं मालूम कि इसके पीछे स्रोत है जहाँ से पानी आ रहा है- सिर्फ नल की वजह से ही पानी नहीं आता- इस प्रकार प्रभु की अदृश्य शक्ति जीव के पीछे छिपी है- जो उसको पहचानने का प्रयास करेगा उसका कल्याण होगा।

पर धर्म वह है जो भगवान में ध्यान करे अपर धर्म वह जीव संसार के कार्यों में लिप्त रहे।

जीव आत्मा होती है शरीर नहीं। जीव जब वास्तविकता को समझ ले तो समझो कल्याण होगा- आत्मा को धारण करने वाले भगवान भोजन को धारण करने वाला शरीर अतः एक ही धर्म है- "भगवान"।

जिसका मन में संलिप्त होना वह कर्म है। दुर्भावना से ही कर्म का संबंध है- भगवान कृष्ण को गोपियां समय-समय पर अनेक गालियां देती रहती थीं भगवान मन में कहते थे और दो और दो- क्योंकि उनकी गाली में भी प्रेम छिपा होता था।

योग में कभी समाधि नहीं होती यह शारीरिक क्रिया है।

भगवान कृष्ण कह रहे हैं (गीता) की जो मन आत्मा से मेरे में लीन हो वही योग है। गंगाजी में बहुत-सी अशुद्ध वस्तुएँ जाती हैं सभी शुद्ध हो जाती हैं- आग में कुछ भी डालो आग बन जाती है-

अतः हर समय आप जहाँ भी हैं जैसे भी हैं किसी भी स्थान पर हैं भगवान कृष्ण का स्मरण करो भगवान जीव का कल्याण करेंगे। जितने भी साधन हैं उनसे मेरी प्राप्ति नहीं होगी- सिर्फ मेरी भक्ति से ही माया जायेगी व भगवत् प्राप्ति होगी (गीता) अंतःकरण की शुद्धि भक्ति से ही होती है और किसी साधन से नहीं। जिसमें श्रीकृष्ण की भक्ति नहीं वह कंगाल है चाहे वह ब्रह्मा ही क्यों न हों।

कामना और प्रेम दोनों एक जगह नहीं रह सकते- दोनों एक-दूसरे के विरोधी हैं। अर्जुन से भगवान कहते हैं ये जो ज्ञान मैंने आपको दिया है वह दिव्य ज्ञान है यह पौराणिक काल से है जीव ध्यान नहीं करता है जीव ध्यान करे तो परमात्मा अंदर से बोलना शुरू करते हैं- (गीता) अतः गीता मुक्ति का ग्रंथ है- जीव के लिए कल्याणकारी है एक उपहार है जीव का जीवन बदल सकता है खाली भाग्य पर भरोसा करने वाला जीव जीवन में सफलता प्राप्त नहीं हो सकता कर्म करने वाले जीव जो कार्यरत रहते हैं जीवन में उन्नति करते कर्म प्रधान होना आवश्यक है (भगवान कृष्ण)।

सद्‌भावना जीव की उन्नति के लिए जिम्मेदार है। दुर्भावना रखने वाले जीव का अन्ततः अपयश ही होता है अपने अंदर बदलाव करना चाहिए

सोचना चाहिए शुभ सोचना चाहिए- सभी के लिए शुभ सोचो- रचनात्मक विचार फलीभूत करते हैं।

भक्ति की अंतिम दशा महाभाव भक्ति होती है वहीं पर गोपियां हैं- महापुरुष व भगवान से प्रेम-प्यार करेंगे- मरने के बाद उनकी प्राप्ति होगी माया से छुटकारा होगा अतः गोपी प्रेम सर्वश्रेष्ठ है। वे भगवान धाम में विराजमान हैं।

भागवत ग्रंथ वेद के समान है। ब्रह्मा भगवान कृष्ण से कह रहे हैं- गोपियों के चरणधूलि प्राप्त करने के लिए मुझे वृक्ष ही बना दो- ब्रज में कुछ भी बना दो (भागवत) भगवान कृष्ण यह भी कह रहे कि मैं मइया यशोदा व गोपियों का हमेशा रहूँगा। ज्ञान प्रधान देह देवताओं का होता है मनुष्य का देह में भी भिन्न-भिन्न स्तर की बुद्धि होती है। अच्छी बुद्धि से अच्छे कर्म भी कर सकता है यदि उलट बुद्धि चल जाती है तो जीव निम्न स्तर के कार्यों में लिप्त हो जाता है। जीव शरीर क्षणभंगुर है जीव कुछ प्रयत्न करके ऐसा तो कर सकता है कि आगे से मानव शरीर प्राप्त हो- यदि वह अथक प्रयास करके प्रभु भजन में लिप्त हो जाय तो वह अवश्य भगवत् प्राप्ति करेगा।

भगवान कृष्ण गीता में कहते हैं जब भी अनिष्टकारी शक्तियां पैदा होती हैं तब बुराइयों का नाश करने के लिए दैविक शक्तियां आती हैं अतः संकट से निपटने की शक्ति पैदा होती है- अंधेरा होता है तो प्रकाश आता है- गीता में कहा है भगवान समय आने पर जरूर मदद करते हैं- शक्ति प्रदान करते हैं। अतः हमेशा ताकत आत्मा को प्राप्ति होती है।

दुःख हमेशा भगवान के द्वारे ले जाता है। दुःख में सुमिरन सब करे सुख में करे न कोय। भगवान बुद्ध कहते हैं गाँठे जीवन में जीव स्वयं लगाता है- उन गांठों को को भी उलट क्रिया से जीव को स्वयं सुलझाना चाहिए।

हम तोरे पर तू न तेरे
हम भूले तो आन मिलावे

जो तुझे पसंद है वो हम नहीं
हम जैसे हैं अपना लो
सांसों के तार को तार लो
गुरु नाम की पिरो लो
जीवन का एक-एक पल अनमोल है खजाना
इनमें से एक पल भी नहीं लौट के आना
आनंद रस से अपना अंतःकरण पिरो लो

भगवान निष्काम भक्तों के पीछे-पीछे चलते हैं। भगवान से किसी भाव से प्यार करें जीव कामम्-क्रोधम् पर हृदय से करें उसे भगवत् प्राप्ति होगी- भगवान को लक्ष्मी से भी इतना प्यार नहीं मिला होगा जितना गोपियों से (ऊधव भागवत) मुझे गोपियों की चरण धूलि ही मिल जाय- गोपियां नन्द गोपाल के तलवे को अपने हृदय सीने से प्यार में लगाती हैं कहीं नन्द गोपाल को कोई कष्ट न हो जाय (भागवत) भगवान गोपियों से कह रहे हैं ऐ गोपियो मैं तुम्हारे इस रस प्रेम का आभार अमर होने पर भी नहीं उतार पाऊंगा तुम्हारा ताजिंदगी ऋणी रहूँगा। यह प्रेम की पराकाष्ठा है! गोपी प्रेम है।

जब जीव असाह होता है प्रभु उसका हाथ पकड़ लेते हैं और उसे दिशा देते हैं इस मार्ग पर चलो कल्याण होगा- जीव मोह-इच्छा के वश में होकर मुक्त नहीं हो पाता- इच्छाओं व मोह से जीव को मुक्त होना आवश्यक है तभी मृत्यूपरान्त कल्याण होगा- भगवान जब भी अवतरित होते हैं वे करुणा के कारण ही होते हैं। जब बुद्ध का जन्म हुआ- हिमालय से एक महान योगी नवजात बुद्ध के दर्शन के लिए राजा के महल पहुँचे। जब दर्शन प्राप्त हुए उनके चरण स्पर्श कर रोने लगे- राजा ने कहा क्या कोई अशुभ है- महायोगी ने कहा- नहीं ये बहुत बड़ी पुण्यात्मा है जब ये फूल बिखेरेंगे मुझे अफसोस यह है कि मैं उस समय नहीं रहूँगा अतः दर्शन से ही संतुष्ट प्राप्ति हुई।

लक्षण ज्ञानी के

1. कर्मफल की चिंता न रहे व जिसका चित्त भी अचित्त हो जाय वह ज्ञानी है।
2. जो जानने योग्य वस्तु को जानकर कर्म करने में वासनारहित हो जाय वह 'ज्ञानी' है।
3. ऐसा ज्ञान प्राप्त हुआ कि जिससे पुनर्जन्म होने की संभावना नहीं है वही 'ज्ञानी' है।
4. 'मोक्ष' व सत्य का ज्ञान पर्यायवाची शब्द है। अत: जिसको सत्य का ज्ञान हो गया, वह जीव फिर जन्म नहीं लेता।
5. बिना अभ्यास के आत्मभावना का उदय नहीं होता।
6. अभ्यास करते रहने से समय पाकर शांति का अनुभव जरूर होता है।
7. परम ज्ञान, बिना मन के अस्त होने तक असंभव है।
8. एक तत्त्व के गहरे अभ्यास से मन सहज में शांत हो जाता है।
9. आत्मतत्त्व में मन को स्थिर करने से प्राणों सहित मन लीन हो जाया करता है।
10. प्राणों की गति रुक जाने से मन शांत हो जाता है।
11. मन के शांत होने पर अवश्य ही यह संसार विलीन हो जाता है।
12. अभ्यास द्वारा प्राणों की गति के रूक जाने पर मन शांत हो जाता है और निर्वाण ही शेष रह जाता है।
13. बिना अनुभव किये मिठाई का स्वाद नहीं मालूम होता है- उसी प्रकार बिना अनुभव के आत्मा का स्वरूप नहीं मालूम पड़ता।
14. आत्मा का अनुभव जिनको हो गया है वे ज्ञानी जिस गति को प्राप्त होते हैं उसके सामने इन्द्र का ऐश्वर्य भी तृण के समान तुच्छ है।

15. ज्ञानी के आत्मभाव से जाग्रत हो जाने पर- मन मर जाता है, तृष्णा भाग जाती है, मोह क्षीण हो जाता है और अहंकार विलीन हो जाता है।

16. धीर पुरुष जब परम शुद्ध तत्त्व में विश्राम पा लेता है तब इन्द्र सहित सब देवता भी उसे पद से नहीं हिला सकते।

भगवान राम का जन्म

वाल्मीकि ने कहा- स्वयं भगवान् श्रीहरि ही शाप के पालन करने के बहाने राम के रूप में अवतरित हुए थे। वे सर्वज्ञ होने पर भी शाप वश अज्ञानयुक्त हो गये।

एक बार भगवान विष्णु वैकुण्ठ से ब्रह्मलोक गये जहाँ ने ब्रह्माजी के मानसपुत्र सनत्कुमार जो हमेशा निष्काम थे- वहाँ उपस्थित थे। ब्रह्माजी उस सत्यलोक में निवास करने वाले अन्य महात्माओं ने भी उनका पूजन किया किंतु सनत्कुमार चुप बैठे रहे। तब भगवान ने उन्हें कहा 'सनत्कुमार' तुम अपने को निष्काम समझकर अहंकारी हो गए हो। अतः तुम शरजन्मा कुमार के नाम से दूसरा शरीर धारण करो। यह सुनकर सनत्कुमार ने भी भगवान विष्णुजी को शाप दे दिया कि "देवेश्वर! आप भी अपनी सर्वज्ञता को कुछ काल-समय के लिए भूलकर अज्ञानी जीव के समान हो जायेंगे।" महर्षि भृगु ने भी शाप दे दिया कि- "विष्णो! आपको भी कुछ काल के लिए अपनी पत्नी के वियोग का कष्ट सहन करना पड़ेगा क्योंकि मेरी पत्नी आपके चक्र से मारी गई थी।" इस प्रकार दोनों के शापवश भगवान विष्णु मनुष्य रूप में अवतीर्ण हुए।

प्रह्लाद ने बाल्यावस्था में ही असुर बालकों को प्रवचन दिया था कि बाल्यकाल से ही प्रभु का ध्यान बहुत कल्याणकारी है अतः मानवदेव अमूल्य है इससे ही शुभ कर्म करने का अवसर प्राप्त हो सकता है अगर जीव इसका मूल्य न समझकर अन्य फिजूल कार्यों में समय नष्ट करता है तो वह अपना बहुत बड़ा नुकसान करता है- अतः अपनी उम्र व गृहस्थ की जिम्मेदारियों का बहाना बनाकर यह कह या समझकर कहे की मैं

फला उम्र के बाद प्रभु ध्यान करूंगा यह बहुत बड़ी भूल है- जितना जल्दी जीव प्रभु का स्मरण शुरू कर देगा उसके लिए कल्याणकारी होगा।

राग- जो जीव राग में फंसा रहता है वह संसार के मोहजाल के जंजाल में फँसा रहता है उसके लिए धन सम्पत्ति व सभी संसारी वस्तुओं से ही लगाव व आस्था भरी रहती है इससे जीव को अनंत संतोष की प्राप्ति नहीं होती है यह उसके समझ के परे है- वीतरागी जीव को संसारी वस्तुओं से प्रेम नहीं के बराबर होता है उसका किसी वस्तु में कोई मोह नहीं होता व राग नहीं होता वह अपना जीवन अनासक्त भाव में ढाल लेता है ऐसा जीव प्रभु मार्ग पर चलने का अधिकारी बन जाता है- अतः जीव को यह समझाना आवश्यक है कि मैं कौन हूँ कहाँ से आया हूँ मेरा मानव शरीर प्राप्त होना कितना लाभकारी वरदान प्रभु की कृपा है।

सर्प को मारने के लिए मोर तत्पर रहता है- मोर को मारने व खाने के लिए शेर की नजर रहती है अतः सभी के सिर पर काल मंडराता रहता है यह जीव नहीं जानता- इस सबका तोड़ व निजात भागवत है इसके सुनने व मनन से जीव का कल्याण होता है।

मानव देह एक प्रकार से निन्दनीय है परन्तु एक दशा में वन्दनीय है कि जिसे विद्वान गुरु मिल जाय उनके सान्निध्य मे कृपा से तत्त्व ज्ञान प्राप्त करके व कृष्ण भक्ति में लीन होकर निश्चय ही भगवत् प्राप्ति होगी, एक प्रकार से देवता भी मानव देह के तरसते हैं।

भगवान बुद्ध ने कहा था कि वीणा के तारों को इतना न कसो कि वो टूट जाय व इतना ढीला भी नहीं कि बजे भी नहीं मध्यम ही जिससे वह पूर्ण कार्य करे इस प्रकार ही जीव का जीवन व साधना होना उच्च मार्ग प्रशस्त करता है।

वह संयासी ही क्या जिसका मन स्थिर न हो- एक नर्तकी ने भगवान बुद्ध से प्रार्थना की- कि मुझे कृपया एक संयासी प्रदान करने की कृपा करें जिनके साथ उत्तम वचन प्राप्त कर सकूं व सेवा कर सकूं- भगवान बुद्ध ने कुछ सोच-विचार के बाद अपने एक उत्तम श्रेणी ज्ञानी शिष्य पर सहमति प्रदान कर दी- कुछ शिष्य कहने लगे भगवान् आपने क्या किया-

कहीं ये पथ विमुक्त न हो जाए- बुद्ध कहते हैं- मैंने यह निर्णय सोच-समझकर किया है देखो क्या परिणाम आयेगा- नर्तकी के घर बुद्ध शिष्य रहने लगा- उनकी सेवा-देखभाल नर्तकी करती रही संत अपनी प्रभुभक्ति में ध्यानमग्न रहे। एक पल भी उसने नर्तकी की ओर नजर भी न उठाई- नर्तकी बहुत प्रभावित हुई। संत के तेज के सामने हारकर समर्पण करके बोली गुरुदेव मुझे सब लोग बहुत बुरी नजर से देखते थे- मेरा उपभोग ही उनका लक्ष्य था- समाज में प्रतिष्ठा शून्य थी पूर्ण उपेक्षा भरा जीवन मेरा था- आपने कभी भी मेरी ओर नजर उठाकर नहीं देखा- मैं आपके समक्ष पूर्ण समर्पण करती हूँ मैं इस संसार से थक गई हूँ मुझे अपने संसार में ले चले भगवान बुद्ध शिष्य नर्तकी को साथ लेकर बुद्ध के समक्ष जाकर उपस्थित हो गये सभी शिष्य आश्चर्यचकित हो गये- वही संत- संत है जो कि दूसरों को बदल दें न कि स्वयं फिसल जाय-भगवान बुद्ध बहुत प्रसन्न हुए नर्तकी को दीक्षा प्राप्त हुई।

वेद- याद रहे वेदों का ज्ञान स्वयं पढ़ने से नहीं होता- अगर प्रयास करोगे तो उसका अर्थ उल्टा ही निकालोगे- कोई भी पढ़ा- लिखा अपने आप को समझे वह भी सही अर्थ नहीं निकाल सकता- सिर्फ पहुँचे हुए संत की शरण में पहुँचकर वेद का सही ज्ञान प्राप्त हो सकता है- अथवा भागवत में ही वेदों का निचोड़ वेदव्यासजी ने अपने ग्रंथ में लिख दिया है जिसके सुनने व मनन से जीव कल्याण होता है- वेदव्यासजी ने प्रथम भगवान कृष्ण का ध्यान किया फिर ही इस ग्रंथ की रचना की गई इसके बाद व्यासजी को मानसिक शांति प्राप्त हुई।

विचार- यदि आप एक शक्तिशाली विचार पैदा करते हैं और इसे बाहर भेजकर यह हमेशा खुद को साकार करता है व करेगा। "जिसे अपने शाश्वत प्रकृति का ज्ञान नहीं है- उसे कम से कम अपनी नश्वर प्रकृति का ज्ञान होना चाहिए।"

उपवास का उद्देश्य खुद को सजा व यातना देना नहीं होता है। यह आपको उस यातना कक्ष से मुक्ति दिलाने के लिए है जो आपका शरीर बड़ी आसानी से बन सकता है।

वरुण के पुत्र ने उनसे प्रश्न किया कि भगवान कहाँ प्राप्त होंगे जिसने यह सृष्टि बनाई– वरुण ने पुत्र को कुछ समझाने का प्रयास किया परंतु उसकी समझ में नहीं आया– अतः वरुण ने कहा– जाओ तप व ध्यान करो फिर मेरे पास आना– तप करने के उपरांत वह फिर वरुण के समक्ष आकर श्लोक बोला– जिसका अर्थ अन्न से उत्पन्न होना हुआ वरुण ने डांटकर कहा– जाओ अभी तुम्हारी समझ से बाहर है। इस प्रकार वरुण ने उसको तीन–चार बार उसको तप करने को भेजा जब जाकर उसको मान–ज्ञान हुआ व वरुण के समक्ष आकर प्रस्तुत किया कि आनंद ही भगवान है यह सच्चाई प्राप्त हुई– तब जाकर वरुण ने कहा कि तुम ठीक रास्ते पर आये हो यही सच्चाई है जो तुम्हें मैं बताना चाहता था।

भगवान कहते हैं कि जो मुझे जैसा भजता है मैं वैसे ही कृपा करता हूँ– भक्त मेरी ओर दो कदम चलता है मैं उसकी ओर चार कदम बढ़ाता हूँ। (गीता)

साधु पुरुष हमेशा प्रेम व आदर का व्यवहार करते हैं– इस प्रकार परमात्मा भी उन पर कृपा बरसाते हैं। दुख व पीड़ा जीव को खुश नहीं रहने देती प्रभु का ध्यान दुखहरण करेगा।

काल स्वरूप (सर्ग)

संसार में अभी तक ऐसी कोई भी वस्तु नहीं हुई है जिसे यह काल उदरस्थ न कर ले। यह जो काल है धूर्तों का शिरोमणि है। इसे तोड़ने का प्रयास करो पर टूटता नहीं। दृश्य होने पर दिखता भी नहीं। जलाने पर जनता भी नहीं।

यह जगमंडल काल की नृत्यशाला है। सर्प जैसे वायु को पीता है, उसी प्रकार क्रूर काल ऐसे आचरण करता है कि यह नवयौवन व तरुण शरीर को बुढ़ापे में बदलकर स्वयं का ग्रास बनाता रहता है। काल हमेशा निर्दयी होता है, तथा किसी भी प्राणी इत्यादि पर यह दया नहीं करता।

जीवन भी अनित्य

जगत् के सभी प्राणियों, जाति उन सबका शौर्य व वैभव कुछ काल के लिए हैं व तुच्छ होता है- जितने भी भोग्या स्थान होते हैं सभी दुख व भयंकर परिणाम को ही प्राप्त करने वाले होते हैं।

बिना जीती हुई इंद्रिय व मन शत्रु के समान है। न जीता हुआ मन बंधन का कारण होने से वह आत्मा का शत्रु होता है। अहंकार भी कलंक का कारण होता है एवं क्रियाएं शास्त्र विरुद्ध होने पर दुख का फल देने वाली होती हैं। इच्छा इत्यादि भोग-विलास की ओर ही दौड़ती हैं। वैराग्य दुर्लभ हो जाता है- केवल तमोगुण बढ़ रहा होता है।

भोगों के प्रति जीव की आसक्ति बढ़ रही है। बुद्धि भी मूर्खता से मलिन हो गई है, सत्संग एकदम दुर्लभ हो गया है, जीव केवल जन्म-मरण के चक्र में फंस गया है, सत्पुरुषों का संग भी दुर्लभ हो गया है, काल के वश में समुद्र भी सूख जाते हैं, तारे भी टूटकर बिखर जाया करते हैं तथा सिद्ध पुरुष भी नष्ट-भ्रष्ट हो जाते हैं, फिर जीव या मनुष्य की स्थिरता पर क्या आस्था हो सकती है।

जगत् क्षणभंगुरता (सर्ग)

बाल अवस्था क्रीड़ा इत्यादि में व्यतीत हो जाती है। युवावस्था में जीव का मनरूपी मृग स्त्रीरूपिणी रस व रास में रम जाता है व जीर्ण हो जाता है। अन्ततः वृद्धावस्था प्राप्ति पर शरीर जर्जर हो जाता है- उस वक्त जीव दुःख-दर्द ही भोगता रहता है। उस समय देह जवाब दे जाती है, नष्ट हो जाती है तथा प्राणपखेरू उड़ जाते हैं। तृष्णा कभी जाती नहीं तथा संतोष रूपी वृक्ष कभी फलता नहीं उसकी जड़ें कभी हरी नहीं होतीं। उपकार करने वाले वृक्ष को भी कुल्हाड़ी से काट दिया जाता है, नष्ट कर दिया जाता है। संसार में ये मनुष्य रूपी जीव उपकार-शून्य-अपराधी प्राणी धरा पर सदा जीवित रहेगा ऐसा कौन-सा कारण है जिस पर विश्वास किया जाये! विषयासुक्त मनुष्य व जीव व विष का वृक्ष दोनों ऊपर से मनोहर

लगते हैं, प्यारे लगते हैं। किंतु उनके भीतर तो भारी दोष भरा रहता है, इनके संग से नुकसान व मूढ़ता ही प्राप्त होती है।

नैनं छिन्दन्ति शस्त्राणि नैनं दहति पावकः।
न चौनं क्लेदयन्त्यापो न शोषयति मारूतः।। (गीता)–

इस आत्मा को शस्त्र नहीं काट सकते, इसको आग नहीं जला सकती, इसको जल नहीं गला सकता और वायु नहीं सुखा सकती।।

भगवान कृष्ण अर्जुन को उपदेश दे रहे हैं कि--

अथ चौनं नित्यजातं नित्यं वा मन्यसे मृतम्।
तथापित्वं महाबाहो नैवं शोचिंतुमर्हसि।।–

किंतु यदि तू इस आत्मा को सदा जन्मने वाला तथा सदा मरने वाला मानता हो, तो भी हे महाबाहो! तू इस प्रकार शोक करने योग्य नहीं है।

भगवान कृष्ण कह रहे हैं--

अव्यक्ता दीनि भूतानि व्यक्तमध्यानि भारत।
अव्यक्तनिधनान्मेव तत्र का परिदेवना।।–2/28

हे अर्जुन! सभी प्राणी जन्म से पहले अप्रकट थे और मरने के बाद भी अप्रकट हो जाने वाले हैं, केवल बीच में ही प्रकट हैं; फिर ऐसी स्थिति में क्या शोक करना है?।

फिर भगवान कह रहे हैं--

देही नित्यमवध्योऽयं देहे सर्वस्य भारत।
तस्मात्सर्वाणि भूतानि न त्वं शोचितुमर्हसि।।–

हे अर्जुन! यह आत्मा सबके शरीर में सदा ही अवध्य हैं। इस कारण सभी प्राणियों के लिए तू शोक करने योग्य नहीं है।

भगवान कृष्ण अपने संदेश में कह रहे हैं- तुम मेरे हो जाओ। जहाँ प्रभु की कृपा होती है उस घर का अच्छा वातावरण सभी जीव एक–दूसरे का आदर–सम्मान करते हैं, यह सब उत्तम विचारों पर निर्भर करता है–

प्रभु ने युद्ध के समय और युद्ध के बाद भी शांत मन से ध्यान करने की शिक्षा दी थी अर्जुन को जिससे मन शांत हो तथा भगवान का आशीर्वाद भी प्राप्त हो।

जिस परिवार में अशांति रहती है, घर में रहने वाले जीव एक-दूसरे का अनादर करते हैं उस परिवार में लक्ष्मीजी का वास कभी नहीं होगा न ही प्रभु की कृपा होगी।

भगवान कृष्ण ने सखा ऊधव को वृंदावन जाकर गोपियों के पास जाकर, ज्ञान देकर आने को कहा ऊधव वृंदावन पहुँचकर गोपियों से मिलकर ज्ञान की सीख उनको देने लगे, परंतु गोपियां प्रभु की उच्च कोटि की भक्त थीं वहाँ पर ऊधव का ज्ञान उनके समक्ष हार गया अतः भक्ति भाव की जीत हुई।

भगवान कृष्ण ने ऊधव को जान-बूझकर वहाँ भेजा था और कहा यह था कि अपना ज्ञान दे आओ का भाव यह था कि ज्ञान छोड़ आओ जिसको ऊधव समझ नहीं पाये, अतः भक्तिभाव की सीख उन्हे गोपियों से प्राप्त हुई, इसी भाव से ही तो प्रभु को जीता जा सकता है। प्रभु सदैव अपने भक्तों की रक्षा करते हैं।

भगवान कृष्ण गीता में कहते हैं कि मैंने यह सृष्टि की रचना मजबूरी में नहीं की अथवा इसकी रचना आनंद से हुई है और जीव आनंद में ही लीन हो जाता है, इसमें कहने का एक भाव यह भी है कि हम जीव प्रभु के प्रति कोई कार्य करें तो मजबूरी के भाव से न करके आत्मसार होकर मन को प्रभु में लगाकर करेंगे तो जीव का कल्याण होगा।

जीव में स्वाभिमान होना कल्याणकारी होता है।

सदुपदेश

मैंने बचपन में एक बार माँ से कहा- माँ कूड़ेवाला आया है, माँ ने जवाब दिया। बेटा कुड़ेवाले तो हम हैं वह तो सफाईवाला है। अपना दर्द सबको न बताएँ, क्योंकि सबके घर में 'मरहम' नहीं होता, मगर 'नमक'

हर के घर में होता है। दूसरों के छांव में खड़े होकर हम अपनी परछाई खो देते हैं, अपनी परछाई के लिए हमें धूप में खड़ा होना पड़ता है।

"लोग चले हैं जन्नत को पाने की खातिर.....।
बेखबरों को इतला कर दो कि माँ घर पर ही है।।"

"कूड़े के ढेर में पकी रोटियाँ ये बयां करती हैं कि पेट भरते ही इंसान अपनी औकात भूल जाता है।।"

क्यों हम भरोसा करें गैरों पर जबकि हमें चलना है अपने ही पैरों पर.....।

"पता नहीं क्यों लोग रिश्ता छोड़ देते हैं मगर जिद नहीं छोड़ते।"

"ठंडी रोटी अक्सर उनको नसीब में होती है। जो अपनों के लिए कमाई करके देरी से घर लौटते हैं।"

वक्त का सितम देखिए जनाब, औलाद कह रही है मुफ्त की रोटी खाता है बूढ़ा बाप।।

कर्म को आनंद बनाओ, वर्तमान में जिओ,
सोच में वर्तमान क्षण निकल जाता है,
भविष्य की सोच में आज के क्षण को जीव गवां देता है,
हर क्षण को जीना सीखना चाहिए।

सुखदुःखे समे कृत्वा लाभालाभौ जयाजयौ। (गीता)
ततो युद्धाय युज्यस्व नैवं पापमवात्स्यसि।।–2/38

जय–पराजय, लाभ–हानि और सुख–दुख को समान समझकर उसके बाद युद्ध के लिए तैयार हो जा, इस प्रकार युद्ध करने से तू पाप को नहीं प्राप्त होगा।।

भगवान् कृष्ण यह कहते हुए समझाते व उपदेश देते हुए अर्जुन को कह रहे हैं कि सब प्रकार का मोह छोड़ दो।

कर्मण्येवाधिकारस्ते मा फलेषु कदाचन।
माँ कर्मफल हेतुर्भूर्मा ते संड्रोऽस्वकर्मणि।।

तेरा कर्म करने में ही अधिकार है, उसके फलों में कभी नहीं। इसलिए तू कर्मों के फल का हेतु मत हो तथा तेरे कर्म न करने में भी आसक्ति न हो।।

स्थितप्रज्ञस्य का भाषा समाधिस्थस्य केशव।
स्थितधी: किं प्रभाषेत किमासीत व्रजेत किम्।।

अर्जुन बोले- हे केशव! समाधि में स्थित परमात्मा को प्राप्त हुए स्थिर बुद्धि पुरुष का क्या लक्षण है? वह स्थिर बुद्धि पुरुष कैसे बोलता है, कैसे बैठता है और कैसे चलता है?।।–2/54

प्रजाहाति यदा कामान्सर्वान्यार्थ मनोगतान्।
आत्मन्येवात्मना तुष्ट: स्तिथ प्रज्ञस्वदोच्यते।।(गीता)

श्री भगवानजी बोले- हे अर्जुन! जिस काल में यह पुरुष मन में स्थित सम्पूर्ण कामनाओं को भलीभांति त्याग देता है और आत्मा से आत्मा में ही संतुष्ट रहता है उस काल में वह स्थितप्रज्ञ कहा जाता है।–2/55

यततो ह्यपि कौन्तेय पुरुषस्य विपश्चित:।
इन्द्रियाणि प्रमाथीनि हरन्ति प्रसभं मन:।।–2/60

हे अर्जुन! आसक्ति का नाश न होने के कारण ये प्रमथन स्वभाव वाली इंद्रियां यत्न करते हुए बुद्धिमान् पुरुष के मन को भी बलात् हर लेती हैं।

तस्माद्यस्य महाबाहो निगृहीतानि सर्वश:।
इन्द्रियाणीन्द्रियार्थेभ्यस्तस्य प्रज्ञा प्रतिष्ठिता।।(गीता 2/68)

इसलिए हे महाबाहो! जिस पुरुष की इंद्रियां इंद्रियों के विषयों से सब प्रकार निगृह की हुई हैं, उसी की बुद्धि स्थिर है।।

विहाय कामान्य सर्वान्पुमाँश्चरति नि:स्पृह:।
निर्ममो निरहङ्कार: स शान्तिमधिगच्छति।।(गीता 2/71)

जो पुरुष सम्पूर्ण कामनाओं को त्यागकर ममतारहित, अहंकाररहित और स्पृहारहित हुआ विचरता है, वही शांति को प्राप्त होता है अर्थात् वह शांति को प्राप्त है।

गीता 700वें श्लोक 18वें अध्यायों में प्रभु ने स्वयं अपने वचनों से न कि अर्जुन का संकोच दूर किया परंतु जीव का कल्याण इस माध्यम से किया, अतः हम लोगों को गीता को समझना चाहिए, भगवान ने तो यहाँ तक अंतिम अध्याय में कह दिया कि जो गीता को सुनेगा-सुनाएगा वह मेरा अति प्रिय होगा।

कृष्ण का एक तो अर्थ यह है कि जो श्याम है जो अपने रंग में रंग ले- जो आकर्षित करे- एक नाम गोविंद जिसका अर्थ अंतर्यामी जो आपके अंदर की भी जाने माधव-मधुसूदन सब भगवान कृष्ण के नाम हैं।

भगवान कृष्ण जैसे को तैसा वाला यत्न भी अपने कृत्यों से जीव को सिखाते हैं।

भगवान समान रूप से व्याप्त हैं, प्रह्लाद ने यह साबित करके दिखाया जब उसके पिता ने कहा कि क्या खंभे में भी तेरे भगवान व्याप्त हैं तब प्रभु खंभे से प्रकट हुए।

यज्ञशिष्टाशिनः सन्तो मुच्यन्ते सर्वकिल्बिषै।
भुज्जते ते त्वधं ये पचन्त्यात्मकरणात्।।(गीता 3/23)

यज्ञ से बचे हुए अन्न को खाने वाले श्रेष्ठ पुरुष सब पापों से मुक्त हो जाते हैं और जो पापी लोग अपना शरीर-पोषण करने के लिए ही अन्न पकाते हैं, वे तो पाप को ही खाते हैं।।

उत्सीदेयूरिये लोका न कुर्या कर्म चेदहम्।
सङ्क.रस्थ च कर्ता स्यामुपहयामिना प्रजाः।।

इसलिए यदि मैं कर्म न करूं तो ये सब मनुष्य नष्ट-भ्रष्ट हो जायें और मैं संकरता का करने वाला होऊँ तथा इस समस्त प्रजा को नष्ट करने वाला काल बनूं।।

अगर आपके पास जरूरी तकनीक है, तो आप अपने आसपास के साधारण से स्थान को चौतन्य से सराबोर कर सकते हैं आप एक पत्थर के टुकड़े को लेकर उसे देवी या देवता बना सकते हैं। आप जीवन से

जैसे खेल सकते हैं, लेकिन आप पर एक खरोंच भी नहीं लगा सकता। हर इंसान ऐसा जीवन जीने के लिए काबिल है।

सत्यम- सत्य के वस्त्र सदा उसके साथ हैं।

दम- कंट्रोल करना- नियंत्रण रखना- ये सब बचपन से सीखना चाहिए प्राणी को, अपने पर दैनिक जीवन में दम रखें।

धैर्य- जिसके पास धैर्य है वह सब कुछ पा सकता है, चित्तवृत्ति का विरोध करना योग है। जब योग सिद्ध होगा- तभी सभी रोगों का निरोध होगा। महर्षि पतंजलि ने स्पष्ट किया कि समस्त रोगों का निदान योग में है योगवृति होनी चाहिए ठोस भोजन नहीं करना चाहिए, अधिक भोजन योगानुसार हानिकारक है।

भागवतनुसार- पहले प्रभु वासुदेवजी के मन में गये, तत्पश्चात् देवकी के मन में पहुँचे, दिखावे में देवकी का पेट हवा से ही फूल रहा है, भगवान कृष्णजी का शरीर पूर्णरूपेण शुद्ध व अवतरित है, उस समय सभी देवी-देवताओं ने स्तुति की।

अगर आप एक घास के तिनके को देखें ध्यान से, मालूम होगा कि वह भी खूबसूरत बनाया है, आप किसी दूसरे आयाम पर पहुँचना चाहते हैं तो बुद्धि ही काफी नहीं है इसमें तप की आवश्यकता है।

भगवान ने अर्जुन को माध्यम बनाकर गीता का ज्ञान हम (जीव) तक पहुँचाया, इससे जीव स्वतंत्र है कि वह इस ज्ञान को गृहण करे या न करे, कलयुग में भगवान का नाम ही जीव को भगवान से जोड़ता है अतः भगवान गोपाल का ध्यान मनम कल्याणकारी है।

धर्म की पहली पत्नी का नाम श्रद्धा है यानी जीव में श्रद्धा होगी तभी धर्म के रास्ते पर चल पायेगा, धर्म के रास्ते पर चलने वाले जीव का कभी अपयश व दुख नहीं होता और यदि होगा भी तो तुरंत उसे छुटकारा मिल जायेगा। हम सबसे मैत्री रखें, यह धर्म की दूसरी पत्नी है यानी किसी से बैर न रखें प्रेम रखें जो जितना मिलनसार होगा उतना ही प्रेम बढ़ेगा। यही संतों की वाणी है, जीवन में दया रखना बहुत अच्छी सोच है- देव, ऋषि

से प्रार्थना करते हैं सबको सुख मिले, सबका कल्याण हो यही भाव कल्याणकारी है, इससे अभय की प्राप्ति होती है- तुलसी कहते हैं, हमें सबसे दया का भाव रखना चाहिए इसी से जीव का कल्याण होता है।।

शास्त्र कहते हैं- जिसके अंदर दया है वह हमेशा निर्भय रहता है, जिसके अंदर अधर्म है वह हमेशा डरा-डरा-सा रहता है। जैसे एक डाकू देवी दर्शन के लिए आता है तो चोरी-चोरी, डरा-डरा कि कोई देख न ले, कहीं उसको मार न दे- अपने को बहादुर समझने वाला भी कायर है क्योंकि अधर्म के रास्ते पर है, धर्म के रास्ते वाला निर्भीक होता है।

धर्म की तीसरी पत्नी का नाम शांति है जिसके मन में शांति होती है वह हमेशा खुश रहेगा- मन खुश है तो एक बूंद ही बरसात है नहीं तो समुद्र भी बेकार है। अपने इष्ट के प्रति दृढ़ता रहनी चाहिए।

भक्त की महिमा देखो, राजा अम्बरीष बहुत बड़े कृष्ण भक्त थे, व्रत पर बैठे हुए थे, दुर्वाषा ऋषि वहाँ उपस्थित थे, व्रत के रहते राजा अम्बरीष ने जल गृहण कर लिया, इससे नाराज ऋषि में अपनी शक्ति से राजा का सिर कलम करने का निर्देश दिया, परंतु तुरन्त ही भगवान कृष्ण का चक्र प्रकट हो गया और शक्ति का वध कर दिया तथा चक्र दुर्वाषा के पीछे लग गया- ऋषि ब्रह्मा के पास पहुँचे- भगवान शिव के पास भी पहुँचे। सभी ने हाथ खड़े कर दिये और कहा कि आप भगवान कृष्ण के पास जाकर ही अपनी जान बचाएं- ऋषि प्रभु के समक्ष पहुँचे। याचना की परन्तु भगवन ने कहा- ऋषि आपने मेरे भक्त के प्रति अपराध किया है अतः आप भक्त अम्बरीष के पास जाएं वो ही माफ करेंगे तभी आप मुक्त हो पायेंगे। अतः दुर्वाषा राजा के पास पहुँचकर उनके पैरों में गिरकर क्षमा प्रार्थना किया, राजा प्रभु के प्रति आसक्त होकर कह रहे हैं प्रभु आप क्या कर रहे हैं ऋषि ब्राह्मण हैं, मेरे ब्रह्म अपमान हो रहा है अतः आप दुर्वाषाजी को माफ करें, इस प्रकार एक साल की दौड़-भाग के बाद भक्त की प्रार्थना पर प्रभु ने ऋषि को माफ किये, इससे यह स्पष्ट होता है कि भगवान कृष्ण अपने भक्तों पर न्योछावर होते हैं।

भगवान् कृष्ण गीता में उपदेश करते हुए कहते हैं कि जीव जब इच्छा व कामनाओं से मुक्त होकर साक्षी भाव में आता है तो वह कोई भी निर्णय आत्मभाव से करने के योग्य हो जाता है जो कि सबसे उत्तम स्थिति होती है और यह दशा जीव को उत्तम पथ पर अग्रसर करती है।

धूमेनाव्रियते वह्निर्यंथादशों मलेन च ।
यथोल्बेनावृतो गर्भस्क्षया तेनेदंभावृतम्।।–(गीता 3/38)

जिस प्रकार धुएँ से अग्नि और मैल से दर्पण ढ़ँका जाता है तथा जिस प्रकार जेर से गर्भ ढ़ँका जाता है, वैसे ही उस काम के द्वारा यह ज्ञान ढ़ँका रहता है।

एव बुद्धे परं बुद्धवा सस्तंभ्यात्मानमात्मना।
जहि शत्रुं महाबाहो कामरूपं दुरासदम्।।–(गीता 3/43)

इस प्रकार बुद्धि से पर अर्थात्, सूक्ष्म, बलवान् और अत्यंत श्रेष्ठ आत्मा को जानकर और बुद्धि के द्वारा मन को वश में करके हे महाबाहो! तू इस कामरूप दुर्जय शत्रु को मार डाल।

जीव यदि यह अपने मन में सोचे कि मृत्यु से छुटकारा मिल जायेगा यह बहुत बड़ी भूल है, जीव भक्ति के पथ पर यदि चलता है, वही एक रास्ता है, जिससे जीव को 84 लाख योनियों से छुटकारा मिल सकता है अथवा कल्याण पूर्ण संभव है।

भगवान कृष्ण के अनुसार पंडित वही है जो आत्मा से जुड़ा हुआ है, तथा जिसने इच्छाओं व कामनाओं पर अपनी जीत प्राप्त कर ली है, (गीता) इच्छा वह कामनाएं इस प्रकार होती हैं कि स्वाभाविक रूप से ये जीव का पीछा नहीं छोड़ती हैं, जीव बुढ़ापे तक अपनी अनेक कामनाएं उत्पन्न करता रहता है, अपने को काबू नहीं पा रहा होता है, इसका एक ही रास्ता है जीव अपने मन पर काबू पाने का निरंतर प्रयास करे व जब मन पर काबू पाने की जीव को प्राप्ति होने लगे मन को प्रभु की ओर ले जाकर उनको प्राप्त करने की कामना करनी चाहिए अब इच्छा व कामना प्रभु की ओर अग्रसर होवे।

भगवान का जन्म करुणा और प्रेम के कारण होता है न कि इच्छा के कारण- मालूम हो कि जीव का जन्म इच्छा के कारण होता है क्योंकि उसकी इच्छा अधूरी रह जाती है।

भगवान धरती पर अधर्म बढ़ रहा होता है तभी अंधकार को दूर करने के लिए प्रकट व जन्म लेते हैं, जन कल्याण के लिए, बुद्ध का जब जन्म हुआ तब उनके पिता के महल में एक संत पहुँचे और दर्शन की अभिलाषा व्यक्त की। शिशु को उनके समक्ष लेकर आये संत शिशु दर्शन कर प्रसन्न हुए व फिर आँखों से आंसू प्रवाहत होने लगे, तब पिता ने कहा- गुरुदेव क्या कोई अनहोनी का अंदेशा है? संत कहने लगे अब तो अमृत बरसाने वाली आत्मा आपको प्राप्त हुई है और मुझे दुख यह है कि मैं उस समय नहीं रहूँगा, इसलिए मुझे यह अश्रु प्रवाह हुआ है।

रागी (Attachment)- जीव रागी होने पर सांसारिक कार्यों में संलिप्त रहता है, उसे अपने बच्चों, घर, दुकान-व्यापार इत्यादि से मोह हो जाता है तथा वह मोहजाल में फंसा रहता है, प्रभु को स्मरण करने का वक्त ही नहीं रहता।

वीतरागी- वीतरागी जीव को सांसारिक वस्तुओं- धन-परिवार इत्यादि से मोह भंग होना शुरू हो जाता है। उसके लिए सांसारिक वस्तु के प्रति कोई लालसा नहीं होती न ही कोई मोह ही होता है, उसकी नजर में मित्र व दुश्मन बराबर रहते हैं, किसी से कोई मोह नहीं होता।

ज्ञानी जीव अपने जीवन को सँवारने के लिए अहंकार जैसे जहर को खत्म करने का अथक प्रयास करते रहते हैं, जैसे किसी पेड़ को खत्म करना है, तो उसे जड़ से ही काटना होता है तब वह खत्म होता है उसका जीवन सार्थक हो जाता है, परंतु अज्ञानी जीव जैसे पेड़ की पत्तियों को तोड़ते हैं जिससे कोई लाभ नहीं होता तथा अन्य भटकने वाले कार्यों में लिप्त रहता है ऐसा जीव जीवन में कभी सफलता प्राप्त नहीं कर सकता। वह अज्ञान मार्ग व सांसारिक जाल में फँसा रहता है व अहंकार-लिप्त रहता है अहंकाररहित ज्ञानी का कल्याण हो जाता है।

गीता में भगवान कह रहे हैं कि कर्मों को आनंद बनाये बोझ न बनाएँ मजबूरी नहीं जब हम कुछ प्राप्त करने के लिए कर्म करते हैं वह बोझ बन जाता है, जब हम कोई कार्य खेल-खेल मे रस करते हैं तब हर हाल में आनंद प्राप्त होता है जिसको यह जानना आवश्यक है कि पंडित भी वही है जो मन व आत्मा से भगवान से जुड़ा हुआ रहता है न कि जाति के आधार पर।

सबसे ज्यादा पुरुषार्थ करने वाला यदि कोई है तो वह साधु या संत ही है न कि राजनीतिक व राजनेता। ये सब तो भूतपूर्व हो जाते हैं। संत की कृपा से वह तख्त प्राप्त होता है जो कभी हिल नहीं सकता- संत का संग ही कल्याण कर देता है, आपने कभी नहीं सुना होगा कि भूतपूर्व संत कबीर ने कहा है कि- जो संत का संग करेगा उसका नाम कभी नहीं मिटेगा।

हनुमानजी ने जन्म लेने के बाद भार्गव मुनि का संग किया, अपना गुरु बनाया, माँ-बाप को भी छोड़ा। संत के चरण पड़ने से राक्षस का घर भी मंदिर बन जाता है ऐसा तुलसीदासजी ने भी रामायण में कहा जब हनुमानजी के चरण लंका में पड़े थे।

आ० वचन- इस जहाँ व दुनिया के लिए सबसे अच्छी व उत्तम चीज जो आप कर सकते हैं, वह खुश रहना। खुद को स्वयं के लिए आनंदपूर्वक रहना तथा रखना इस दुनिया के लिए दिया गया सबसे उपयुक्त तोहफा होगा। जब आप शांत वह खुश रहते हैं तभी आपका शरीर व दिमाग सही व उत्तम ढंग से काम करते हैं। अगर आप जीवन के ऊपर भरपूर ध्यान देते हैं फिर जीवन में हर वस्तु भव्य है तब हर चीज परमात्मा के द्वार तक पहुँचने का एक साधन है। जिंदगी को गवांकर सुख व सुविधाएं बढ़ा लेना एक मरे हुए पक्षी के लिए सोने का पिंजड़ा बनवाने के बराबर है। एक हाल में हारना फिर भी आसान है, कम हानि है, उससे मिले दुख का आप कोई रास्ता ढूंढ सकते हैं। परंतु सफलता जो है, कितनी मेहनत व पसीना बहाकर बहुत सारी मुश्किलों के बाद अर्जित की हुई होती है। इस बड़ी जीत के बाद भी आपको दुःख ही प्राप्त हो तो समझना चाहिए कि आपके अंदर कोई खास कमी व वजह है।

क्रोध मानसिक तनाव के कारण ही होता है। आप अनजाने में यह गलत हिसाब लगा बैठते हैं कि किसी पर अपना क्रोध दिखाकर आप भी हीरो बन बैठते हैं। हां या न?

सिकंदर विश्वविजेता एक कहानी- अनेक राज्यों को अपने अधीन करने के बाद विजयोल्लास से भरपूर व मग्न सिकंदर ने अपने वतन लौटने की सोची। यात्रा के बीच वह किसी असाध्य रोग से ग्रस्त हो गया। हालत इतनी बिगड़ गई थी कि उसके प्राण भी बचने मुश्किल लग रहे थे, सिकंदर को भी एहसास हो गया था कि माँ का मुंह देखने से पहले कहीं दुनिया से कूच न कर जाय। अत: उसने अपने सेनानायकों को बुलाया।

"कहा कि आप लोग मेरे मन की तीन अंतिम इच्छाओं को पूरी करें।" योद्धा सिकंदर ने कहा- मेरे ताबूत को मेरे वैद्यों की टोली ढोयेगी। मेरा जनाजा जिन सड़कों से निकलेगा श्मशान तक उन रास्तों पर मोती माणिक व मेरे विजय अभियान में प्राप्त हुए अन्य नवरत्न आदि को बिखेर दिया जाए। मेरे ताबूत को इस प्रकार बंद किया जाना चाहिए कि मेरे दोनों हाथ बाहर निकले रहें।"

सेनानायकों ने घुटने टेक दिए। उनकी आँखों में आंसू आ गए थे।

"कहा- शहंशाह इन अजीब कामनाओं का मकसद क्या है?"

सिकंदर ने कहा- "जिंदगी में मुझे तीन महत्त्वपूर्ण सबक मिले हैं, मैं लोगों को इस विषय में समझाना चाहता हूँ। चाहे जितना बड़ा सम्राट हो उसके प्राणों की रक्षा नहीं कर सकते। इसे बताने के लिए ही मैंने कहा कि मेरी ताबूत को वैद्य ही ढोएँ। रत्तीभर सोना भी मेरे साथ नहीं जा सकता है। इसे समझाने के लिए मैंने रास्ते भर नवरत्नों को बिखेरने को कहाँ धरती पर मैं खाली हाथ आया था व खाली हाथ ही जाना होगा, इस तथ्य को मेरे खाली झूलते हाथ लोगों को बता देंगे'' सिकंदर ने कहा यही जीवन की सच्चाई है। ऐसी स्थिति में, जब तलक आप धरा पर जीवित हैं, अन्य लोगों के साथ आपका रिश्ता कैसा बनता है, आपके जीवन में यह तय करने वाले महत्त्वपूर्ण पहलुओं मे से होते हैं। यह फसल व बीज के अनुसार ही समझें।

जड़-चेतन (स्थावर जंगम) का भेद-प्राणियों के शरीर में जो छिद्र स्थान हैं, उनमें प्रविष्ट हुई वायु जब अंगों में चेष्टा उत्पन्न करती है तब लोग कहते हैं कि यह जीवित है किंतु ऐसी स्थिति जंगम प्राणियों में ही उत्पन्न हुई थी, इस कारण ये वृक्ष आदि स्थावर प्राणी सचेतन होते हुए भी चेष्टाहीन हैं। सर्वव्यापी परमात्मा सबमें शरीर रूप में स्थित है न तो जड़ता ही कोई पृथक् वस्तु है और न ही चेतन ही। इन पदार्थों की सृष्टि, स्थित और विनाश में कोई भेद नहीं है और न सत्ता सामान्य में कोई अंतर है, सबमें सत्ता समान है। चेतन तो परमार्थ रूप से स्थावर जंगम सभी में वर्तमान है परंतु जंगम में वायु प्रवेश से........

केवल सूक्ष्म प्राण ही शेष रह गया व प्राण ने राजा के शरीर को परित्याग कर दिया। उन दोनों देवियों ने जिनको दिव्यदृष्टि प्राप्त थी उस जीव को आकाश मार्ग से जाते देखा।

उन दोनों ने उनका अनुसरण किया। वह जीव यमराज की नगरी में पहुँचा जहाँ उसके कर्मफलों पर विचार किया जा रहा था। यमराज ने विचार कर कहा, "यह सदा पूण्य कर्मों का ही अनुष्ठान करता रहा है। इसने कभी भी पापकर्म नहीं किया है। इसे छोड़ दो जिससे यह पुष्पों से आच्छादित अपने पूर्व जन्म के शरीर में प्रवेश कर सके।" यह आज्ञा सुनकर वे तीनों वहाँ से चले राजा पद्म के नगर में आये और लीला के अन्तःपुर में प्रविष्ट हुए।

वहाँ पहुँचकर सरस्वतीजी ने राजा विद्रथ की जीवात्मा को छोड़ा जिसने राजा पद्म के शव में प्रवेश किया है जिससे वह राजा पुनः जीवित हो उठा। सरस्वतीजी राजा को आशीर्वाद देकर वहाँ से अंतर्धान हो गईं। तदनंतर राजा ने लीला को तथा लीला ने मृत्यु को प्राप्त होकर पुनर्जीवित हुए अपने प्रियतम राजा का महान् आनंद के साथ बार-बार आलिंगन किया। राजमहल के सभी निवासी भी आनंद में निमग्न थे।

वशिष्टजी बोले- वत्स राम! मैंने यह पवित्र लीलोपाख्यान का दृश्य रूप दोष के निवृत्ति के लिए तुमसे वर्णन किया है। यह अनंत सृष्टि माया

से उत्पन्न होने के कारण माया ही है। और माया कोई सत्य वस्तु नहीं है। यह जगत् जैसी इसके संबंध में भावना होती है, तदनुकूल ही प्रतीत होने लगता है। इसी कारण दुःखी इंसान के लिए जो रात्रि कल्प के समान लम्बी प्रतीत होती है वही सुखी के लिए एक क्षण के समान लगती है। शत्रु में मित्र बुद्धि रखने से वह मित्र एवं मित्र में शत्रु बुद्धि रखने से वह शत्रु हो जाता है। भ्रमपीड़ित लोगों की भावना से पृथ्वी चलती हुई-सी प्रतीत होती है किंतु जो भावना भ्रम से रहित हैं उन्हें वैसा अनुभव नहीं होता।

जिस प्रकार स्वर्ण के भी द्रवत्व वर्तमान है, परंतु वह दृष्टिगोचर नहीं होता, उसी तरह परब्रह्म के अंदर यह सृष्टि स्थित है। मान लो स्वप्न में एक मनुष्य का दूसरे के साथ युद्ध हुआ, वह स्वप्न में सत्य होते हुए जागने पर असत्य ही है, उसी तरह मायाकाश में स्थित यह स्वात्मरूप जगत् भी मायिक दृष्टि से सत् होते हुए भी तात्त्विक दृष्टि असत् ही है। जो जीवात्मा अभ्यास, वैराग्य आदि तीव्र साधनों से युक्त है, अतऐव विषय भोगों से विचलित न होता हुआ मोक्षपर्यन्त एकाकार वृत्ति में रहता है। वही परम स्थिरता मोक्ष को प्राप्त होता है। जब अनादि परम पद-स्वरूप परमात्मा का ज्ञान हो जाता है, तब परमात्मा, प्रमेय और प्रमाण आदि मायिक रूप वाले जगत् का विस्मरण हो जाता है। फिर कभी किसी को उसकी स्मृति नहीं होती। **(महारामायण)**

वशिष्ठजी अनुसार, जो ब्रह्म है, वही नियति है और वही यह सर्ग है। परमात्मा में स्थित हुए ब्रह्मा ने नियति रूप भावी सृष्टि को उसी प्रकार देखा जैसे शरीरधारी को शरीर के अंग दिखाई देते हैं। ब्रह्मा को ही नियति आदि अंगों के दर्शन होते हैं। यह नियति (प्रारब्ध) ही दैव नाम से कही गई है जो शुद्ध चेतन परमात्मा की शक्तिरूप है। यही सम्पूर्ण पदार्थों को अपने अधीन करके जगत् की व्यवस्था रूप में स्थित है। इस नियुक्ति से ही पुरुषार्थ की सत्ता लक्षित होती है और पुरुषार्थ से ही इस प्रारब्ध की सत्ता सूचित होती है। जब तक तीनों भुवन हैं, तब तक प्रारब्ध और पुरुषार्थ- ये दोनों सत्ताएं परस्पर.........

वैराग्य भावना

1. संसार में कुछ भी स्थिर नहीं है। सभी अनित्य हैं।
2. विषयों की भावना ही संसार से सबको बांधती है।
3. यहाँ प्राणी मरने के लिए उत्पन्न होता है, और उत्पन्न होने के लिए ही मरता है।
4. सभी भोग विनाशशील एवं दुखदायी हैं।
5. सुख केवल दुःख के लिए है, व जीवन मरण के लिए है।
6. स्त्री के सौंदर्य का एकमात्र कारण मोह है।

दुखों का कारण अज्ञान है

1. यह संसार रूपी प्रवाह अज्ञानी की ही मूर्खता से चल रहा है। अज्ञानी को ही घोर सुख–दुख होते हैं।
2. हमारी इच्छा ही वस्तु से सुख का आभास उत्पन्न कराती है।
3. सुख व दुःख न देह होते हैं न आत्मा को होते हैं। अज्ञान से ही इनका अनुभव होता है। उसके नष्ट होने पर इनका अनुभव किसी को नहीं होता।

ज्ञान से ही दुःखो का नाश होता है

1. संसार से प्यार होने का एकमात्र उपाय ज्ञान है। तप, दान, तीर्थ आदि उपाय नहीं हैं।
2. सब दुःखों का नाश आत्मानुभव से होता है।
3. ज्ञान रूपी नौका द्वारा बुद्धिमान् लोग दुस्तर संसार समुद्र से निमेष मात्र से ही पार हो जाते हैं।
4. 'निर्वाण' नाम वाला परमानंद ज्ञान से ही प्राप्त होता है।
5. जिसने कुछ समय के लिए भी आत्मा में स्थिति प्राप्त कर ली, उसका मन भोगों में नहीं लग सकता।
6. आत्मज्ञान के बिना शांति प्राप्त नहीं हो सकती।

दुःखों का क्षय पुरुषार्थ से होता है

1. सब दुःखों का क्षय पुरुषार्थ से होता है।
2. दुःखों का क्षय करने के लिए पुरुषार्थ के अतिरिक्त दूसरा कोई मार्ग नहीं है।
3. जो कुबुद्धि लोग यह समझते हैं कि सब कुछ भाग्य के अधीन है, वे नाश को प्राप्त होते हैं।
4. दैव कभी कुछ नहीं करता। यह केवल कल्पनामात्र है कि दैव ही सब कुछ करते हैं।
5. बुद्धिमान् लोग पुरुषार्थ द्वारा उन्नति करके अच्छे पद प्राप्त करते हैं।
6. पूर्वकृत पुरुषार्थ ही का नाम 'दैव' है।
7. मनुष्य को इतना पुरुषार्थ करना चाहिए कि जिससे पूर्व के अशुभ कर्म शांत हो जायें।
8. तीनों लोकों में ऐसा कोई पदार्थ नहीं है जो उद्वेगरहित पुरुषार्थ द्वारा प्राप्त न किया जा सके।

आत्मज्ञान विधि

1. आत्मज्ञान केवल विचार से होता है। वह न तप से सिद्ध होता है न गुरु से व न अध्ययन से और न ही पुस्तकों से।
2. शास्त्रों के श्रवण से, सज्जनों के सत्संग से तथा परम वैराग्य से मन को पवित्र करो।
3. आत्म-ज्ञान केवल स्वयं विचार करने से होता है।
4. शास्त्राध्ययन, सज्जनों के संग और शुभ कर्मों के करने से जिसके पास दूर हो गये हैं, उसकी बुद्धि दीपक के समान चमकने वाली व सार वस्तु को पहचानने योग्य हो जाती है।
5. शम, सन्तोष, साधु-संग और विचार ये मोक्ष के चार द्वारपाल हैं जो मोक्षरूपी राजमहल का दरवाजा खोल देते हैं।

6. सज्जनों का संग इस लोक में सन्मार्ग को दिखाने वाला और हृदय के अंधकार को दूर करने वाले ज्ञानरूपी सूर्य का प्रकाश है।
7. ज्ञान की सात भूमिकाएं हैं- (क) शास्त्रों व सज्जनों की संगति (ख) विचारणा (ग) असंग भावना (घ) विलापना (ड़) आनंदरूपा (च) संवेदन रूपा (छ) प्ररिप्रौढ़ा

बंधन व मोक्ष

1. बंधन और मोक्ष दोनों ही अज्ञानियों की मिथ्या कल्पनाएं हैं। बंधन और मोक्ष दोनों अज्ञान और भूल के कारण हैं।
2. वास्तव में न बंधन है, न मोक्ष। बंधन और मोक्ष का मोह अज्ञानियों के लिए ही है। ज्ञानियों के लिए नहीं है।
3. जगत् के पदार्थों की वासना के दृढ़ होने का नाम 'बंधन' है।
4. वासना का होना और न होना ही बंधन और मोक्ष के कारण हैं।
5. सब इच्छाओं से अलग होकर जो चित्त का क्षीण हो जाना, उसे आत्मदर्शी तत्त्वज्ञानी 'मोक्ष' कहते हैं।
6. वासनारहित होकर स्थित होने का नाम 'निर्वाण' है।
7. संकल्परहित मन की स्थिति का नाम 'मोक्ष' है।
8. जो मन से मुक्त है वही मुक्त है। जो मन से बद्ध है वही बद्ध है।
9. स्वाभाविक कामों को करने से किसी को कोई दोष नहीं लगता।
10. चित्त की शांति और समता तो योग से प्राप्त होती है, न कि कर्मेंद्रियों को स्थगित कर देने से।

कर्म बंधन

1. कोई भी कर्म लाये बिना कभी नहीं रहता।
2. कर्म का प्रथम स्वरूप मानसिक है। मन का स्पंदन और कर्म एक ही है।
3. कर्मों का बीज वासनात्मक है। इसी का फल प्राप्त होता है।

4. कर्म ही पुरुष है और पुरुष ही कर्म है। ये दोनों इस प्रकार अभिन्न हैं जैसे बर्फ और उसकी शीलता।
5. वासनारहित क्रिया फल नहीं लाती।
6. सम, शुद्ध व विकाररहित बुद्धि से जो कुछ भी किया जाता है वह कभी दोष नहीं लाता।
7. जिस मूर्ख ने मन से त्याग नहीं किया। वह शुभ या अशुभ क्रियाओं को न करता हुआ भी सदा संसार समुद्र में डूबता ही रहता है।
8. चाहे जो क्रिया करें या न करें जो भी जैसी-जैसी वासनाएँ होती हैं, स्वर्ग या नरक में वैसा-वैसा ही फल उसका मन अनुभव करता है।
9. ज्ञानी वासनाओं के क्षीण हो जाने से कर्म को करके भी उसका फल नहीं भोगता।
10. कर्म का कर्ता मन ही है शरीर नहीं।
11. जिसको ज्ञान के दृष्टि प्राप्त नहीं है, उसे कर्म पर निर्भर रहना चाहिए।
12. बाहर से सब काम करते हुए मन के भीतर आशा, राग व वासना से रहित होकर संसार में विचरण करो।
13. चाहे ज्ञानी हो या अज्ञानी जब तक शरीर में चित्त है, तब तक कर्म का त्याग असंभव है।
14. मुक्त पुरुषों को भी स्वाभाविक कर्म का त्याग करना उचित नहीं है।

मोक्ष प्राप्ति का उपाय

1. जो मनुष्य, यह जानकर भी कि संसार में जितने योग्य पदार्थ हैं वह सब अंत में दुखदायी होते हैं, जो पदार्थों के पीछे दौड़ता है वह मनुष्य नहीं पशु है।

2. परम कारण भगवान् शिव प्रत्येक जीव के आत्मा हैं और उनके पूजने का तरीका केवल आत्म-बोध है।
3. तप और तीर्थ आदि से स्वर्ग की प्राप्ति होती है, मोक्ष की नहीं।
4. मोक्ष-प्राप्ति के लिए ज्ञान ही अनुष्ठान है- भक्ति का कोई स्वामी नहीं वह भी कृष्ण भक्ति।
5. ज्ञानी ही सुखी, ज्ञानी ही बलवान, ज्ञानी ही जीता है परंतु भक्ति तो अनूठा व अमूल्य है।
6. यदि विष्णु आदि देवताओं को प्रसन्न करने का यत्न कर सकते हो, तो मन को शुद्ध करने का यत्न क्यों नहीं करते?
7. ईश्वर कहीं दूर नहीं है। चिन्मात्र रूप से शरीर के भीतर ही सदा रहता है।
8. देह द्वारा की जाने वाली सब क्रियाओं से आत्मा की पूजा होती है।
9. आकार वाले जितने संसार के पदार्थ हैं, वे सब आत्मा ही हैं।
10. आत्मा अपने आप ही अपनी सात्त्विक बुद्धि द्वारा जाना जाता है।
11. शास्त्र के अनुसार अभ्यास और योग करने से चित्त शुद्ध होता है, और शुद्ध होने पर चित्त आपसे आप ही परम पद का अनुभव करने लगता है।
12. 'मोक्ष' और 'सत्य का ज्ञान' ये पर्यायवाची शब्द हैं। जिसको सत्य का ज्ञान हो गया, वह जीव फिर जन्म नहीं लेता।

ज्ञानी के लक्षण

1. जिसके मन की इच्छाएं शांत हो गई हैं व जिसकी शीतलता बनावटी नहीं है तथा वास्तविक है, उसे ज्ञानी कहते हैं।
2. जो जानने योग्य वस्तु को जानकर कर्म करने में वासना रहित हो जाय वही 'ज्ञानी' है।
3. जिसका ज्ञान ऐसा है जिससे पुनर्जन्म होने की संभावना नहीं है, वही 'ज्ञानी' है।

4. जिसका चित्त अचित्त हो जाय, और फल की भी चिंता न रहे वह 'ज्ञानी' है।

मोक्ष साधना

1. बिना अभ्यास के आत्मभावना का उदय नहीं होता।
2. सैकड़ों जन्मों में अनुभूत होने के कारण बहुत दृढ़ हुई संसार भावना का क्षय बिना बहुत समय तक (ज्ञान का) अभ्यास और योग किये नहीं होता।
3. अभ्यास करते रहने से समय पाकर अवश्य शांति का अनुभव होता है।
4. संसार से पार उतरने की युक्ति का नाम योग है।
5. किसी के लिए योगमार्ग कठिन है, किसी के लिए ज्ञानमार्ग कठिन है। ज्ञान निश्चय का अभ्यास ज्यादा सुगम है। परंतु मेरी राय में भक्तिमार्ग सबसे उत्तम व कठिन भी है जहाँ प्रभु प्राप्ति अवश्य है।
6. चित्त और अचित्त की वृत्ति (स्पंदन) दोनों में से किसी एक का क्षय होने से दूसरे का भी क्षय हो जाता है। एक गुण है, दूसरा उसका गुण है।
7. परम ज्ञान, बिना मन के अस्त हुए असंभव है।
8. एक तत्त्व के गहरे अभ्यास से मन सहज में शांत हो जाता है। **(महारामायण)**
9. आत्मतत्त्व में मन को स्थिर करने से प्राणों सहित मन लीन हो जाता है।
10. प्राण और अपान के बीच की अवस्था, जिसमें दोनों की गति का अनुभव नहीं होता, आत्मा की निजी अवस्था है। इसमें स्थित होना ही योगी का ध्येय है।

11. प्राणों को वश में कर लेने पर प्रत्येक मनुष्य राज्य-प्राप्ति से लेकर मोक्ष-प्राप्ति तक सब प्रकार की सम्पत्तियों को प्राप्त कर सकता है।
12. प्राणों की गति रुक जाने से मन शांत हो जाता है।
13. मन के शांत होने पर अवश्य ही यह संसार विलीन हो जाता है।
14. एकांत में बैठकर ध्यान लगाने से भी प्राणों के स्पंदन का निरोध होता है।
15. मन के लय होने पर ही कल्याण होता है।
16. इस माया-चक्र की नाभि मन है। यदि इसे जोर से पकड़कर स्थिर कर दिया जाय तो फिर संसार दुःख नहीं देता।
17. परम ब्रह्म में चित्त को लगाने से चित्त वासनारहित और शुद्ध हो जाता है, तब वह आत्मभाव को प्राप्त कर लेता है।
18. मन के क्षय होने पर प्राणी 'जीवनमुक्त' हो जाता है। फिर दूसरा जन्म नहीं होता।
19. ज्ञानियों का मन व तप करने वाले का मन ब्रह्म ही है।
20. मन के निगृह की छः युक्तियां हैं- (क) ज्ञान युक्ति, (ख) भोगों से विरक्ति (ग) इंद्रियों का निगृह (घ) वासना का त्याग (ङ) तृष्णा का त्याग (च) अहंकार का त्याग।

आत्मानुभव की स्थिति

1. चित्त के एक विषय से दूसरे विषय की ओर प्रवृत्त होने के मध्य की जो मानसिक क्रियारहित स्थिति है, वह 'आत्मस्वरूप' की स्थिति है।
2. अहंभाव के शांत हो जाने पर, भेद का अनुभव न रहने पर, और स्पंदनहींन हो जाने पर जो अजड़ (चेतना) अनुभव होता है वह अपने स्वरूप का अनुभव है।

3. वह परिपूर्ण अवस्था शब्दों द्वारा वर्णन नहीं की जा सकती, न उसका कोई वर्णन हो सकता है और न उसकी कोई उपमा ही की जा सकती।
4. जैसे बिना अनुभव किये मिठाई का स्वाद नहीं मालूम होता, उसी प्रकार बिना अनुभव के आत्मा का स्वरूप नहीं मालूम पड़ता।
5. पाताल, भूतल और स्वर्ग में कहीं भी वह सुख और ऐश्वर्य दिखाई नहीं पड़ता जो आत्माअनुभव से बढ़कर हो।
6. ज्ञानी के आत्मानुभव में जाग्रत हो जाने पर मन मर जाता है, तृष्णा भाग जाती है, मोह क्षीण हो जाता है और अहंकार विलीन हो जाता हो।
7. धीर पुरुष जब परम शुद्ध तत्त्व में विश्राम पा लेता है, तब इंद्र सहित सब देवता भी उसे पद से नहीं डिगा सकते।

परमब्रह्म का स्वरूप

1. जिससे सब प्राणी प्रकट होते हैं, जिसमें सब स्थित हैं और जिसमें सब लीन हो जाते हैं, उस तत्त्व-स्वरूप तत्त्व को नमस्कार हो।
2. उससे अनंत जगत् ऐसे उत्पन्न होते हैं जैसे कि समुद्र से बुलबुले।
3. ब्रह्म का शब्दों द्वारा वर्णन नहीं कर सकते। जिसका अनुभव केवल मुक्त पुरुषों को ही होता है।
4. सांख्य दर्शन वाले उसको 'पुरुष' कहते हैं। वेदांती लोग 'ब्रह्मा' विज्ञानवादी विज्ञान मात्र कहते हैं।
5. वह सब पदार्थों को और आत्मा को दीपक की भांति प्रकाशित करता है।
6. उस अक्षय और पूर्ण अमृत से नाना प्रकार के असार संसारों के दृश्य उदय होते हैं।
7. वह हर-एक शरीर रूपी पिटारी में चित्त रूपी मणि के रूप में मौजूद है।

8. उसी सत्ता के कारण ही नियति, देश, काल, गति स्पंदन और क्रिया की सत्ता है।
9. जगत् उसका ऐसा कार्य है जैसे की तरंगे जल का।
10. ब्रह्म (ब्रह्म) में जब स्पंदन होता है, संसार की शोभा उदय हो जाती है।
11. जब स्पंदन की शांति होती है तो जगत् की प्रलय हो जाती है।
12. जब वह स्पंदन से रहित होता है तो शांत शिव होता है।
13. वह सूक्ष्म से भी सूक्ष्म, स्थूल से भी स्थूल, भारी से भी भारी, अच्छे से भी अच्छा है।
14. ब्रह्म में एकता और जगत में अनेकता रहती है।
15. न वह सत है, न असत्, न दोनों के बीच की स्थिति है। न शून्य है और न अशून्य है।
16. ब्रह्म का ज्ञान केवल अपने अनुभव द्वारा होता है। वह प्रत्यक्षादि परमाणु द्वारा नहीं जाना जा सकता। वाद–विवाद से नहीं जाना जा सकता।

ब्रह्म शक्ति का विकास

1. जब शुद्ध संवित में जड़ शक्ति का उदय हो जाता है तभी संसार की विचित्रता उत्पन्न होती है।
2. जैसे चेतन मकड़ी से जड़ जाले की उत्पत्ति हो जाती है, वैसे ही नित्य और चेतन ब्रह्म से 'प्रकृति' की उत्पत्ति हो जाती है।
3. सबका ईश्वर (नियन्ता) ब्रह्म सब शक्तियों से सम्पन्न है।
4. जैसे जड़, तने, शाखा, पत्ते, फूल, बेल, फल व फलों वाला वृक्ष अपने बीज के भीतर मौजूद रहता है, वैसे ही यह जगत् ब्रह्म में मौजूद है।
5. जैसे सूर्य दिन के कामों का कारण है वैसे ही ब्रह्म कुछ न करता हुआ भी सब कुछ करता है।

6. आत्मा 'परमात्मा' सब शक्तियों से युक्त है।
7. चुम्बक मणि के मौजूद होते ही जैसे जड़ लोहा चलने लगता है, वैसे ही ब्रह्म अकर्ता होते हुए भी जगत् का कर्ता हो जाता है।
8. मनोमयी स्पंदन शक्ति ब्रह्म से अलग नहीं है।
9. मन ही ब्रह्मा का रूप धारण करता है ब्रह्म संकल्प करने वाला मन है।
10. मन का रूप धारण करके ही ब्रह्मा सृष्टि उत्पन्न करता है।
11. ब्रह्मा उदय होकर सृष्टि के कार्य-कारण के नियम की स्थापना करता है।
12. आदि प्रजापति (ब्रह्मा) अपने आप ही बिना किसी कारण के उत्पन्न होता है।
13. ब्रह्म का सूक्ष्म शरीर ही एक शरीर होता है।
14. सब प्राणियों का एक कारण ब्रह्मा है, उसका कोई कारण नहीं है।
15. जो वस्तु जिस वस्तु से उत्पन्न होती है वह उसी प्रकार की होती है। इसलिए ब्रह्मा से उत्पन्न हुआ जगत् मन मात्र है क्योंकि ब्रह्मा स्वयं मन मात्र है।

जगत की उत्पत्ति

1. 'मैं तुम' आदि की मिथ्या भावना जगत् और दृश्य कहलाती है। जब तक इसका अनुभव होता है तब तक मोक्ष नहीं होता है।
2. इस ब्रह्म रूपी महाकाश में अनंत प्रकार के अनंत जगत् इस प्रकार उत्पन्न और नष्ट होते रहते हैं, जैसे कि समुद्र में लहरें।
3. वह शांत, अजर, अनंत, शून्य, निरूपाधि सदा प्रकाशमान केवल परमात्मा ब्रह्म है।
4. जब परमात्मा वायु स्पंदन की भांति अपनी संकल्प शक्ति को आप ही उत्तेजित करता है तो वह स्वयं भी चेत्यता अर्थात् विषय रूपता को प्राप्त हो जाता है।

5. तब उससे शून्य आकाश का जो शब्द आदि गुणों का बीज है, उदय होता है।
6. तब कल और अहंकार का उदय होता है। अहंकार जगत् का मुख्य बीज है।
7. आकाश और शब्द घना होकर शब्द तन्मात्रा हो जाता है।
8. शब्द तन्मात्रा से सारे जगत् की सृष्टि होती है।
9. वही शब्द तन्मात्रा स्पर्श तन्मात्रा का रूप धारण कर लेती है।
10. स्पर्श तन्मात्रा से सब प्रकार के वायु उदय होते हैं।
11. उससे चित्त की क्रिया होने से प्रकाश का अनुभव होकर रूप तन्मात्रा का उदय होता है।
12. रूप तन्मात्रा के रूप से अनेक भेद होकर जगत् का उदय होता है।
13. नियति पुरुषार्थ के रूप से ही जगत् का नियंत्रण करती है।
14. वह जीव अपने पुरुषार्थ के कारण ही 'पुरुष' कहलाता है।

जीवों की उत्पत्ति

1. परम ब्रह्म में स्वयं ही इस प्रकार की कल्पना का उदय होता है कि मैं प्रकाश का एक केंद्र हूँ।
2. जीव दृष्टा होते हुए भी दृश्य भाव को प्राप्त हो जाता है।
3. एक ही जीव द्विरूपता को धारण करता है।
4. अपनी वासनाओं के कारण। (द्वारा) जीव नाना प्रकार के बंधनों में बंधा हुआ है।
5. अपने संकल्पों द्वारा रचे हुए विषयों की अग्नि में पड़कर जीव ऐसा विवश हो रहा है कि जैसे जंजीर से बंधा हुआ सिंह (शेर)।
6. नाना प्रकार की शक्तियों से युक्त चित्त घनीभूत अहंकार को प्राप्त होकर अपनी इच्छा से ही इस प्रकार बंधन को प्राप्त होता है जैसे कि रेशम का कीड़ा अपने आप ही अपने बनाए हुए जाल में फँस जाता है।

7. संसार रूपी वृक्ष का बीज यह 'शरीर' है, शरीर का बीज चित्त है।
8. चित्त रूपी वृक्ष के दो बीज हैं- एक 'प्राण का स्पंदन' और दूसरा 'दृढ़ भावना'।
9. वासना बिना प्राण स्पंदन के और प्राण स्पंदन बिना वासना के नहीं रह सकती।
10. वासना और प्राण दोनों का बीज 'विषय ज्ञान' है जिसके होने पर ही इन दोनों का उदय होता है।
11. इस जन्म-मरण रूपी विस्तार का बीज 'चित्ति' हो जाती है जब उसमें शरीर का भान होने लगता है।
12. चित्ति का बीज 'सत्ता मात्र' है। सत्ता संवित् से चित्ति इस प्रकार पैदा होती है जैसे की अग्नि में चमक।
13. सत्ता का बीज 'सत्ता सामान्य' है। इससे ही सत्ता का उदय होता है।
14. 'सत्ता सामान्य' का न कोई आदि है न अंत, न उसका कोई बीज है, न उसे किसी नाम से पुकार सकते हैं।
15. न सत् है न असत् न वह दृश्य है न अदृश्य न अहंकार युक्त है न अहंकार रहित।
16. जिस प्रकार ब्रह्मा की उत्पत्ति होती है उसी प्रकार कीड़े की होती है और ब्रह्मा से लेकर चींटी तक सब जीवों का लय केवल सद्ज्ञान द्वारा ही होता है।

मन का स्वरूप व शक्तियाँ

1. संकल्प करने का नाम 'मन' है। मन संकल्प से भिन्न किसी प्रकार नहीं है।
2. 'परम पुरुष' (आत्मा) के संकल्पमय होने का नाम ही 'चित्त' मन है।

3. यह मन न सर्वथा जड़ ही है न चेतन। यह कभी जड़ और कभी चेतन हो जाता है। यह ब्रह्म रूप से चेतन हैं और दृश्य रूप से जड़ है।
4. मन भावना मात्र है। अपने शाश्वत एक रूप को भूलकर जो चित्ति की स्थिति है उसका नाम 'चित्त', 'मन' है उससे ही इस जगत की उत्पत्ति होती है।
5. जब यह विषय से गर्भित होता है, तब यह 'मन' कहलाता है। जब यह निश्चय को धारण करता है तो 'बुद्धि' कहलाता है। 'मैं हूँ' इस भावना के होने पर वह 'अहंकार' कहलाता है। जब यह विषय का चिंतन करता है तब वह 'चित्त' कहलाता है।
6. स्पंदन (क्रिया) ही उसका एकमात्र स्वभाव है। जब यह क्रिया फल-प्राप्ति की ओर दौड़ती है तो वह 'कर्म' कहलाता है।
7. जब यह अप्राप्त इच्छित विषयों की कल्पना करने लगता है तब उसका नाम 'कल्पना' होता है।
8. पूर्व काल में अनुभूत वस्तु का ध्यान आने पर 'स्मृति' कहलाता है।
9. जब किसी वस्तु को प्राप्त करने की दृढ़ भावना होती है तो उसे 'वासना' कहते हैं।
10. आत्मा को भुलाकर उसकी हानि करने के कारण इसका नाम 'मल' होता है।
11. जब इसे आत्मा के अतिरिक्त किसी दूसरे तत्त्व का भान होने लगे तब उसका नाम 'अविद्या' है।
12. सत्ता को असत्ता तथा सद्सत्ता (सत् और असत् दोनों) बनाने की सामर्थ्य होने से इसको 'माया' कहते हैं।
13. परमात्मा का ज्ञान होने पर इस दृश्य संसार के सब भावों के कारण यह 'प्रकृति' कहलाता है।

14. सृष्टि करने में लगा हुआ मन कभी 'ब्रह्मा' कहलाता है, कभी 'विराट', कभी 'सनातन' ,कभी 'नारायण', कभी 'ईश्वर' और कभी 'प्रजापति'।
15. जीने और चेतन होने के कारण ही यह 'जीव' कहलाता है।
16. शरीर की भावना होने पर यह 'शरीर' बन जाता है।
17. ये सब स्पंदनयुक्त चित्ति के अनेक नाम है।
18. संसार की सब वस्तुओं के भीतर चित्त (मन) वर्तमान है।
19. जड़ पदार्थ के भीतर भी वासना ऐसे मौजूद है जैसे कि बीज के भीतर पुष्प आदि।
20. मन में सब प्रकार की शक्तियाँ हैं और मन सब कुछ कर सकता है।
21. 'अहंभाव' को ही मन का बीज समझना चाहिए।
22. मन के दृढ़ निश्चय को मिटाने या रोकने की किसी में भी शक्ति नहीं है।
23. हमारा 'बंधन' और 'मुक्ति' भी चित्त के हाथ में है।
24. मनुष्य मनोमय है, अर्थात् जैसा किसी का मन वैसा ही मनुष्य होता है।
25. मन ने ही यह शरीर अपनी वासनाओं की पूर्ति करने के लिए बनवाया है।
26. विचारों को शुद्ध और पवित्र रखने से शरीर सुंदर, सुड़ौल व निरोग रहता है। शरीर के सब रोग मन की अशुद्धि के कारण होते हैं।
27. चित्त के गड़बड़ होने से अवश्य ही शरीर में गड़बड़ी होती है।
28. चित्त के शुद्ध होने पर शरीर में आनंद का संचार होने लगता है।
29. यदि कोई व्यक्ति अपने पुरुषार्थ से अटल धैर्य को धारण करके स्थित रहे तो उसके पास दु:ख नहीं भटक सकते। उसे मानसिक रोग शाप और कुदृष्टि आदि कुछ हानि नहीं पहुँचा सकते।

मृत्यु का अनुभव

1. एक शरीर को छोड़कर जीव अपनी वासनाओं के आधार पर दूसरे देश और काल में अपने को पाता है।
2. सर्वनाश करने वाली मौत कभी नहीं होती।
3. वासना के कारण ही जीव इधर-उधर भ्रमण करता रहता है।
4. यहाँ से मरकर जीव दूसरे जगत् में जाग जाता है। वहाँ पर जागने पर लोक उसको स्वप्न-सा मालूम पड़ने लगता है।
5. धारणा का अभ्यास करने वाला युक्ति (ज्ञान) युक्त पुरुष धारणा करके शरीर को सुखपूर्वक त्याग देता है।
6. मूर्ख (अज्ञानी) को जिसके वश में अपना मन नहीं है, मरते समय बहुत दुःख होता है। वह टूटे हुए कमल की भाँति दीन हो जाता है।
7. पुण्यवान् प्रेतों को अपने शुभ कर्मों द्वारा प्राप्त स्वर्ग के अच्छे-अच्छे बाग व विमान दिखाई देते हैं।
8. पापियों को उनके बुरे कर्मों द्वारा उत्पन्न बर्फ की चट्टानें, कांटे, गड्ढे-शस्त्र-पत्ते और वन दिखाई पड़ते हैं।
9. कर्मों के अनुसार उसका फल मिलता है। शुभ कर्मों के कारण वह स्वर्ग और अशुभ कर्मों के कारण वह नरक में जा रहा है। वह स्वर्ग अथवा नरक में अपने कर्मों के अनुसार फल भोग रहा है। और फिर उसी जगत् में (जहाँ वह मरा था) उत्पन्न हो रहा है।
10. जब तक जी को इस जन्म-मरण के चक्कर से मुक्ति नहीं मिलती तब तक बार-बार एक जन्म से दूसरे जन्म में आने-जाने का अनुभव होता ही रहता है।
11. जीवन मुक्ति जिसको प्राप्त हो गई है वह मरने के पीछे दूसरा जन्म प्राप्त नहीं करता। जीवनमुक्त मरकर विदेह-युक्त हो जाता है। उसे फिर दृश्य जगत् का अनुभव नहीं करना पड़ता।

12. आयु का घटना, बढ़ना और सम रहना मनुष्यों के धर्म व कर्मों के ऊपर निर्भर करता है।
13. जो शास्त्रों के अनुसार धर्म में कर्म करता है उसको शास्त्र में बतलाई हुई आयु की प्राप्ति होती है।

जगत् स्वपनवत् एवं कल्पना मात्र

1. आदि और अंत में जो नित्य है वही 'सत्य' है। दूसरा नहीं
2. जो सत्य है उसका नाश कभी नहीं हो सकता।
3. जगत सत्य और असत्य दोनों ही है, जैसे कि मृगतृष्णा की बहती हुई नदी।
4. यह भ्रमवश असत्य होते हुए भी सत्य प्रतीत होता है।
5. जैसे स्वप्न की झूठी मौत, सत्य-सी अनुभव में आकर दुःख देती है वैसे ही मूर्खों के लिए यह जगत् है।
6. जिसको ज्ञान हो गया है उसके लिए यह जगत् आकाश से भी शून्य है और जो अज्ञानी है उसके लिए यह वज्र और पहाड़ के समान कठोर है।
7. सत्वगुण वाले पुरुष इस माया को सहज में ही त्याग देते हैं।
8. देह में जब तक अहंभाव है, दृश्य जगत् के साथ जब तक आत्मभाव है, जब तक इस प्रकार की भावना है कि 'यह मेरा है' तब तक भ्रम रहता है।
9. यह सारा संसार कल्पना मात्र है। तीनों जगत् मन के मनन से ही निर्मित हैं।
10. यह अहंतादि से युक्त विश्व एक बहुत बड़ा स्वप्न नहीं समझना चाहिए।

सब कुछ ब्रह्म ही है

1. ब्रह्म जगत् का न कर्ता है, न कारण है, न बीज है, न उसका आधार। यह भ्रममात्र है। जगत् नाम की कोई वस्तु न उत्पन्न हुई है और न नाश होती है और न है ही।

2. ब्रह्माकाश ही जगत् रूप में प्रकट हो जाता है। इसलिए जगत् ब्रह्म से भिन्न कैसे हो सकता है? सब कुछ नित्य ब्रह्म ही है। उसके भिन्न कुछ भी नहीं है।
3. जिसमें बुद्धि का पूरा प्रकाश नहीं हुआ है उसे 'सब कुछ ब्रह्म है' का उपदेश नहीं करना चाहिए क्योंकि वह भोग की दृष्टि से इसे काम में लाकर नाश की ओर प्रवृत्त होगा।

राम का जन्म

राजा अरिष्टनेमि जिन्होंने अपना राज्य पुत्र को सौंपकर स्वयं ज्ञान प्राप्ति के लिए वन में पहुँच गये, अंततः वाल्मीकि आश्रम पहुँचे हैं। आदर-सत्कार के उपरांत वार्तालाप शुरू होती है।

राजा ने पूछा- तत्त्व-ज्ञानियों में श्रेष्ठ महामुने! ये श्रीराम कौन हैं? उनका स्वरूप कैसा है? वे किसके वंशज हैं? वह बद्ध थे या मुक्त थे? पहले आप मुझे इसका ज्ञान प्रदान कीजिये। वाल्मीकि ने कहा- स्वयं भगवान श्रीहरि ही शाप के पालन के बहाने राजा श्रीराम के रूप में अवतीर्ण हुए थे। वे सर्वज्ञ होने पर भी शापवश अज्ञान से युक्त हो गए थे। एक बार भगवान विष्णु वैकुंठ से ब्रह्मलोक गये जहाँ ब्रह्माजी के मानसपुत्र सनत् कुमार, जो सर्वथा निष्काम थे, भी वहाँ थे।

ब्रह्माजी तथा सत्यलोक में निवास करने वाले सभी महात्माओं ने उनका पूजन किया किंतु सनत्कुमार चुपचाप बैठे रहे। तब भगवान विष्णुजी ने उन्हें कहा 'सनत्कुमार' तुम अपने को निष्काम समझकर अहंकारी हो गये हो। अतः तुम शरजन्मा कुमार के नाम से दूसरा शरीर धारण करो" यह सुनकर सनत्कुमार ने भी भगवान विष्णु को शाप दे दिया कि "देवेश्वर! आप भी अपनी सर्वज्ञता को कुछ काल के लिए भूलकर अज्ञानी जीव के समान हो जायेंगे।" साथ ही महर्षि भृगु ने शाप दे दिया कि "विष्णो ! आपको भी कुछ काल के लिए अपनी पत्नी के वियोग का कष्ट सहन करना पड़ेगा क्योंकि मेरी पत्नी आपके चक्र से

मारी गई थी।'' इस प्रकार सनत्कुमार और भृगु के शापवश भगवान मनुष्य रूप में अवतीर्ण हुए।

(महारामायण)

वाल्मीकि का राजा अरिष्ट नेमी को कथा सुनाना (सर्ग-2)

वाल्मीकि कहते हैं- हे राजन! जो न तो अत्यन्त अज्ञानी है और न ही तत्त्वज्ञानी ही है, वही इस शास्त्र को पढ़ने अथवा सुनने का अधिकारी है। जो मोक्ष के उपायरूप इन वैराग्यादि छः प्रकरणों का विचार (अनुशीलन) करता है वह विद्वान पुरुष फिर संसार में जन्म नहीं लेता। यह रामायण पूर्व व उत्तर दो खंडों में विभाजित है। मैंने इसकी रचना ब्रह्माजी के आदेशानुसार महर्षि भारद्वाज को ज्ञान देने हेतु की थी। वह मैं तुम्हें सुनाता हूँ।

(क) यह जगत् भ्रममात्र है। (सर्ग 3-5) हे भारद्वाज ! जैसे रूप रहित आकाश में नील-पीत आदि वर्णों का भ्रम होता है, उसी प्रकार निर्गुण-निराकार ब्रह्म में अज्ञानवश जगत् की सत्ता का भ्रम होता है। इस भ्रम को इस तरह भुला दिया जाय कि फिर कभी उसका स्मरण ही न हो- इसी को मैं उत्तम ज्ञान मानता हूँ। इस दृश्य प्रपंच का अत्यन्त अभाव है। यह बिना हुए ही आसित हो रहा है। जब तक ऐसा बोध नहीं होता तब तक आत्मज्ञान का अनुभव नहीं होता। यदि तुम श्रद्धा भक्ति से इस शास्त्र का श्रवण करोगे तो निश्चय ही तुम्हें आत्मतत्त्व का ज्ञान प्राप्त हो जायेगा, अन्यथा उसकी प्राप्ति असंभव है।

निष्पाप भारद्वाज ! यद्यपि यह जगत् रूपी भ्रम प्रत्यक्ष दिखाई देता है, तो भी इस शास्त्र के विचार से अनायास ही ऐसा अनुभव हो जाता है कि 'यह है ही नहीं'- ठीक उसी प्रकार जैसे आकाश में नील आदि वर्ण प्रत्यक्ष देखने पर भी विचार करने से बिना परिश्रम के ही यह समझ में आता है कि इनका अस्तित्त्व नहीं है। जब इस दृश्य प्रपंच का अभाव हो जाय, तब परम निर्वाण शांति का स्वतः अनुभव होने लगता है। ब्रह्मन्!

सम्पूर्ण रूप से वासनाओं का जो परित्याग (अत्यंत अभाव) है, वही उत्तम मोक्ष कहलाता है जिसे अविद्या रूपी मल से रहित ज्ञानी ही प्राप्त कर सकता है।

(ख) जीवन मुक्त के लक्षण- यह वासना दो प्रकार की होती है- शुद्ध और मलिन। शुद्ध वासना जन्म का नाश करने वाली (मोक्ष की हेतु) होती है। मलिन वासना जन्म की हेतु है। उसके कारण जीव जन्म-मृत्यु के चक्कर में पड़ता है। मलिन वासना ही पुनर्जन्म का कारण है। अज्ञान ही घनीभूत आकृति है। यह अहंकार से बढ़ती है। किंतु जो वासना भुने हुए बीज के समान पुनर्जन्म रूपी अंकुर उत्पन्न करने की शक्ति को त्याग कर केवल शरीर धारण मात्र के लिए स्थित रहती है, वह 'शुद्ध' कही जाती है। ऐसे पुरुष 'जीवनमुक्त' कहलाते हैं।

(ग) विश्वामित्र का आगमन (सर्ग 6-10)- हे भारद्वाज ! जब भगवान श्रीराम विद्याध्ययन के बाद घर लौटे तो उनके मन में तीर्थों तथा पुण्यशील आश्रमों के दर्शन की अत्यंत उत्कंठा जागी। पिता की आज्ञा पाकर सभी तीर्थों एवं आश्रमों के दर्शन करके वे पुनः लौट आये। जब राम सोलह वर्ष की अवस्था के नजदीक थे तो वे दिन पर दिन कृश होने लगे।

राजा दशरथ ने जब ज्ञानियों में श्रेष्ठ महर्षि वशिष्ठ से इसका कारण पूछा तो महर्षि वशिष्ठ ने कहा- इसमें कुछ कारण है किंतु इसके लिए तुम्हें दुःख नहीं करना चाहिए। उसी समय महर्षि विश्वामित्र अयोध्या नरेश दशरथ के पास अपने यज्ञ की रक्षा के लिए राम और लक्ष्मण को लेने आ पहुँचे। महाराजा दशरथ ने उन्हें यथा योग्य आसन् पर बिठाकर उनके आने का कारण पूछा तो विश्वामित्र ने कहा- हे नृप श्रेष्ठ! आप महान कुल में उत्पन्न हुए हैं। मैं अपना हार्दिक अभिप्राय आपसे निवेदन करता हूँ तबतक निशाचर आकर मेरे यज्ञ को नष्ट कर देते हैं। यज्ञ-मंडप की भूमि में रक्त और माँस बिखेर देते हैं। मेरे मन में यह विचार नहीं होता कि मैं क्रोध करके उन्हें शाप दे दूं। मैं आपके ज्येष्ठ पुत्र राम को अपने यज्ञ की रक्षा के लिए लेने आया हूँ।

मैं श्री राम को अस्त्र-शस्त्र विद्या प्रदान करके अनेक प्रकार से अनंत कल्याण का भागी बनाऊँगा। जिससे ये तीनों लोकों में पूजनीय होंगे। कमलनयन राम कोई साधारण पुरुष नहीं साक्षात् परमात्मा है। मैं इन्हें जानता हूँ, श्री वशिष्ठजी जानते हैं, तथा अन्य दीर्घदर्शी महर्षि भी जानते हैं।

इस धर्म कार्य के लिए अपने पुत्र राम को मुझे दे दीजिए। विश्वामित्रजी की बात सुनकर राजा दशरथ थोड़ी देर चुपचाप बैठे रहे क्योंकि मनोरथ पूर्ण न किया गया हो, वह बुद्धिमान पुरुष युक्ति-संगत उत्तर पाये बिना संतुष्ट नहीं होता है।

इसके बाद राजा दशरथ ने कहा हे मुनीश्वर! श्रीराम की अवस्था अभी सोलह वर्ष से भी कम है। ये राक्षसों से युद्ध कर सकें, ऐसी योग्यता मैं इनमें नहीं देख पा रहा हूँ।

अभी ये युद्ध कला में निपुण नहीं हैं। यह बात सुनकर विश्वामित्र कुपित, हो उठे, कहने लगे- राजन! मैं आपकी बात पूरी करूंगा। ऐसी प्रतिज्ञा करके आप तोड़ रहे हैं। आप सिंह होकर सियार बनना चाहते हैं। रघुवंशियों के लिए यह व्यवहार अनुचित है। इससे इस कुल की मर्यादा पर आंच आयेगी। यह सुनकर राजा दशरथ द्वारपाल को रामजी को बुलाने भेजा।

राम के विषय में सेवकों ने बताया कि वे उदास से अलग-अलग बैठे रहते हैं- भोगों में आसक्ति नहीं है। संयासी व तपस्वी के आचरण का अनुसरण करते हैं- न हँसते हैं, न गाते हैं, न रोते हैं। सदा पद्मासन लगाये शून्य चित्त हो केवल बैठे रहते हैं। वे दुबले होते जा रहे हैं। कहते हैं यह भोग वास्तव में नश्वर है। धन आपत्तियों का एकमात्र स्थान है आदि-आदि।" इस प्रकार का वृत्तांत सुनकर विश्वमित्रजी ने कहा रामजी को हमारे पास बुला लाइये। श्रीराम विवेक, वैराग्य से संपन्न हैं अतः उन्हें मोह नहीं है, बोध ही प्राप्त हुआ है जो महान अभ्युदयकारक है। हमारे उपदेश से वे सत्यता, मुदिता, प्रज्ञा को प्राप्त होकर उत्तम कांति से युक्त हो जायेंगे।

रामजी की उदासीनता– जब दशरथजी के बुलाये जाने पर श्रीराम राजसभा में उपस्थित हुए तथा पहले पिता के चरणों में मस्तक झुकाया तथा मुनि वशिष्ठ एवं विश्वामित्र को प्रणाम किया। तत्पश्चात् मुनि वशिष्ठ जी ने एवं विश्वामित्रजी ने उनकी उदासीनता का कारण पूछा। श्रीराम कहने लगे– तीर्थयात्रा करने के बाद मेरा मन विवेक से पूर्ण हो गया है जिससे मेरी बुद्धि भोगों की ओर से विरक्त हो गई है। मैंने अब विचारना आरंभ किया है यह जो संसार का विस्तार है, इसमें क्या सुख है? जितने योग के साधन भूत पदार्थ सबके–सब हैं क्षणभंगुर तथा पाप स्वरूप हैं। इसको भी जानते हुए भी कि सबकुछ माया का खेल है। हम सब मूढ़ बने बैठे हैं। श्रीराम कहते हैं– मुझे राज्य से क्या लेना व भोगों से भी क्या प्रयोजन? सभी भोग्य पदार्थों से मेरी कोई रुचि नहीं ये सब के सब धन–वैभव चिंताओं के चक्कर में डालने वाले हैं, मुझे ये सब आनंद नहीं देते। तत्त्व ज्ञानी ही उनको नष्ट करने में समर्थ हैं दूसरे नहीं।

चंचलता लक्ष्मी की– श्री राम जी कहते हैं– मुझे! यह लक्ष्मी न कभी स्थिर ही रहती है न ही उत्कृष्ट कहलाने योग्य है। क्योंकि यह सबको मोह–माया में डालती रहती है। अनर्थ की प्राप्ति कराने वाली है इस सम्पत्ति से बहुत–सी चिंता रूपिणी पुत्रियां उत्पन्न होती हैं और विविध दुश्चेष्टाओं द्वारा वृद्धि को प्राप्त होती हैं। कहीं एक जगह पैर जमाकर नहीं रहतीं जैसे मुट्ठी भर धूल मणियों को मलिन कर देती हैं, उसी प्रकार धन–सम्पत्ति ने बड़े–बड़े विद्वान, शूरवीर, कृतज्ञ–सुंदर कोमल स्वभाव वाले पुरुषों को भी मलिन कर दिया है। धन–संपत्ति सुख देने के लिए नहीं, दुःख देने के लिए बढ़ती है। जैसे विष की बेल मौत ही देती है।

प्रायः जड़ (मूर्ख) ही इसके आश्रय हैं। यह पानी लहर और दीपक की लौ के समान चंचल है। प्रायः अनर्थकारी कर्मों से इसकी प्राप्ति होती है और प्राप्त होकर भी यह क्षणभर में नष्ट हो जाने वाली है?

आयु की स्थिरता (सर्ग 14)

जीव की आयु पत्ते के सिरे पर लटकते हुए जल बिंदु के समान अस्थिर है। तरंग को जल आदि में प्रतिबिम्बित चंद्रमा को विद्युत पुंज जीत को और आकाश कमल को हाथ से पकड़ने का तो मैं विश्वास रख सकता हूँ परंतु इस अस्थिर आयु पर मेरा कोई भरोसा नहीं है। मूर्ख मनुष्य ही आयु का विस्तार चाहता है। मुझे अधिक काल तक जीना अच्छा नहीं लगता। संसार में उन्हें जीवों का जन्म लेना सफल है जो फिर यहाँ जन्म नहीं लेते। शेष प्राणी तो बूढ़े गधों के समान हैं।

अविवेकी मनुष्य के लिए शास्त्रों का अध्ययन भार रूप है। रागी यानी (विषयासक्त) पुरुष के लिए तत्त्वज्ञान भार रूप है। अशांत मनुष्य के लिए मन भार है तथा जो आत्मज्ञान से शून्य है उसके लिए शरीर भार है। जिसकी बुद्धि दूषित है उस पुरुष के लिए रूप, आयु, मन, बुद्धि अहंकार तथा चेष्टा ये सबके-सब उसी प्रकार दुःखदायक हैं जैसे बोझ ढोने वाले मनुष्यों के लिए सिर का बोझ कष्टदायक होता है। आयु कठोर परिश्रम एवं सुदृढ़ कष्ट को ही देने वाली है।

अहंकार के दोष (सर्ग 15)

मुनिश्रेष्ठ! यह संसार अहंकार के वशीभूत होने के कारण ही निरंतर राग-द्वेष आदि दोषों को कोशरूप अनर्थ की प्राप्ति कराता है। अहंकार के वश में होने से ही मनुष्य पर आपत्ति आती है- उसे शारीरिक कष्ट भोगने पड़ते हैं। अहंकार से ही अनेक दुःखद मानसिक व्यथाएँ होती हैं। अहंकार शांति रूपी चंद्रमा को निगलने के लिए राहु का मुख है। पुण्य रूपी कमलों का विनाश करने के लिए हिमरूपी वज्र है। ऐसे अहंकार का मैं त्याग करता हूँ।

न मैं अमुक नाम वाला हूँ, न विषयों में मेरी रुचि है और न मन ही मेरा है। मैं शांत होकर अपने आप में ही स्थिर रहना चाहता हूँ। यदि अहंकार नहीं रहता तो मैं निरंतर सुख का अनुभव करता हूँ। इसलिए अहंकार रहित होना ही श्रेष्ठ है।

चित्त की चंचलता (सर्ग 16)

मुनीश्वर! जैसे वायु के प्रवाह से मोरपंख का अग्रभाग वेग से हिलता रहता है, उसी प्रकार यह चंचल चित्त भी अत्यंत व्यथित होकर व्यर्थ ही इधर-उधर दौड़ता रहता है इसे कहीं भी कोई अनुकूल वस्तु प्राप्त नहीं होती। इसलिए यह दीन-हीन बना रहता है। यदि इसे कभी विशाल धन का भंडार प्राप्त हो जाय तो भी भीतर से तृप्त नहीं होता। मनुष्य का धन से कभी भी जी नहीं भरता इसलिए इसे कभी सुख और संतोष प्राप्त नहीं होता। मन दसों दिशाओं में दौड़ता-भटकता रहता है परंतु कभी भी शांति को प्राप्त नहीं होता। मन अपनी चंचल वृत्ति के कारण कहीं भी स्थिर नहीं रह पाता। उसे वश में लाना बहुत ही कठिन है। समुद्र को पी जाना सुमेरु पर्वत को जड़ से उखाड़ फेंकना व अग्नि का ही आहार करना- ये महान और दुष्कर कार्य हैं किंतु चंचल चित्त को वश में कर लेना इससे भी कठिन व महान कार्य है। अतः चित्त रूपी रोग की यत्नपूर्वक चिकित्सा करनी चाहिए।

तृष्णा-निंदा (सर्ग 17)

मुनीश्वर! यह तृष्णा काली नागिन के समान है जो सहस्रों कुटिलताओं से भरी है। विषय-भोग सुख ही इसका कोमल स्पर्श है। यह विषमता रूपी विष ही उगलती है और तनिक-सा भी स्पर्श हो जाने पर भी डस लेती है। यह पुरुषों के हृदय का भेदन करने वाली तथा मायामय जगत्‌ को रचने वाली है, दुर्भाग्य प्रदान करने वाली तथा दीनता की प्रतिमूर्ति है। यह कभी भी सुखदायिनी नहीं होती। यह विष की बेल है। यह तृप्त हो जाने पर भी नये-नये फल की इच्छा करती है और एक स्थान पर अधिक काल तक नहीं रहती। यह क्षण भर में पाताल को चली जाती है, फिर दूसरे ही क्षण आकाश की सैर करने लगती है। संसार में जितने दोष हैं, उन सबमें एकमात्र तृष्णा ही ऐसी है, जो दीर्घकाल तक दु:ख देती रहती है। प्रकाश को ढ़ंक लेती है और जगत्‌ को केवल जड़ता (अज्ञान) प्रदान करती है। इसने सबके मन को बांध रखा है। विषय चिंतन का त्याग ही तृष्णा के निवारण का मंत्र है।

शरीर निंदा (सर्ग 18)

महामुने! नाना प्रकार से विकारयुक्त तथा मरणधर्मा यह शरीर संसार में दु:ख भोगने के लिए ही है। इस शरीर के समान अधम, गुणहीन और शोचनीय दूसरा कोई नहीं है। यह कर्म करने के लिए ही पंचभूतों के समूहों से संगठित हुआ है। इसके ऊपर आस्था और अनास्था ही क्या हो सकती है? यह शरीर रूपी वृक्ष मुझे सुखद प्रतीत नहीं होता। यह समस्त रोगों का घर है, पके बाल व झुर्रियों का एक नगर-सा है तथा समस्त मानसिक चिंताओं का दुर्गम वन जैसा है, यह देह-गेह मुझे प्रिय नहीं है। यह शरीर के रक्त और माँस का ही बना है। इसका एक ही धर्म है- विनाश। फिर विचार करके बताइये कि इसमें कौन-सी रमणीयता है। कोई भोग-वैभव से सम्पन्न हो या विपन्न-दोनों का शरीर एक समान ही होता है। बुढ़ापे के समय बूढ़ा होता है और मृत्यु के काल में मर जाता है। उसे अपने में किसी विशेषता का अनुभव नहीं होता। जो लोग इस नाशवान शरीर में आस्था रखते हैं उसे नित्य स्थिर रहने वाला मानते हैं तथा जो संसार की स्थिति पर भी विश्वास करते हैं वह मोह रूपी मदिरापान करके उन्मत्त हो गये हैं। उन्हें बारम्बार धिक्कार है।

मुने! मैं न इस शरीर का कोई संबंधी हूँ और न शरीर हूँ। न यह शरीर मेरा है और न मैं ही यह शरीर हूँ। ऐसा विचार करके जिनका चित्त परमात्मा में विश्राम ले रहा है, वे लोग ही पुरुषों में उत्तम हैं। समुद्र में पानी के बुलबुलों की तरह इस शरीर का बहुत शीघ्र विनाश हो जाता है। यह स्वप्न रूपी भ्रांतियों का भंडार है। इसका विनाश स्पष्ट दिखाई देता है। इसलिए इसमें मेरा क्षण भर के लिए भी विश्वास नहीं है।

(योग वशिष्ठ महारामायण)